(4.27 판문점선언 기념)

알기 쉬운
남북관계 읽기

(4.27 판문점선언 기념)

알기 쉬운
남북관계 읽기

박상익 지음

서문

대한민국의 국운이 열리고, 세계사적 대변혁이 한반도에서 시작되었다.

2018년 4월 27일 판문점, 참 오랜만에 가슴 뭉클한 순간들이 다가왔다. 대한민국 문재인 대통령과 조선민주주의인민공화국 김정은 국무위원장이 채 1분도 안 되는 시간에 남북을 오가는 모습에서, 핵이 없는 한반도 평화통일의 기대감을 갖기에 충분했다.

돌이켜보면, 과거 남북은 상호 적대적 의존관계 속에서 불신과 대결의 반복을 되풀이 했다. 이러한 구도를 탈피하고자 했던 것이 1988년 노태우 정부의 『민족자존과 통일번영을 위한 7·7 특별선언』이라고 할 수 있다. 물론 당시에 『88 서울올림픽』을 앞두고 북한의 무모한 도발행위 중단이 필요했을 수도 있다. 하지만 이를 계기로 노태우 정부는 북방외교를 추진하고, 1991년 12월 13일에는 『남북 사이의 화해와 불가침 및 교류·협력에 관한 합의서』[1]를 도출하기에 이른다.

이후 2000년 김대중 정부의 『6·15 남북공동선언』, 2007년 노무현 정부의 『10·4 남북관계 발전과 평화번영을 위한 선언』으로 이어졌다. 그러나 주옥같은 합의들이 제대로 지켜지지 못하고, 일정한 시간이 흐른 다음에는 또다시 불신과 대결의 악순환이 되풀이 되었다. 이 과정에서 북한의 6차에 걸친 핵실험은 한반도를 전쟁의 공포

---

[1] 일명 『남북기본합의서』.

와 소용돌이로 몰아넣었다.

벌써『민족자존과 통일번영을 위한 7·7 특별선언』이후 30년의 세월이 흘렀다. 그리고 1953년 7월 27일 정전협정 65주년이 되었다. 그동안 한반도를 둘러싼 국제환경이 변하였고, 남북한에 살고 있는 구성원들의 수준도 획기적으로 달라졌다. 더 이상 한반도가 '불신과 대결, 전쟁'이 아닌 '평화와 번영, 통일'의 시대로 다가가야 한다. '평화와 번영, 통일'의 시대를 열기 위한 분위기도 충분히 무르익었다. 문재인 대통령과 김정은 국무위원장의 솔직하고 허심탄회한 회담에서도 이를 확인할 수 있었다. 노태우·김대중·노무현 정부에서의 남북관계 미완성이 이제 문재인 정부에서는 남북관계를 바람직한 완성의 단계로 한층 더 추동할 것으로 보인다. 문재인 대통령의 "자유롭게 오고 갈 그날을 위하여", 김정은 위원장의 "악몽 같던 긴 겨울과 영영 이별"이라는 만찬사와 함께 "새로운 역사는 이제부터, 평화의 시대, 역사의 출발점에서"라는 김정은 위원장의 방명록 메시지가 더욱 눈길을 끄는 이유이다.

평화가 밥이다. 평화가 커지면 한반도 경제는 상상할 수 없을 정도의 규모로 커진다. 2018 판문점 선언 이후 북·미 회담에서 비핵화의 로드맵이 마련되고, 종전선언과 평화협정이 체결되면, 이제 한반도는 평화와 번영의 기틀 속에 세계의 중심국가로 우뚝 설 수 있을 것이다.

필자는 2000년 김대중 정부시기『6·15 남북공동선언』부터 20년 가까이 남북관계에 천착해 왔다. 또한 필자는 졸고『북한의 관료문화』출간과 거의 매년 학술논문 등도 게재해 왔다. 2018년 4월 27일 『한반도의 평화와 번영, 통일을 위한 판문점 선언』은 필자에게 새로운 남북관계 개선과 평화통일의 기대감을 높였으며, 다시 북한 연구를 하도록 하는 지적 호기심을 자극했다.

　이에 그동안의 졸고와 자료들을 종합하고 학계 전문가 분들의 논문자료 등을 녹여내고, 재인용·수정·보완하여 『4·27 판문점 선언에 즈음한 알기 쉬운 남북관계 읽기』를 출간하고자 한다.

　이 책은 총 3부로 구성하였다. 제1부에서는 남북관계와 통일정책의 이론적 배경인 기능주의와 신기능주의 그리고 행위자의 속성, 제도, 구조 등의 바탕위에서 이해하려는 구성주의 등을 살펴보았다. 제2부에서는 남북관계의 기회(노태우·김대중·노무현 정부), 남북관계의 위기(이명박·박근혜 정부), 남북관계의 반전(문재인 정부) 측면에서 살펴보았다. 제3부에서는 남북한의 통일방안을 쟁점 중심으로 살펴보았다. 우리사회에서는 과거 이른바 '군사정부' 시절 '북한의 연방제 통일방안' 자체의 거론조차 금기시 되었던 적이 있었다. 이 책을 통하여 평화통일 시대를 앞두고 남북한의 통일방안에 대하여 다소나마 이해할 수 있는 계기가 되었으면 한다. 남북관계 등에 관심이 많은 일반인을 대상으로 알기 쉽게 집필하고자 했으나, 의도대로 되지 않는 측면도 있어 부족함을 느낀다.

　올 가을에 노르웨이 노벨위원회에서 '문재인·트럼프 대통령, 김정은 위원장의 노벨평화상 공동 수상자 선정'이라는 발표가 현실이 되기를 기대해 본다.

　끝으로 기꺼이 출판을 맡아 무난히 한 권의 책으로 만들어준 한국학술정보의 채종준 대표님과 이아연 선생에게 감사의 마음을 전한다.

2018. 5. 5.
일산 황룡산 숲고을에서 박 상 익

목차

서문 · 4

제1부 **남북관계 접근의 이론적 배경 · 9**

   1. 기능주의 · 11

   2. 신기능주의 · 15

   3. 연방주의 · 17

   4. 구성주의 · 19

제2부 **남북관계의 기회 · 위기 · 반전 · 23**

   1. 노태우 정부의 7 · 7 특별선언 · 25

   2. 김대중 정부와 『햇볕정책』 · 32

   3. 노무현 정부와 『평화번영정책』 · 61

   4. 이명박 정부와 『비핵 · 개방 · 3000』 · 71

   5. 박근혜 정부의 『한반도 신뢰 프로세스』와 『통일대박담론』 · 97

   6. 문재인 정부와 『평화와 번영의 한반도』 · 127

제3부 **평화통일, 새로운 시작 · 151**

   1. 남한의 통일정책 · 153

   2. 북한의 통일정책 · 187

   3. 연합제와 「낮은 단계의 연방제」의 접근가능성 · 213

부록: 남북관계 주요 합의 문건 · 224

북한 핵문제 주요일지 · 244

참고문헌 · 249

제1부

남북관계 접근의
이론적 배경

1. 기능주의

기능주의적 접근 방법은 상이한 체제의 통합을 위하여 비정치적인 기능 간의 동질화나 통합을 우선적으로 추진하는 전략이다. 즉 민감한 반응을 보일 수 있는 정치적 분야나 사안보다는 비정치적 분야에 대하여 교류협력을 활성화함으로써 다른 분야로의 교류협력을 파급시킬 수 있는 시너지(synergy) 효과를 기대할 수 있게 된다는 것이다. 궁극적으로는 정치적 안정과 통합을 달성할 수 있다는 가정이 내포되어 있다. 요컨대, 비정치적인 기술적 차원의 교류로부터 점차 정치적 교류 및 통합으로 진행해 가는 점진적인 추진전략이라 할 수 있다. 이러한 접근 전략은 정치적 이념을 달리하는 분단국의 통합전략으로 유용하다고 본다. 즉, 인도적, 경제적, 사회·문화적 교류를 통해 비정치적 분야에서의 교류협력을 활성화시킴으로써 이념적 대립을 극소화시키고, 나아가서 두 체제의 통합을 달성할 수 있다는 것이다.[2]

기능주의 이론[3]의 사고와 체계적인 연구의 기본적 틀을 제시한 학자는 데이비드 미트라니(David Mitrany) 교수였다. 그는 모든 국가가 비논쟁적인 사회, 경제적 제 문제(諸問題)의 노력의 증대에 의해 상호의존의 복잡한 망상(網狀)구조 속에 통합되어, 분쟁과 전쟁의 물질적 심리적 기반이 점차로 침식된다고 생각했다. 그리고는, 최종적으로 국경을 횡단하는 다수의 기능별 국제기구의 행정망이 확립되어, 평화스러운 지역공동체가 창설될 것이라고 생각하고 있다. 공동체와 이를 구성하는 단위와의 관계는 공동체의 정의에서 잘 나타나고 있는데, 이 정의에 의하면 공동체는 그 구성원들이 수행하는 기능의 총계(總計)라는 것이다. 기능은 공동체를 건설하는 개개의 벽돌인 동시에 또한 개인을 위한 지표이기도 하다. 따라서 미트라니는 활발한 사회적 기능을 결여한 정치권력과 권위는 공허한 것으로 보았다. 기능주의에 있어서는 정부와 법률이 공동체의 형성 후에 수반되어 나타나는 최종단계로 보았던 것이다.

기능주의의 가장 기본적인 전제는 인간의 합리성에 대한 믿음이다. 기능주의자들은 인간은 합리적이기 때문에 사회관계에서 갈등보다는 조화를 그들의 이익으로 추구한다고 주장하며, 또 평화적인 세계에서만 그들의 욕구가 충족될 수 있다고 보는 것 같다. 미트라니 교수는 인간과 국가 간의 갈등을 국가의 비창조적 실제 내(實際 內)에 인간의 삶이 강요당하고 있기 때문이라고 보고, 사회적 갈등이 인간의 자연적 상태는 아니며 사회적 활동 속에서 자연스러운 상태

---

2) 김대중 정부의 정경분리원칙에 입각한 대북포용정책은 전형적인 기능주의적 전략에 입각한 것으로 본다.
3) 허문영·오일환·정지웅, 『평화번영정책 추진성과와 향후과제』(서울: 통일연구원, 2007), pp.7-9 재인용.

가 발견될 수 있을 것이라고 전망하였던 것이다.

미트라니 교수는 스스로의 통합 성취방법은 '분납식(分納式) 연방주의'라고 부르고, 다른 사람들은 'peace by pieces'라고 표현했듯이 그 취지는 기능적인 부분통합이 하나씩 이루어져 나가면 궁극에 가서는 하나의 불가분의 사회가 되고 만다는 생각이었다.

미트라니 교수는 한 영역에서 얻은 기능주의의 경험은 다른 영역의 개발을 위한 모델로 사용될 수 있다고 보고, 이러한 시도에서 얻은 성공적인 경험은 축적 확산되며 이것이 곧 국제사회의 토대를 형성하는 것이라고 보았다. 그는 이러한 국제 활동과 이를 관장하는 국제기관의 성장은 통합운동의 중추를 담당할 것이며, 이 성장은 국가 간의 정치적 분열이 국제 활동과 국제기관의 망에 의해서 뒤덮일 때까지 계속되어야 한다고 보았던 것이다.

이와 같은 견해는 국제 활동의 선택된 영역에서는 포괄적이고 견고한 권위체의 창설이 필요하게 된다고 보고, 이에 따라 광범위한 활동범위를 담당하는 전반적 국제 계획 기관도 탄생하게 된다고 보고 있다. 그러나 다른 한편에서 보면, 기능주의자들은 기능을 강조하는 나머지 법과 제도 및 권위체를 소홀히 하는 경향이 있다. 이 때문에 그들은 국가 간의 갈등을 유발시킬 수 있는 위험이 다분한 정치적 문제에서 벗어나, 보다 낮은 차원의 비정치적 영역에서 협동의 대상과 시발점을 찾아 이를 점진적으로 확대하고 견고히 하는 방향에서 정치적 통합을 모색하고 있는 것이다. 따라서 기능주의자들의 전략은 정치문제 이전의 영역 - 즉 비정치적 영역 - 에서 협동과 조화를 모색하는 것이며, 이러한 기반이 굳건히 구축되어 정치문제의 충격에 의해서도 기능으로 얽혀진 국가 간의 관계가 붕괴될 수 없을 정도가 될 때 비로소 정치적 영역의 통합 시발점이 발견될 수 있다는 것이다. 이리하여 어떤 특정국가 간의 기능적 활동과 협조를 위하여 이전되는 미미한 정도의 주권이 축적되면 이것이 새로운 권위체를 창조해 내며, 이것은 다시 상당한 기간의 사회활동과 경제와 기술 영역의 협동을 통하여 진정한 정치권위의 모체로 등장할 수 있을 것으로 보고 있다. 영국 캠브리지대학교의 브라이얼리(J. L. Brierly) 교수는 이와 같은 과정을 통한 국가주권의 약화과정을 "침투작용에 의한 주권의 공격방법"이라고 지칭하고 있다.

2. 신기능주의

신기능주의적 접근 방법의 기본적 시각은 기능주의에 입각하되, 그 방법을 달리함으로써 효율적 통합을 달성하고자 하는 것이다. 이 전략의 핵심은 상호교류를 통하여 높은 수준의 정책통합을 성취하고 아울러 중간수준의 기구통합을 도모하면, 그 결과 더 높은 기구통합이 이루어지고, 나아가 공동체 의식이 생성될 수 있다는 것이다. 이 전략은 정치적으로 매우 중요한 분야를 의도적으로 선택한다는 점과 통합을 촉진하는 기구창설을 의식적으로 시도한다는 점에서 기능주의 전략과는 차별화된다. 요컨대, 기능주의적 전략은 상호교류를 통하여 각각의 기능이 개별적으로 통합을 향해 자동적으로 전개되어 나감을 가정하고 있는데 반하여, 신기능주의적 전략은 정치적 통합을 위하여 보다 제도화된 기능 통합을 의식적으로 추구한다는 것이다.

신기능주의 이론[4]에서 신기능주의자들은 어떤 기능적 분야에 있어서 초국가적인 중앙기구가 결성되어 이것이 각 회원국 내 여러 집단의 통합에 대한 기대나 요구를 일으키는 정책을 추구한다면, 이 집단들의 충성심이 점차로 민족국가를 초월한 주체로 이전하게 된다고 보았다. 또한 제도적 정치적 측면에서의 통합이 일정한 단계에 이르면 필연적으로 사회 심리적 측면으로 확대되어 정치적 통합을 달성하게 된다고 본다.

신기능주의는 다음과 같은 기본적 가설을 전제로 한다.

---

4) 허문영·오일환·정지웅(2007), pp.9-10 재인용.

1. 당초에는 특정한 목적을 위해 형성되었던 지역적 조직이 점차로 그 기능분야를 확대하는 동시에 정책결정의 권한도 강화해 간다는 파급효과(spill-over) 가설.
2. 파급효과 과정의 발전에 의해 경제적 기능을 중심으로 한 정책결정의 범위가 확대되어 최종적으로는 정치수준에까지 미친다는 정치화(politicalization) 가설.
3. 파급효과 과정이 진전됨에 따라서 참가국은 제3국에 대하여 공통의 정책행동을 취한다고 하는 외부화(externalization) 가설.

신기능주의는 기능적 협력과 정치적 협력이 분리될 수 없다고 보면서 정치적 감각이 뛰어난 전문인의 역할과 정치적으로 밀접한 기능적 문제를 중심으로 제도 형성에 역점을 둔다.

신기능주의자는 기능주의의 탈을 쓴 연방주의자들이라고 할 수 있는 바, 그들의 목표는 기능적 수단을 통해서 연방적 목적을 추구하는 것이다. 그들은 정치적 관련성이 결여된 사소한 영역의 기술적 활동이나 협동에 의한 통합방식을 택하지 않고, 의도적으로 정치성이 다분하고 또 정치적으로 중시되는 영역을 택하여 이것을 통합의 기술진이 계획하도록 하는 것이다. 전통적 기능주의는 경제와 기술 및 기타 분야의 거래에서 얻은 혜택을 타 분야로 이식시킴에 있어서 언제나 경제와 기술상의 필요와 또 그 가능성에 따라 향방을 결정하고 있지만 신기능주의는 '랑그르나지(l'engrenage)', 즉 톱니바퀴처럼 '부분적 통합의 확장논리'를 통해서 연속적인 통합에 이를 수 있는 제도를 의도적으로 구상하고 있는 것이다.

3. 연방주의

연방주의5)적 접근은 제도적 법률적 분석에 중점을 두어 현 국가의 정치기구를 폐지하고 하나의 국제기구를 창설한다는 것이다. 그리하여 국제 법인 기구 또는 연방 제도를 구축하게 되면 그것에 의해 지역의 통합은 급속도로 촉진되며, 가맹국 국민의 새 정부에 대한 충성심도 점차 강화될 것이라고 본다. 즉 연방주의 이론은 기능주의와는 달리 통합의 촉진을 위해 정치적 해결과 정치기구를 강조하고 있고 통합된 연방국가를 위해서는 각국의 주권은 포기되어야 한다고 주장함으로써 의사결정의 초국가적 중심부 형성을 통합의 목표로 간주하고 있다.

연방제는 중앙정부와 지방정부 사이의 권력관계가 일반적으로 대등성의 원칙 위에 서 있다. 그렇다고 하여 지방정부가 주권을 지니지는 않는다. 연방국가를 만들 때 이 연방에 참여하는 지역단위들은 각자가 지녔던 주권을 완전히 포기한다. 그리고 그 주권들을 취합하여 새로운 연방정부, 즉 연방국가의 중앙정부가 탄생한다. 그러므로 이 연방정부가 대내외적으로 주권을 독점한다.

그러나 연방정부가 지방정부를 완전히 지배하지는 않는다. 일반적으로 상당한 권한을 지방정부가 행사하도록 허용되어 있다. 연방제는 이처럼 연방에 가입하는 지역단위들의 권한을 설정해야 하기 때문에 반드시 성문헌법을 지녀야 한다. 그 성문헌법 속에 연방정부의 권한과 지방정부의 권한이 명백히 기록되며, 양자 사이의 해석에

---

5) 허문영·오일환·정지웅(2007), pp.12-13 재인용.

차이가 있을 때 그 분쟁을 중재할 헌법재판소의 존재가 명기되어야 한다. 이처럼 연방제는 제도적으로 복잡하며 그 운영에 있어서도 상당한 기술을 요구한다. 자칫 잘못하면 연방제는 실패할 수 있기 때문이다.

4. 구성주의

　구성주의6)가 관심을 끌게 된 것은 소련의 해체에 이은 사회주의 체제의 변화, 양극체제의 붕괴, 새로운 국제제도의 등장으로 이전의 국제정치학이 다루고 있던 행위자, 즉 주체, 그리고 구조와 과정의 모든 면에서의 질적인 변화를 수용할 수 있는 새로운 이론적 틀이 필요했기 때문이다. 다시 말해서 세력균형 이론이나 세력전이 이론이 다루는 국제 체제 내의 행위자의 권력 분포의 단순한 재배열이 아니라 행위자 자체의 변화, 행위를 지배하는 요인의 변화, 그리고 행위가 이루어지는 유형의 변화를 포괄하는 복합적인 양상을 띠고 있다고 할 수 있다.

　구성주의는 정체성에 대한 분석 없이 국제정치를 이해하거나 설명할 수 없다고 주장한다. 웬트에 의하면 정체성이란 국가 간 상호작용 과정에서 형성된 개별 국가의 이미지 혹은 국가 집단의 성격을 말한다. 구성주의는 개별국가의 정체성에도 관심이 있지만, 국가수준을 뛰어 넘어 국제사회에서 집단적 정체성 형성이 가능하다는 점에 더욱 주목하고 있다. 구성주의는 국제체계가 국가 상호 간의 주관적 관계에 의해 구성된다고 본다. 그리고 이렇게 형성된 국제체계의 관념적 요소에 의해 특정한 국가가 가지는 힘과 이익의 의미가 결정된다는 것이다. 수백 개의 영국 핵무기가 불량국가가 보유한 몇 개의 핵무기보다 위협적이지만, 관념적 측면에서 볼 때 서방세계에게 영국의 핵무기는 위협을 막는 수단으로 느껴질 것이다. 따라서

---

6) 허문영·오일환·정지웅(2007), pp.13-16 재인용.

구성주의적 관점에서 볼 때, 구조로서의 국제체계는 단위 국가의 성격을 변화시키고, 변화된 국가의 정체성은 다시금 국가 간의 관계에 영향을 미쳐 국제체계를 변하게 한다는 것이다. 구성주의는 이러한 상호의존의 협력논리를 부정하지는 않지만 경제협력의 증대가 평화를 가져올지 혹은 갈등을 초래할지는 협력이익의 크기와 같은 물질적인 요소보다 국민이나 정치가의 관념에 의해 더욱 좌우된다고 보는 것이다. 구성주의자들은 분배에 참여한 국가 상호 간에 호의적인 이미지가 구축되어 있을 때에 경제협력이 평화증진에 기여할 수 있다고 본다. 적대적 혹은 갈등적 관계에 있는 국가 간에는 아무리 높은 수준의 경제협력이 이루어진다고 하여도 평화증진의 효과는 제한적이라는 것이다.

구성주의자들은 주권이란 근대 국제관계의 사회적 구성물로 간주하며 그 형성의 과정을 추적하거나 공유나 해체의 가능성을 언급하고 있으며, 국가의 행위를 제약하고 있는 무정부적 구조는 하나의 일관된 환경이 아니라 상대방을 적의 이미지로 보는 홉스적인 상태, 경쟁자의 이미지로 보는 로크적인 상태, 그리고 친구로 보는 칸트적인 상태 등으로 구분될 수 있다고 생각한다. 다시 말하면 적, 경쟁자, 혹은 친구 등 서로 다른 성격의 국가관계에 의해 질적으로 다른 무정부 상태의 형성이 가능하다는 것이다. 국가를 영원한 이기적 존재로 간주하는 월츠가 국제 무정부 상태를 홉스적 문화에 머무는 상수로 취급하는 반면, 웬트는 초기의 홉스적 문화가 국가 간 관념의 변화로 말미암아 로크적 문화를 거쳐 칸트적 문화로 발전될 수 있다고 보는 것이다.

구성주의자들은 또 다른 상호작용을 통해 국가 행위자에 의한 배타적인 권위나 이익의 정의가 바뀌게 되고 궁극적으로 권력정치의 구조적 전환이 일어날 수 있는 가능성을 상정하고 있다. 물질적인 요인과 체제의 구조적 영향을 강조해 온 다른 이론과 달리 구성주의는 문화나 정체성과 같은 관념적인 요소와 개별 행위자가 행사하는 주체성에 상대적인 비중을 두고 있다. 또한 구성주의자들은 국제정치도 개별 국가와 체제의 구조가 서로에게 영향을 미치고 있는 상호작용의 장으로 해석한다. 즉 국가도 인간과 마찬가지로 일정한 행위를 통해 그들이 존재하는 체제를 생산하고 변화시키는 의도적인 주체이며, 국제체제는 이러한 단위 차원의 상호작용에 구조적인 영향을 미치는 사회적 관계로 이루어져 있다는 것이다.

구성주의는 물질적이고 주관적인, 그리고 간주관적인 세계가 현실의 사회적 구성에서 어떻게 상호작용하고 있는가를 이해하는 데 관심을 가지고 있고, 어떻게 구조가 주체의 정체성과 이익을 구성하는가에 대해서만 배타적으로 초점을 맞추는 것이 아니라 어떻게 개별적 주체들이 이러한 구조를 먼저 사회적으로 구성하는가 또한 설명하려 한다는 점에서 중간적 위치를 점하고 있다. 구성주의의 핵심적 논의는 사회적 현실을 주어진 것으로 간주하지 않고 행위자의 속성, 제도 그리고 구조 등의 사회적 현실이 행위자 간의 상호작용에 의해서 만들어지는 것으로 파악한다.

제2부

남북관계의 기회 ·
위기 · 반전

1. 노태우 정부의 7·7 특별선언

2018년 한반도 평화의 새로운 시작은 1988년 '7.7 선언'에서 제시되었던 해묵은 일정표를 30년 만에 다시 꺼내보게 한다.[7]

'7.7 선언'은 한반도 평화와 평화통일의 길은 상호 존중하는 바탕 위에서 서로 교류 협력하며 사실상의 통일 상태를 만들어 가는 과정에 있다고 확인하고 이를 보장하기 위해 주변 4대국에게 남북한 교차승인을 제안한 바 있다.

적화통일이나 흡수통일이라는 환상을 버리고 공존하면서 평화적으로 통일을 추구하자는 '7.7 선언'은 북한 핵문제라는 암초 때문에 상당기간 우여곡절을 겪었고 반쪽만의 미완성 상태로 있지만 북한이 핵 폐기 의지를 확실히 해준다면 30년이 지난 지금도 매우 유용한 이정표가 될 수 있다.

---

7) 평화연구원, 『현안진단 제186호』(2018. 4. 24.)

30년 전 그때도 이 땅에서 올림픽이 열렸다. 국제적 탈냉전의 흐름에 당혹한 북한은 서울올림픽에 참가하지 않았지만, 당시 서울올림픽은 우리 외교안보 및 대북정책에 커다란 전환점을 제공하였다.

1988년 2월 노태우 대통령은 취임사에서 국제적 탈냉전 흐름에 능동적으로 대처하겠다는 북방정책 구상을 밝혔고, 7월에는 한반도 정책을 획기적으로 전환하는 '7.7 선언'(민족자존과 통일번영을 위한 특별선언)을 발표했다.

'7.7 선언'의 요지는 대북한 문호개방과 주변 4국의 남북한 교차승인 제안이다. 당시 서울올림픽은 국제 냉전질서가 해소되는 역사적 전환기에 동서 진영 간 화해를 선도하고 한·중, 한·소 수교 등 우리와 적대시하던 공산국가들과 관계개선의 물꼬를 트는 중대한 계기가 되었다. 이로써 교차승인은 반쪽만 우선 실현되었다.

또한 '7.7 선언'을 기초로 역대정부 공식 통일방안인 민족공동체 통일방안을 마련하고 북한과는 기본합의서와 비핵화선언에 합의하여 비록 실천과정에 진입하지는 못했지만 한반도 평화와 평화통일의 이정표를 마련했다고 평가되었다.

한반도에 또 다른 전쟁을 막고 냉전을 종식하려면 상대를 굴복시키는 것이 아니라 서로를 인정하면서 교류협력으로 적대관계를 점차 해소해야 한다는 공감대가 있었고 그것은 세계사의 흐름에 부합하는 순리였다.

그러나 북한은 탈냉전의 국제질서 흐름 자체를 불안해하고 자체적인 핵무기 개발이라는 모험을 통해 문제를 해결하려고 했다. 1994년과 2003년 그리고 2008년 이후 반복된 한반도 핵 위기로 인한 우여곡절은 '7.7 선언'의 이행을 뒷걸음질 치게 만들었고, 북한 핵시설에 대한 폭격(surgical strike)이나 제재와 압박을 병행한 대북 무시전략(strategic neglect) 등 평화를 위협하는 대안이 모색되기도 했다.

'7.7 선언'의 길을 벗어나 우여곡절을 겪은 시간은 아무에게도 도움이 되지 못했다. 북한이 사실상 핵무기를 완성하도록 시간을 벌어주었고, 핵무장을 달성했다는 북한도 핵무기를 가지고는 장래가 없다는 것이 오랜 시행착오 끝에 분명해졌다.

모든 것을 테이블에 올려놓았다는 트럼프 대통령의 결론, 선대 유훈이라는 명분으로 비핵화 협상에 돌아오기로 결단한 김정은 위원장의 선택, 그리고 한반도 냉전질서의 해소를 위해 많은 고민을 해 온 문재인 대통령의 노력이 2018년 한반도 평화의 봄을 만들어 낼 수 있었다.

남북 정상회담 준비위원회는 4.27 남북 정상회담의 3대 의제로 한반도 비핵화, 항구적 평화정착, 남북관계 진전을 들고 있으며 타당하게 설정되었다. 현 상황에서 한반도 평화는 북한 비핵화와 남북관계 개선의 두 과제와 같이 갈 수 밖에 없다. 어느 것 하나 앞세우거나 소홀히 할 수 없다. 그래서 삼궤병행(三軌竝行)이다.

비핵화는 완전하고 검증 가능하며 되돌릴 수 없게(CVID) 이루어져야 한다. 또한 적대관계 해소를 위한 근본조치와 병행하여야 한반도 평화정착 논의와 궤를 같이 하게 될 것이다. 이는 '7.7 선언'에서 미완성으로 끝난 4대국 교차승인의 일환으로 북·미, 북·일 수교과정과 연계될 수 있다.

과거의 '제네바 합의'나 '9.19 공동성명' 등 비핵화 합의의 결정적 결함 중 하나는 비핵화를 검증하는 기술적인 문제보다는 합의이행 과정에서 근본적 관계개선 조치를 장래의 문제로 미루어 두고 사실상 무시했다는 점이다.

한편 우리 입장에서는 항구적 평화정착이 분단 고착화로 이어지지 않도록 하는 것이 매우 중요하다. '7.7 선언'과 이에 힘입어 마련된 남북기본합의서의 한반도 당사자 해결원칙은 지난 30년간 핵문제로 우여곡절을 겪으면서 크게 훼손되었다. 이제 북한 비핵화도 한반도 평화체제 논의도 고도의 국제문제가 되어버렸고 자칫 통일문제마저 당사자 해결원칙보다는 국제사회 입김이 더 크게 작용할 소지가 커졌다.

따라서 평화논의는 남북관계 진전 등 통일논의와 긴밀히 연계되어야 한다. 이는 '7.7 선언'의 구상을 구체화한 민족공동체 통일방안의 진입과정 논의와 결부시킬 수 있을 것이다. 중간 단계인 남북연합은 남북 정상회담의 정례화로 접근해 나가는 것이 바람직하다.

한반도 평화의 새로운 시작은 비핵화, 평화정착, 남북관계 진전이라는 삼궤병행전략에 입각하여 30년 전 '7.7 선언'의 완성을 지향하는 데서 이루어져야 한다.

북한의 비핵화 의지를 확고히 유지시키고 북한의 핵무기는 물론 관련 핵시설과 물질 모두를 완전한 국제 감시하에 두는 일과, 냉전질서의 근본적 해소를 위해 북한과 미·일과의 수교과정을 시작하여 '7.7 선언'이 제시한 남북한 교차승인을 완성하는 일과, 남북 정상회담 등 당국회담을 정례화하여 남북연합의 기초를 놓는 일 등이 조속히 가시화되어야 한다.

역사의 큰 맥락에서 보더라도 이번 정상회담은 분명히 한반도 평화의 새로운 출발이 될 가능성이 높다. 비록 한 번도 가보지 못한 길이지만 이 길은 사실 30년 전 '7.7 선언'에서 천명된 이정표를 따르게 될 것이다. 기상천외한 발상이 만든 길은 아니다.

4월 27일 판문점에서 시작되는 한반도 평화의 논의가 탈냉전의 세계적 흐름을 완성시키고 새로운 세계 평화질서를 만들어 나가는 출발점이 될 것이다.

1) 민족자존과 통일번영을 위한 7·7 특별선언[8]

'7·7 특별선언'은 자주·평화·민주·복지의 통일이념과 그 원칙에 입각하여 민족구성원 전체가 참여하는 민족공동체를 이룩함으로써 민족자존과 통일번영의 새 시대를 열어나가야 한다는 기본정신을 밝히고 있다.

이 같은 '7·7 특별선언'의 이념과 원칙의 토대 위에서 구체적인 조치로 취해진 6개항 정책선언의 주요내용은 다음과 같다.

(가) 정치인, 경제인, 언론인, 종교인, 문화·예술인, 체육인, 학자 및 학생 등 남북 동포 간의 상호교류를 적극 추진하며, 해외동포들이 자유로이 남북을 왕래하도록 문호를 개방한다.

(나) 남북적십자회담이 타결되기 이전이라도 인도주의적 견지에서 가능한 모든 방법을 통해 이산가족들 간에 생사, 주소확인, 서신왕래, 상호방문 등이 이루어질 수 있도록 적극 주선, 지원한다.

(다) 남북한 교역의 문호를 개방하고 남북한 교역을 민족내부 교역으로 간주한다.

(라) 남북 모든 동포의 삶의 질을 향상시킬 수 있도록 민족경제의 균형적 발전이 이루어지기를 희망하며, 비군사적 물자에 대해 우리

---

8) 국토통일원, 『통일백서』(1992), pp.72-82.

우방들이 북한과 교역을 하는데 반대하지 않는다.

(마) 남북 간이 소모적인 경쟁, 대결외교를 종결하고 북한이 국제사회에 발전적 기여를 할 수 있도록 협력하며, 또한 남북대표가 국제무대에서 자유롭게 만나 민족의 공동이익을 위하여 서로 협력할 것을 희망한다.

(바) 한반도의 평화를 정착시킬 여건을 조성하기 위하여 북한이 미국·일본 등 우리 우방과의 관계를 개선하는데 협조할 용의가 있으며, 또한 우리는 소련, 중국을 비롯한 사회주의 국가들과의 관계 개선을 추구한다.

① 남북 상호교류와 자유왕래: 남북 간에 쌓인 불신을 씻어내고 민족통합의 길로 나아가기 위해서는 무엇보다도 서로가 같은 민족으로서 교류와 협력을 통해 남북 간의 상호이해와 민족적 유대감을 증진시켜 나가는 것이 중요하다.

② 이산가족의 서신왕래와 상호방문: 70여 년에 걸친 분단으로 인해 누구보다도 큰 고통과 불행을 감수하고 있는 사람들은 1천만에 이르는 이산가족이며, 이들의 고통 해소야말로 인도주의적 견지에서 제1차적 과제이다.

③ 남북한 교역 문호개방: 남북이 하나의 민족으로서 번영해 나가기 위해서는 경제공동체를 회복·발전시킴으로써 민족경제의 규모와 질을 한 차원 높여야 한다. 특히 남북 간의 관계를 독립된 국가의 관계가 아니라 상호 통일을 지향하는 '잠정적 특수 관계'로 인식하여 남북 간의 교역 그 자체를 민족 내부교역으로 간주하고 있다는데 큰 특징이 있다. 이에 따르면 대한민국으로 반입되는 북한항 선적물자에 대해서 일체 관세 형태의 세금을 부과하지 않게 된다.

④ 우방국의 북한교역 불반대 선언 4항에서는 우방국과 북한과의 교역이 북한주민의 민생을 안정시키고 복리를 증진시키는데 기여한다면, 대한민국 정부가 이를 반대하지 않겠다는 입장을 밝히고 있다.

이와 같은 조치는 결과적으로 북한을 국제사회의 일원으로서 참여케 하고 개방을 촉진시킴으로써 민족경제의 균형적 발전은 물론 민족공동체를 이루어 나가는데 크게 기여할 것이다.

⑤ 국제사회에서의 남북한 간 협조: 그동안 남북한이 국제무대에서 치열한 대결외교와 경쟁을 통해 민족의 자존과 위신을 스스로 손상시키고 민족이익을 넓혀 나가는데 제약을 초래하여 왔음에 유의하면서, 국제적 선망과 찬사를 받는 세계 속의 한국으로서의 의연함과 성숙함으로 북한을 포용하는 대외적 자세를 표명하고 있다.

이에 따라 대한민국 정부는 유엔 및 비동맹 등 국제무대에서의 외교대결을 지양하며, 북한의 국제기구 가입을 고무해 나가는 한편 남북대표가 세계 어디서나 자유로이 만나 상호의견을 나누고 화해와 개방을 세계조류를 통해 동참하며 또 이를 선도해 나갈 수 있도록 여건을 조성해 나가게 될 것이다.

⑥ 북한과 우방과의 관계개선 협조: 노태우 정부는 제6공화국 출범 이후 한반도 평화정착과 민족통일의 외적 환경 조성을 위해 특히 국교관계가 없는 대륙국가와의 관계개선을 도모하는 북방정책을 적극 추진하여 왔다.

2. 김대중 정부와 『햇볕정책』9)

김대중 정부는 평화를 통일에 앞서는 선차적 과제로 내세우고, '법적·제도적'(de jure) 통일보다는 '사실상의'(de facto) 통일을 추구하였다.

김대중 정부는 '평화, 화해, 협력 실현을 통한 남북관계 개선'을 대북정책의 목표로 제시하고, 대북정책 3대 원칙으로서 '평화를 파괴하는 일체의 무력도발 불용', '흡수통일배제', 그리고 '화해, 협력의 적극 추진'을 천명하였다. 대북정책 추진기조로서는 '안보와 협력의 병행 추진', '평화공존과 평화교류의 우선 실현', '화해, 협력으로 북한의 변화여건 조성', '남북 간 상호이익 도모', '남북당사자 해결 원칙하에 국제적 지지 확보', 그리고 '국민적 합의에 기초한 대북정책 추진'을 제시하였다. 마지막으로, 대북정책 추진방향으로서는 '남북 간 대화를 통한 남북기본합의서 이행, 실천', '정경분리 원칙에 입각한 남북경협 활성화', '남북이산가족 문제의 우선 해결', '북한 식량문제 해결을 위한 대북지원의 탄력적 제공', '대북 경수로 지원사업의 차질 없는 추진' 그리고 '한반도 평화환경 조성'이라는 여섯 가지를 정하였다.

1) 김대중 전 대통령의 통일철학

김대중 전 대통령은 1994년 1월 아태평화재단 <창립선언문>에서

---

9) 박상익, "'김대중의 3단계 통일론'과 통일준비 과제", 『군사발전연구』 제8권 제2호(조선대학교 군사학연구소, 2014)에서 재인용.

한반도 통일, 아시아 민주화, 세계평화 등 3대 목표를 밝히면서 특히 한반도 평화와 안정에 기여하겠다고 역설하고, "통일은 우리에게 무엇보다 평화를 상징한다. 냉전질서, 분단의식, 군사문화를 벗겨내 평화와 안정을 심고 민족의 화합과 일치를 이루는 길이다. 통일을 지향하는 우리에게 이것처럼 소망되는 것은 없다고 해도 과언이 아니다. 통일은 우리에게 생명의 길이며 동아시아와 세계의 평화를 담아내는 귀중한 그릇이다."라고 선언한 바 있다.

그 후 완성된 『김대중의 3단계 통일론』은 김대중의 통일 사상에 깊게 뿌리를 두고 있는데, '열린 민족주의(Open Nationalism)', '적극적 평화주의(Positive Peace)', 그리고 '전 지구적 민주주의(Global Democracy)'가 바로 사상적 기조이다.

〈표-1〉 김대중의 3단계 통일론 개관

명칭	3단계 통일론
단계	남북연합 -> 연방 -> 완전통일
원칙	자주, 평화, 민주
사상적 기조	열린 민족주의(Open Nationalism), 적극적 평화주의(Positive Peace) 전 지구적 민주주의(Global Democracy)
1단계	남북연합 단계(1연합, 1민족, 2국가, 2체제, 2독립정부) 남북연합정상회의와 남북연합회의를 구성하여 분단 상황을 평화적으로 관리 군비통제 등 평화공존체제의 확립, 교류, 협력의 증진을 통한 상호공동이익 제고 및 민족동질성 회복
2단계	연방 단계(1민족, 1국가, 2체제, 2지역자치정부) 외교, 군사, 주요내정의 권한을 지닌 연방정부와 일반적 내정에 대한 자율성을 갖는 지역자치정부
3단계	완전통일 단계(1민족, 1국가, 1체제, 1중앙정부) 민주주의, 시장경제, 사회복지, 도덕적 선진국, 평화주의

우선, 김대중 전 대통령에게 있어 민족주의는 통일의 이념적 기반

이자 추진력을 제공해주는 동인이요, 지향점이다. 김대중 전 대통령에게 있어 통일은 민족의 재결합을 의미하는 동시에 최초의 근대적 민족국가를 건설함을 뜻하기 때문이다. 여기서 김대중 전 대통령의 민족주의는 '열린 민족주의'이다. '열린 민족주의'는 자기 민족만의 이익을 위해 다른 민족을 탄압하고 수탈하는 외연적 민족주의를 반대한다. 대신 자기 민족을 식민지적 속박으로부터 해방시켜 자유와 독립 그리고 생존의 길을 열어주고자 하는 내포적 민족주의를 수용한다. 단, 일부 제3세계의 민족주의에서 보듯이, 무조건 반외세자주화로 치닫는 폐쇄적 민족주의는 경계한다. 이런 점에서 '열린 민족주의'는 북한이 강조하는 반제국주의적 '우리 민족 제일주의'와는 근본적으로 궤를 달리한다고 볼 수 있다.

'3단계 통일론'의 두 번째 사상적 기조는 '적극적 평화주의'이다. 냉전시대를 통틀어 평화는 단순히 '전쟁의 부재 상태'라는 소극적 개념으로 이해되어왔다. 이렇게 정의된 평화는 불안과 긴장을 배태한 모순적 현상을 의미하는 것이었다. 김대중의 '적극적 평화주의'는 단순히 전쟁을 반대하는 소극적 자세에 머무르지 않는다. 문자 그대로 보다 적극적인 평화 개념에 입각하여 '평화창조'를 추구한다. 지난 2014년 8월에 한국을 방문한 프란치스코 교황의 "전쟁이 없다고 해서 평화가 진행되는 것은 아니다"는 발언 역시 맥락을 같이 하는 것이라고 볼 수 있다. 핵무기 없는 세계를 실현하자든가, 동북아 다자간 안보협력체제를 구성하자는 주장 등은 이의 좋은 예라 할 수 있다.

세 번째 사상적 기조로서의 '전 지구적 민주주의'는 민주주의의 일국적 측면을 넘어서 국제적 측면을 강조하고 있다는 특징을 갖고 있다. 요컨대 이는 각 국가 내에서 자유와 정의가 실현되고, 강대국은 물론 약소국들 역시 선진국과 똑같은 자유와 번영 그리고 정의를 누리도록 하자는 것이다. 아울러 이 지구상에 있는 모든 생명체의 보전을 위해 참된 생명 운동을 전개하자는 것이다.

'전 지구적 민주주의' 사상은 아시아에도 서구 못지않은 민주주의적 요소들이 역사와 전통 속에 용해되어 있다고 주장한다. 이제는 아시아적 민주주의의 포용성이 서구식 민주주의의 한계를 극복하는 데 긍정적으로 영향을 줄 수 있는 시기가 왔다고 보았다. 특히 한국 역사 속에 뿌리내리고 있는 민주주의적 요소로서 동학의 인내천 사상, 문민 주도의 정치·문화적 전통, 과거제도의 개방성, 언론 자유를 존중해온 전통, 타민족을 침략하지 않았던 평화주의 전통, 교육에 대한 열의, 그리고 반독재 민주화 투쟁으로부터 온 국민이 얻은 귀중한 교훈 등에 주목하였다. 요컨대 우리의 민주주의가 아시아적 사상과 전통에 뿌리를 둔 새로운 민주주의, 즉 전 지구적 민주주의를 향해 한 단계 높은 경지로 올라설 때 비로소 우리의 이상이 실현될 수 있을 것으로 보았다.

이러한 통일원칙의 사상적 기조위에서 김대중 전 대통령의 3원칙(평화공존, 평화교류, 평화통일) 3단계 통일방안(남북연합 ⇒ 영·미식 연방 ⇒ 완전통일)을 제시하였다.

'3단계 통일론'은 전쟁이나 폭력에 의한 통일을 배격한다. 그보다는 평화적인 방법에 의해 온 민족의 뜻을 모아 민주적 절차에 따라 통일이 실현되기를 원한다. 이러한 의미의 통일은 어느 날 갑자기 이루어지는 것이 아니라 점진적으로 진행되는 과정이기에 '3단계 통일론'은 '통일의 첫걸음을 가능한 한 빨리 내딛되 통일의 진행은 찬

찬히 해나가자'고 주장하고 있다.

'3단계 통일론'의 제1단계는 1민족, 2국가, 2체제, 2독립 정부, 1연합의 남북연합 단계이다. 이 단계에서는 2개의 남북한 독립국가가 서로 다른 체제를 그대로 유지한 채 국가연합을 형성하는 것이다. 따라서 남과 북은 각기 지금까지 유지해온 기존의 모든 주권과 권한을 그대로 보유한다. 남북연합은 남북 협력을 제도화하여 통일 과정을 효율적으로 관리하려는 목적 하에 설정된 것이다. 이 단계는 약 10년 정도 지속될 것으로 상정한다. 이 기간 동안 남과 북은 상호 화해와 협력을 통해 평화와 번영을 추구하는 가운데 민족의 동질성 회복을 위해 전력을 다하게 될 것이라고 한다.

제2단계는 영·미식 연방제이다. 이는 1민족, 1국가, 1체제, 1연방 정부, 2지역자치정부로 구성된다. 이 단계에서는 하나의 체제 아래 외교·국방 그리고 주요 내정을 중앙정부가 관장하고, 그 밖의 내정은 2개의 지역자치정부가 담당하게 된다. 아울러 통일헌법에 따라 연방 대통령을 선출하고 연방의회를 구성한다. 이는 북한의 '고려민주연방공화국 창설 방안(고려민주연방제)'과는 근본적으로 다른 형태이다.

마지막 제3단계는 완전통일 단계로서 중앙집권제 또는 여러 개의 지역자치정부들을 포함하는 미국이나 독일식 연방제를 채택하는 단계이다. 사실 남북 지역자치정부로 구성되는 영·미식 연방으로의 진입만으로도 한반도의 통일은 이미 실현된 것으로 볼 수 있다. 오늘날 세계적인 추세가 지방 분권화·지방 자치화를 향해 나아가고 있음을 고려할 때, 연방으로부터 중앙집권적 체제로 나갈 것인지 아니면 여러 개로 세분화된 연방제 즉 미국이나 독일식 체제로 갈 것인지 여부는 그때에 가서 국민 의사에 따라 결정하면 될 것이다. 결국 통일국가의 미래를 떠받치는 다섯 개의 기둥으로 민주주의, 시장경제, 사회복지, 도덕적 선진국, 평화주의이며, 이는 인류보편적인 가치로서 통일을 이루어가는 과정에서 우리가 늘 염두에 두어야 하는 것들이다.

따라서 김대중 전 대통령은 평화를 통일에 앞서는 선차적 과제로 내세우고, '법적·제도적'(de jure) 통일보다는 '사실상의'(de facto) 통일을 추구하였다. 김대중 전 대통령은 북한의 민주주의와 인권 상황의 심각성에도 불구하고 햇볕정책에 입각한 남북화해협력 정책을 일관성 있게 추진해야 한다고 역설했다. 급속한 흡수통일 못지않게 전쟁과 같은 방식의 적화통일 역시 결코 바람직하지 않다고 판단하고 점진적인 단계적 통일방안을 주창한 것이다.

김대중 전 대통령은 햇볕정책을 통해 그 같은 구상을 실현시킬 수 있었다. 금강산관광, 개성공단, 그리고 경의선 철도와 도로연결 등 3대 경협사업이 바로 그 옥동자들이라고 볼 수 있다. 김대중 전 대통령은 이를 토대로 전면적인 남북화해협력 정책을 전개하여 한반도에 사상 유례가 없는 평화의 시대를 개척했고, 그 결과로 노벨평화상까지 수여하게 되었다고 볼 수 있다.

2) 김대중의 3단계 통일론과 대북정책

김대중 대통령 집권 이전에 주장해 온 '민족의 3단계 통일방안'은, 통일의 방법으로서 '3원칙 3단계'를 제시하고 있는데, 이는 '평화공존, 평화교류, 평화통일'이라는 3원칙과 '공화국연합제에 의한 남북연합 단계(제1단계), 연방제통일단계(제2단계), 완전통일 단계 (제3단계)'라는 3단계 통일방안이다. 김 대통령은 그 당시는 한반도 에 있어서 통일조건이 좋지 않기 때문에, 우선 공화국연합(남북연합) 방식에 의한 제1단계의 남북통일을 실현시키는 것이 중요하다는 입 장을 취하면서, 공화국연합단계에서 남북한이 서로 꼭 지켜야 할 두 가지는 '평화공존'과 '평화교류'의 원칙이라고 강조하였다. 공화국 연합제를 10년쯤 해 나가면 제2단계의 연방제단계로 들어갈 수 있 을 것이며, 이렇게 되면 이제 통일의 반 이상이 성취되는 것이며, 이 렇게 몇 년 가면 완전통일이 무리 없이 실현될 것으로 보았다.

그런데 집권 후 김대중 대통령은 기존의 '3단계 통일방안'의 제1 단계의 실현, 즉 '공화국연합단계의 실현' 그 자체를 김대중 정부의 대북정책의 목표로 삼고 있지 않고, 김대중 정부는 공화국 연합단계 의 실현이 아닌 '남북관계 개선'을 대북정책의 목표로 명확히 하고 있다.

김대중 정부가 '평화공존'과 '평화교류'의 우선 실현을 내놓고 있 기 때문에, 제1단계인 공화국연합단계에서의 추진 기조의 요소를 일 부 포함하고 있다는 것은 사실이다. 그러나 김대중 정부는 기존의 3 단계 통일방안에서 제1단계인 공화국연합단계 중에서도 공화국연합 기구 같은 것을 구성하는 상황까지는 당장 생각을 하지 않고, '남북 관계 개선'을 바탕으로 그러한 상황으로 발전하기 이전의 단계인 "'평화, 화해, 협력'의 실현"이라는 초기 단계의 정책인 것이다. 이는 사실상, 김대중 정부가 제시한 대북정책에서 실현하려는 "'평화, 화 해, 협력' 실현을 통한 남북관계 개선"이라는 목표는 김영삼 정부의 3단계 통일구도 (화해, 협력 - 남북연합 - 통일국가) 중 제1단계인

'화해, 협력 단계'에서 이루려는 목표와 대동소이하다고 할 수 있다.

이는 이전 정부의 대북정책들과 큰 차이를 보이는 부분이다. 예컨대, 김영삼 정부가 '김영삼 정부의 3단계, 3기조 통일정책'이라는 표현을 사용한데 반해, 김대중 정부는 '김대중 정부 대북정책'이라는 표현을 사용하였다. 즉, 김대중 정부는 '통일정책'이 아닌, '남북관계 개선을 위한 대북정책'에 초점을 맞추고 있는 것이다.

김대중 정부의 대북정책의 대표적인 특징 몇 가지를 살펴보면, 첫째, 정책의 당면목표가 '통일'이 아닌 '남북관계 개선'이다. 먼저, 김대중 정부가 내세운 대북정책의 목표를 보면, 정부는 현 단계에서는 당장 통일을 이룩하는데 주력하기보다 평화정착을 통해 남북 간의 평화공존을 실현하는 것이 시급하다는 인식하에 '당장 실현이 어려운 통일은 서서히 시간을 두고 달성'하겠다는 입장을 보이고 있다.

둘째, 대북 '포용정책'을 통한 북한의 점진적 변화의 유도이다. 김대중 정부는 북한체제 붕괴론(붕괴희망론)에 근거한 대북 압박정책보다는 북한을 포용하여 외부세계로 이끌어 내어, 북한의 점진적 변화를 유도하고, 북한에게 변화를 강요하기보다는 북한 스스로가 변할 수 있도록 보다 많은 접촉, 보다 많은 대화 그리고 보다 많은 협력을 추진하여 북한이 스스로 변할 수 있는 여건과 환경을 적극적으로 조성하는 정책을 취하고 있다.

셋째, 정경분리를 통한 남북한 상호이익 도모이다. 김대중 정부는 남북 간의 평화공존이 가능하기 위해서는 북한이 어느 정도는 경제적 파탄을 벗어나는 것이 필요하다고 보고, 과거와는 달리 "남북 간 경제교류협력을 정치적 상황에 연계시키지 않고 시장경제원리에 따라 기업이 자율적으로 추진하도록 한다."는 정경분리원칙을 내세우고 있다. 민간 경제 분야에서 경제논리에 따라 북한과 상호 이익이 되고 이해관계가 일치되는 사안을 중심으로 경제협력을 추진하는 정책을 취하고 있는 것이다. 정부는 이러한 정책을 시행하는 데 도움을 주기 위해 기업인 방북확대, 투자규모 상향 조정, 경협절차 간소화 등 남북경협 활성화를 위한 제반 조치를 취하였다.

넷째, 남북당사자 해결 원칙하에 국제적 지지 확보이다. 김대중 정부는 기본적으로 우리 민족의 장래를 남과 북이 주도적으로 결정하고 해결하되, 한반도 분단을 해소하고 평화를 정착시키기 위해서는 국제사회의 참여와 협조가 필요하다는 태도를 취하고 있다. 이는 한 마디로 말해서 남북관계 내지 한반도 문제를 해결하는데 있어서 다자간 국제협력이라는 궤도에만 의존하지 않고, 이제 남북 간의 직접대화와 직접협상이라는 궤도를 공식적으로 회복하여 대북 '양궤도 정책'(dual track policy)을 쓰겠다는 것이다.

3) 6·15 남북공동선언 제2항의 의미와 평가

(1) 6·15 남북공동선언 제2항의 의미

김대중 전 대통령의 '3단계 통일론'과 그 통일철학의 실현을 위해 재임 시 북한과 합의한 최초의 문건이 '6·15 남북공동선언'이라고 볼 수 있다. 따라서 '6·15 남북공동선언'의 의미를 살펴보는 것은 중요한 의의가 있다고 볼 수 있다.

「6·15 남북공동선언」 제2항에서, "남과 북은 나라의 통일을 위한 남측의 연합제 안과 북측의 낮은 단계의 연방제 안이 서로 공통성이 있다고 인정하고 앞으로 이 방향에서 통일을 지향시켜 나가기로 하였다"고 선언하였다.

북한의 '낮은 단계의 연방제 안'은 공식적으로는 '6·15 남북공동선언'에서 처음으로 제기된 연방제 통일방안이나, 그 내용은 1990년대 초부터 언급되기 시작하였다. 즉 북한은 1990년대 초반 기존의 '고려민주연방공화국' 창립방안을 부분적으로 보완하였다. 김일성은 1991년 신년사에서 '하나의 민족, 하나의 국가, 두 개의 제도, 두 개의 정부에 기초한 연방제 방식으로 통일하자'고 제의하였다. 또한 남한이 주장하는 '하나의 국가, 하나의 제도'에 의한 제도통일론은 나라의 분열을 가져와 통일을 저해하는 것이기 때문에 제도통일은 후대에 맡기자고 주장하였다. 그리고 '고려민주연방공화국' 창립방안에 대한 민족적 합의를 보다 쉽게 이루기 위해 잠정적으로 연방공화국의 권한을 대폭 약화시키고 남북한 지역정부를 강화시키는 국가연합방식의 연방제를 주장하였다. 즉 남북한 정부가 잠정적으로 외교 및 군사적 권한을 보유하는 느슨한 형태의 연방제 통일을 제시한 것이다. 이것은 북한이 독일식 통일을 절대로 수용할 수 없음을 명백히 밝힌 것으로 해석된다.

평양에서 개최된 남북 정상회담(2000. 6. 13. ‑ 15.)은 남북 간 불신과 대결의 시대를 마감하고, 화해와 평화의 시대를 열어갈 수 있는 계기를 마련하였다. 이와 함께 남북 정상회담은 향후 북한이 통일에 기여할 수 있는 방향으로 변화할 것이라는 기대와 한반도 평화체제 수립에 대해 긍정적인 전망을 낳았다. 또한 정상회담을 계기로 남북한 간에 화해와 협력을 통한 참된 동반자 관계가 형성될 것으로 기대를 모았다.

남북 정상회담은 남북한이 적대적 관계를 청산하고 상호 체제인정에 기초한 '화해적' 공존관계를 수립하였다는 데에 획기적인 의의를 지니고 있다. 「6·15 남북공동선언」은 긴장과 갈등 대신 평화와 화해분위기를 정착시키고, 소모적 경쟁 대신 남북한 간 합의를 바탕으로 공존공영할 수 있는 기틀을 마련하였다.

정상회담 후 북한은 '낮은 형태(단계)의 연방제'는 정치, 군사, 외교권 등 현존하는 남북 정부의 기능과 권한을 그대로 두고 그 위에 '민족통일기구'를 내오는 방안임을 공식화하였다. 즉, 낮은 단계의 연방제를 "잠정적으로 연방공화국의 지역 자치정부에 더 많은 권한을 부여하며 장차로는 중앙정부의 기능을 더욱 더 높여 나가는 방향에서 연방제 통일을 점차적으로 완성하는 데 대한 방안"으로 규정하였는데, 이로써 북한은 '낮은 단계의 연방제'와 '고려민주연방공화국' 창립방안을 동일시하고 있음을 대내외적으로 천명하였다.

북한은 1990년대에 사회주의권의 붕괴와 독일통일로 인한 충격 그리고 남북한 간의 엄청난 국력차이로 인해 '먹히지 않고' 체제를 보존하기 위하여 제도통일을 거부하고 지역자치정부의 존립을 보장하는 연방제 형태를 강조하게 되었다. 이러한 수세적·방어적 입장이 결국 낮은 단계의 연방제로 귀결되었던 것이다.

(2) 6·15 남북공동선언 제2항의 평가

북한의 '낮은 단계의 연방제 안'은 국가연합적·과도기적·체제보존적 특징을 갖고 있다. 다시 말하여 북한이 2000년 남북 정상회담에서 제시한 「낮은 단계의 연방제」란 남북이 현재의 2체제 2정부를 유지하면서 정치, 군사, 외교권 등의 권한을 그대로 보유하는 형태를 의미한다. 이는 중앙정부가 정치, 외교, 군사권을 모두 행사하는 「고려민주연방공화국 창립방안」과는 달리 현재 지역정부가 이러한 권한을 가지고 교류협력을 통해 점진적으로 통일을 추구해나가자는 것이다.

제2항은 남북한이 당장의 제도적, 법적 통일을 실현하는 것이 아니라, 서로 현재의 체제를 인정하고 평화공존하면서 교류협력을 통해 점진적, 단계적으로 사실상의 통일을 실현해나간다는 데 합의한 것이라고 할 수 있다. 먼 훗날의 과제인 통일에 앞서 평화공존을 토대로 교류협력을 시작하자는 데에 남북이 공통인식을 가지게 되었다는 의미이다.

아울러 1990년대부터 어려워진 대내외적 상황을 반영하여 연방제에서 지역정부의 권한 강화를 거론해 온 북한의 태도변화를 살펴볼 때, 실질적으로는 북한이 '낮은 단계'라는 과도적 개념을 설정함으로써 우리의 연합제 개념을 수용한 것으로 보아야 할 것이다.

이런 점에서, 두 제도는 다음과 같은 공통점을 가지고 있다. 첫째, 두 방안 모두 통일의 형태가 아니라 통일의 준비과정을 말하는 것이다. 즉, 통일의 미래상이나 결과가 아니라 통일을 준비해나가는 접근방법을 의미한다. 둘째, 점진적, 단계적 통일방안으로서 당장의 통일이 어려운 상황에서 남북이 체제와 제도를 그대로 유지하며 평화공존하는 과도적 단계와 느슨한 결합을 예정하고 있다. 셋째, 두 방안 모두 남북한 정부 간에 상설 협의체를 상정하고 있다. 남북 정부가 각기 정치, 군사, 외교권을 갖되 상설 협의체를 통해 남북한 간 현안 문제를 협의하여 해결해나간다는 것이다.

2000년 6월 남북 정상회담에서 김대중 대통령은 통일문제와 관련하여 우리의 연합제 통일방안에 대해 설명하고 합의를 촉구하였다. 즉, 지난 반세기 동안의 분단 상황과 현재의 남북관계 및 주변정세를 감안해 볼 때 현실적으로 당장 통일을 실현하기에는 어려움이 있으므로, 중간단계로 현재의 2체제 2정부를 그대로 유지하면서 정상회담, 장관급회담 등 협의 체제를 가동하여 통일과정을 관리하는 것이 현실적이라는 입장을 제시하였다. 이에 대해 북측이 1991년에 이미 수정한 연방제 개념을 구체화하여 「낮은 단계의 연방제」라는 이름을 붙여 합의안을 제시함으로써 양측 통일방안 간의 공통성이 있다는 것을 인정하는 것이 가능해졌다. 남북한이 당분간 현재의 체제와 제도를 그대로 유지하면서 평화공존하는 데에 합의하고, 적어도 이러한 측면에서 양측의 통일방안 간에 일정한 공통성이 있다는 것을 처음으로 인정한 것이다.

그러나 북한은 남북 정상회담이 끝나고 수개월 동안은 남북공동선언 제2항을 본래 의미 그대로 남북이 양측 통일방안 간의 공통성을 인정한 것으로 해석하였으나, 이후 여러 차례 각종 관영매체를 통해 남북이 '6·15 남북공동선언'을 통해 연방제에 합의하였고 연방제야말로 최선의 통일방안이라는 주장을 하게 되었다. 이는 북한 내부적으로 낮은 단계의 연방제가 기존 연방제에 대한 수정이나 후퇴로 비쳐질 것을 우려하여 주민 통제 및 결속 강화를 위한 조치로 판단된다. 한편으로는, 대남관계에서도 공세적인 태도를 유지하여 향후 각종 남북한 간 협상에서 유리한 위치를 선점하고 우리 내부의 논란을 유도하려는 의도도 있는 것으로 보인다.

그러나 그 후 북한이 조평통 대변인 성명(2002. 5. 28.)과 노동신문 논평(2002. 5. 30.)을 통해 연방제에 대한 일체의 추가적인 언급 없이 제2항의 의미를 문맥에 충실히 해석하고 평화공존과 교류협력을 언급하고 있다.

4) 『햇볕정책』의 성과와 가능성

(1) 화해협력 정책의 지속적 추진

'3단계 통일론'은 남북 간 화해 협력을 촉진하는 제도적 장치로서의 남북연합을 특히 중시하고 있다. 남북연합의 형성은 통일의 물꼬를 트는 일이요, 통일의 필수 조건이 될 것이기 때문이다. '3단계 통일론'에서는 민족적 합의와 남북 당국의 정치적 결단에 의해, 그리고 현실적인 몇 가지 여건이 조성된다면 남북연합으로의 진입이 언제라도 가능하다고 본다. 남북연합은 남과 북이 현존 상태 그대로 상이한 이념과 이질적인 정치 경제 체제하의 두 정부를 유지하면서 긴밀한 협력 기구를 형성하여 '분단 상황을 평화적으로 관리'하는 한편 '통합 과정을 효율적으로 관리'해 나가는 제도적 장치를 의미한다. 이는 분단 구조의 영구화를 지향하는 선린우호관계가 아니라 '통일 지향적 특수 관계'를 발전시켜 나가려는 노력의 소산인 것이다. 따라서 '3단계 통일론'은 남한 정부의 통일방안이 화해 협력의 심화를 남북연합의 전제 조건으로 설정하고 있는 것과는 달리, 화해 협력을 진지하게 이끌어내는 장치로서 남북연합을 상정하고 있다. 곧 핵문제의 해결을 위시하여 최소한의 정치적 신뢰만 조성되면 남북연합이라는 협력 장치를 만들어 남북 협력을 제도화하고, 이를 통해 화해 협력을 의도적이고 적극적으로 성취할 수 있다고 보는 것이다. 그러므로 '3단계 통일론'에서 설정하고 있는 남북연합은 남북

교류 협력의 결과가 아니다. 민족적 합의와 남북 당국의 정치적 결단의 결과이자 동시에 양자 간의 화해와 협력을 심화시키는 촉진제인 것이다.

여야 간 정권교체를 이루어 1998년 2월 출범한 김대중 정부는 '햇볕론에 입각한 대북 포용정책(햇볕정책)'을 적극화하면서 민족공동체 통일방안의 첫 단계인 화해협력·공존공영을 진전시키기 위해 노력했다. 김대중 대통령은 야당시절 1단계 남북연합 단계, 2단계 연방 단계, 3단계 완전통일 단계로 이어지는 '3단계 통일방안'을 내놓았지만, 연방제에 대한 '오해'를 의식해서 이를 선거공약으로 제시하지 않았다. 집권 이후 김대중 정부는 새로운 통일방안을 내놓지 않고 민족공동체 통일방안을 계승하고 2000년 6월 남북 정상회담에서 남과 북의 통일방안의 중간단계인 연합제와 낮은 단계의 연방제의 공통성을 인정하고 공존공영을 모색했다. 남의 김대중 대통령과 북의 김정일 국방위원장이 합의한 '6·15 공동선언'을 충실히 이행했다면 민족공동체 통일방안의 1단계인 화해협력 단계를 실현했을 것이다.

독일의 통일과정에서 확인했던 것처럼 서독은 '동방정책'에 따라 1972년 '동서독기본조약'을 체결하고 일관성 있는 교류협력을 추진했다. 독일은 이미 28년 전에 베를린 장벽을 허물고 통일을 달성했다. 총과 대포에 의해 베를린 장벽이 무너진 것은 아니다. 탈냉전이라는 거역할 수 없는 역사적 조류와 동서독 간의 꾸준한 교류협력이 장벽을 붕괴시킨 것이다. 서독의 '작은 발걸음 정책'과 '접근을 통한 변화 전략'은 동서독 간 인적 물적 교류를 꾸준히 확대하면서 상호 이해의 폭을 넓혀나갔다. 독일통일을 결정적으로 가능하게 했던 요인은 사회주의권 개혁·개방과 미·소 간의 평화공존합의라고 할 수 있다. 독일은 국제정세의 변화를 통일달성의 유리한 환경으로 활용해서 통일을 달성하게 된 것이다. 헬무트 콜 전 서독수상이 말한 것처럼 독일은 역사가 열어준 '기회의 문'을 놓치지 않고 재빠르게 문 안으로 들어가 통일을 달성했던 것이다. 독일의 통일경험에 비춰보면 우리의 통일노력은 일관성이 없었고 전략도 구체적이지 않았다. 또한 사회주의권 붕괴라는 세계사적 흐름을 통일의 촉진요인으로 활용하지 못했다. 독일통일은 거창한 통일방안에 의한 것이 아니다. '작은 발걸음'이 모여 통일의 대업을 이룬 것이다. 동서독의 경우 수많은 간첩사건과 서독으로 탈출하는 동독주민에 대한 총격사건이 발생 했음에도 교류협력을 지속하고 통일을 달성했다. 우리의 경우 2008년 7월 11일 금강산관광객 피격사건 이후 금강산관광의 중단, 2010년 3월 26일 천안함 폭침사태 이후 5·24 조치가 취해져 남북교류협력 사업의 중단 그리고 2016년 2월 10일 개성공단의 가동이 전면적으로 중단되었다. 북한의 연이은 핵실험과 장거리로켓발사에 따른 유엔차원의 대북제재와 남북관계 차원의 제재강화로 통일을 위한 작은 통로가 거의 다 막혀 버렸다. 남북관계는 규범적·도덕적 기준만으로 풀 수 없다. 우리는 수많은 통일방안을 내놓고도 통일을 달성하지 못했다. 지금 필요한 것은 통일방안이나 급변사태론 등 거대담론보다는 실천 가능한 작은 발걸음을 전략적으로 추진하는 것이다.

대북 화해협력 정책의 일관된 추진을 통한 한반도 평화와 남북관계 개선의 진전 상황에 따라 남북한은 통일을 향한 다음과 같은 발전적 코스로 나아갈 것으로 전망할 수 있다. 즉 한반도 '냉전구조 해체→평화체제 구축→민족공동체 형성→남북연합·연방 단계→통일'

의 과정으로 상정해 볼 수 있다. 물론 남북 화해협력을 통한 장기간의 공존공영에 따른 통일의 과정은 반드시 이러한 코스대로 이행된다는 법칙적인 보장은 없지만, 대개 이러한 코스를 상정함으로써 통일을 향한 과정상의 목표를 분명히 하게 될 뿐만 아니라 이러한 코스 자체가 통일을 향한 이정표적인 역할을 한다는 점에서도 의미가 있다. 물론 여기서 냉전구조 해체와 평화체제 구축은 거의 동시적 과정일 수도 있으며, 민족공동체 형성과 연합·연방 단계의 형성은 선후의 문제가 아닌 서로 뒤섞이는 과정으로 나타날 수도 있을 것이다.

(2) 분단갈등·남남갈등의 해소를 위한 노력

남북분단 70년이 넘었음에도 대북·통일정책은 대한민국 국가 차원의 일관성과 지속성을 보여주지 못한 채, 보수-진보 두 진영, 두 이념, 두 정부, 두 세력, 두 정당이 첨예한 대결양상을 보여주고 있다. 정부 교체에 따른 '정책왕래'의 진폭 역시 항상 하나의 극단에서 또 하나의 극단으로의 전이를 반복하고 있다. 특별히 사회주의 붕괴(국제), 북한경제의 파탄(북한 내부), 남북한 국력의 현격한 차이(남북)라는 압도적 우위요소에도 불구하고 보수 남한과 진보 남한, 보수 대북정책과 진보 대북정책이 따로 존재하는 '평행현상'은 쉬이 이해할 수 없는 현실로서 반드시 극복되어야 한다. 정부와 정당을 넘어 학계, 언론, 종교, 문화, 예술 영역에 이르기까지 남한 사회 내부에서 대북인식과 통일정책을 둘러싼 심연한 수직적 분획과 극단적인 수평적 대치는 한 치도 풀릴 기미를 보이지 않고 있다. 이 문제에 돌입하면 인격도 철학도 심미도 미학도 사라지고 벌거벗은 이념대결만이 남는,

인간행동의 최저 심급인 일종의 판단정지와 사유중단의 블랙홀인 것
이다. 대북정책이야말로 보수 남한과 진보 남한, 두 남한을 형성하고
가르는 근저요소요 기축요인이 아닐 수 없다. 대북정책에서 보수·진
보의 극단적 대결과 교착(gridlock) 현상은 다시 내부 민주화와 사회
개혁정책으로 삼투되어 국내문제에서조차 사사건건 이념대립을 강
화, 촉진, 고착시키고 있다. '수구꼴통'과 '친북좌빨'로 상호 낙인찍히
면 내부의 교육, 복지, 외교, 경제 정책의 어느 것도 공존, 수용, 중용
이 어렵다. 이러한 역(逆)환류고리와 악순환은 현금에 이르러 더욱 강
화되고 있다. 이제 거의 극점에 다다르지 않았나 싶다.

분단폭력과 갈등, 적대와 배제의 문화가 구조화되어 있는 남북관
계에서 분단체제, 냉전·탈냉전, 민족·탈민족, 민족공동체, 국민국
가, 그리고 이념적 스펙트럼(spectrum)으로 친미우파(보수 꼴통), 친
북·종북 좌파(진보 빨갱이), 대북 퍼주기, 남남갈등 등 상당히 현혹
하거나 매도하기 쉬운 담론들이 지속되고 있는 것이다.[10]

이와 같이 남북한 분단문화의 가장 큰 특징은 적대와 배제의 문화
다. 남북한이 '기본합의서'(1991년)에 상대의 체제를 인정하고 존중
하기로 합의 했음에도 불구하고, 남한과 북한은 상대편의 어떤 제도
와 가치도 존중하지 않고 무조건적인 배제와 적대의 문화를 만들고
있다. 북한에서 중심적으로 사용하는 언어는 남한이 의도적으로 사
용하지 않고 상대의 어떤 좋은 가치도 인정하지 않는다. 이러한 적
대와 배제의 기저에는 아직도 아물지 않은 한국전쟁의 상처가 남아
있기 때문인 것 같다. 남북한은 전쟁으로부터 체제를 수호했고 또

---

10) 박상익, "통일에 대한 인식전환과 통일교육 패러다임의 시프트", 『한국동북아논총』 제16집 제
    2호(2011), p.128 재인용.

해야 한다는 의식 때문에 아직도 자기체제 정체성의 상당부분을 반공(남), 반제(북)의 가치에 의존하며 상호배제와 적대의 규범을 재생산하고 있다. 이러한 극도의 대립과 배타적 상호관계의 외적 환경은 남한과 북한 안에 집단적이고 역사적인 분단 트라우마로 나타나고 있다. 전쟁의 처참한 경험과 대결적이고 적대적인 남북관계의 경험을 하면서 그 속에 살고 있는 사회구성원들은 적대와 배제, 흑백논리, 극한 대결을 일상화, 내면화하였다. 자기를 선으로, 상대는 악으로 규정하며 적대와 배제의 행동을 반복한다. 자기 체제를 상대화하지 못한 채 배제와 적대의 분단문화 프레임을 그대로 내면화하여 상대에 대한 맹목적인 비난과 반사적인 자기합리화에 함몰되고 만다.

분단체제에서 진행된 남한사회의 근대화는 분단이라는 비정상적인 상황에 기인한 많은 문제점들을 내포하고 있다. 선진자본주의 국가들과 비교하여 시장경제체제, 사회복지체제, 법치주의와 정치적 민주화의 완성, 문화적 다원주의 형성의 측면에서 남한사회는 많은 문제들을 해결해야 한다. 이와 같은 과제들의 해결은 무엇보다 분단체제와 냉전문화에 의해 왜곡된 사회의 정상화 과정과 연계되어 있다는 점을 주목할 필요가 있다. 김대중 정부 시절 대북포용정책의 결과 남북관계는 과거와 비교할 수 없는 발전적 양상을 보여 왔다. 비록 북한의 핵실험으로 한반도의 긴장이 고조되고 있음에도 불구하고 금강산관광사업과 개성공단사업으로 상징되는 남북교류는 이미 하나의 큰 흐름을 형성했었다고 할 수 있다. 북한의 미사일 발사실험과 핵실험이 실시되고 있는 상황에서 증시와 부동산이 큰 영향을 받지 않았던 점은 한반도 위기에 대한 내성의 증가만으로 설명되기 어려운 측면이 있다. 그러나 남북관계 발전과정과 아울러 경험한 또 하나의 현상은 남남갈등 혹은 보혁갈등이라 부르는 남한사회 내부의 갈등구조의 현재화이다. 남북관계의 주요 사안마다 보수와 진보의 진영은 대립을 거듭하고 있으며, 이는 사회의 전반적인 이슈로 확대 재생산되는 악순환 구조를 형성하고 있다.

남남갈등은 장기간 지속된 남북한 간의 냉전적 대립구조와 이로부터 비롯된 냉전문화에 뿌리를 두고 있다. 분단이후 남북한은 70여 년 이상을 상호 이질적인 체제에서 존속해 왔으며, 최근까지도 냉전적 대립구조의 영향이 지속되고 있다고 할 수 있을 것이다. 남북관계는 포용과 이해의 과정이 아닌 '배제와 강요'라는 배타적 특성을 토대로 형성되었으며, 남북 간의 관계는 장기간 갈등관계를 형성해 왔다. 이와 같은 관계는 남북관계뿐만 아니라 남북한 사회 내부의 냉전문화로 재생산되어 왔다고 할 수 있다. 냉전적 대립은 차이와 다양성이 용인되는 사회적 관용이 자리 잡을 수 없는 척박한 환경을 만들어 내었으며, 냉전의 한 축을 중심으로 한국사회는 '강제적 동질화'의 과정을 걸어왔다고 할 수 있다. 냉전문화는 바로 배제와 강요를 내용으로 하는 강제적 동질화를 내용으로 하고 있다. 냉전문화 속에서는 사회내의 차이와 다양성들이 대화와 협력의 과정을 통해 발전적으로 해소되는 것이 아니라 갈등적 상황을 야기하게 된다. 냉전문화는 분단체제의 형성 및 전개과정과 그 맥을 같이하고 있다.

분단은 냉전체제의 최전선에 남북한이 대치하는 상황을 의미했다. 따라서 남북한은 사회주의와 자본주의라는 두 체제의 이념적 대립이 극단적으로 진행되는 과정에 놓였으며, 남북한의 근대화 역시 이 과정에 의해서 지배되어 왔다. 따라서 남북한은 자본주의와 사회주의의 가치체계를 극단적이고 폐쇄적인 방식으로 발전시켜 왔다. 상대방은 극단적으로 적대시되었으며, 이 같은 상황에서는 상대방의 가치에 대한 그 어떠한 이해나 동조도 이적행위와 동일시 될 수밖에 없었다. 따라서 남북한의 근대화는 분단과 극단적 대립으로 인해 기형적으로 진행되어 왔다. 북한은 자신들의 전체주의적 속성을 평등주의로 포장해 왔고, 남한에서는 발전논리 속에서 자본의 자유를 만끽해 왔다. 그 결과로 우리는 체제의 생명력을 상실하고 있는 북한과, 반공과 성장지상주의 속에서 상실했던 가치의 회복이라는 과제를 안고 있는 남한의 현실을 목도하고 있다.

분단구조는 이에 상응하는 내적 문화를 형성한다. 남한사회의 냉전문화는 분단으로 인한 비정상적 분단문화 체계로서 오랫동안 지속되어 왔다. 세계적인 냉전체제와 남북한 간의 대립구조의 내적인 표현형태가 냉전문화라 할 수 있을 것이다. 냉전기 냉전문화는 반공과 레드 컴플렉스의 형태를 지녔으며, 탈 냉전기라 할 수 있는 현재 보혁갈등, 혹은 남남갈등의 형태로 표출되어 나타나고 있다. 문제는 이와 같은 냉전문화가 남북한 간의 분단과 대립이라는 장기적인 형성과정을 거쳤으며, 따라서 그 영향 또한 장기적으로 지속될 수 있다는 점이다. 이와 같은 점에서 냉전문화의 해소를 위한 내적인 노력은 통일과정에서 매우 중요하게 다루어져야 한다. 남북관계가 개선되는 과정에서 오히려 남남갈등의 소지는 커지고 있으며, 사회가 이념적으로 양극화하는 현상은 냉전문화의 영향을 단적으로 보여주고 있다.

냉전문화의 해체와 정상문화로의 회귀는 국민적 합의기반 구축을 위한 전제로서의 의미로 해석되어야 한다. 보·혁 간의 차이와 편가르기가 아니라 보·혁 간의 정상적인 공존관계의 형성을 지향해야 한다. 정상적인 선진사회에는 다양한 이념적 스펙트럼이 평화적인 방식으로 공존할 수 있는 시민적 공간이 확보되어 있다. 따라서 냉전문화의 해체방식 역시 흑백논리차원의 청산방식이 아닌 공존의 논리 속에서 강구되어야 한다. 기본적인 대화조차 거부하는 보·혁 간 갈등구조 해소는 통일교육의 주요 목표가 되어야 한다. 대북정책의 패러다임 전환에 대한 무조건적 부정이나, 기존 대북정책의 방향성이 무조건적으로 옳다는 전제 속에서 비판적 평가를 수구적 발상으로 치부하는 태도 역시 해소되어야 한다. 주지하다시피 남북관계진전에 따른 남남갈등의 소지는 커지고 있으며, 이와 같은 현상이 지속되는 한 대북정책의 추진력이 약화될 수밖에 없다. 또한 남북관계 개선에 수반되는 사회문화적 충격을 효과적으로 해소하는 것도 가능하지 않게 된다. 특히 남북관계발전과 그 결과들은 장기간 지속되어온 냉전구조 및 냉전문화와 상충되는 현상이 지속적으로 발생할 것인 바, 이에 대한 적극적 해소책이 필요하다.

〈표-2〉 대북정책과 국내 정치 및 이념 지형

의제		진보		중도	보수	
		급진	온건	-	온건	급진
북한에 대한 기본인식		대등/추종	협력/지원	경쟁/협력	경계/협력	적대/흡수
남북관계 파탄요인		남한	북한과 남한	북한과 남한	북한	북한
평화 체제	북핵 문제	대미 자구책/수용 가/간섭무용	대미협상요소이자 자구책. 지원과 위협요소해소를 통한 해결	대미협상요인. 협상을 통한 해결	북핵 불허. 제재와 협상 병행 해결	북핵 불허. 압박과 제재를 통한 해결
	평화 체제	북·미 평화협정/한미동맹 해체/주한미군 즉각 철수	평화관리/남북-북미협정 투트랙/한미동맹 대등화/미군주둔 잠정허용	평화관리/남북-북미 평화협정/한미동맹 유지/주한미군 계속 주둔	남북평화협정/주변국 동의/한미동맹 강화/주한미군계속 주둔	남북평화협정/주변국 동의/한미동맹 강화/주한미군 영구 주둔

평화체제	**전작권환수**	기본인식: 주권문제, 자주성회복, 전작권 연기는 노예근성.	주권문제/자주성회복/남북관계안정에 도움.	안보효율성 및 대북억지력/군사협력중요	안보효율성 및 대북억지력/생존문제	안보효율성 및 대북억지력. 통일준비/생존문제
		환수시기: 즉각환수	신속 환수	점진환수	안보확보 이후 신중한 점진환수	자주적 안보태세 확립이전 환수 불가
	NLL	미국의 일방적 경계선/북한주장동의	협의대상 평화지대설치. 경제적 접근 병행.	이중성격-협의대상. 안보를 고려 신중히 접근	영토선/협의불가	영토선/협의불가
	군사충돌	대북수구정책의 산물	북의 책임/안보 공고화	북의 책임/안보 공고화	북의 호전성/강력히 대처	북의 호전성/강력히 응징
통일문제	**통일방안**	분단타파, 급진통일, 대등통일	평화공존, 점진통일, 통일회의	현상유지, 점진통일, 통일회의	현상유지, 통일회의, 흡수통일	분단타파 흡수통일
	통일체제	1민족 1국가 2체제 연방론	남북연합/연방	남북공존 자유민주주의 시장경제	남북공존 자유민주주의 시장경제	자유민주주의 시장경제 반공체제
	통일외교	민족 자주 원칙	남북+국제(한미동맹+한중협력)	남북+국제(한미동맹+한중협력)	남북+국제(한미동맹+한중협력)	남북+국제(한미동맹 중심)
남북경협		철저한 정경분리	원칙적 정경분리	유연한 정경분리	정경연계	정경일치
인도주의	**인권**	지도부/주민 분리 반대. 제기 자체반대. 실효성 부인. 남북관계 악영향	당위성인정. 법률제정 반대. 북체제 위협으로 오인될 가능성 우려	당위인정. 법률제정찬성. 특수성 고려해서 신중히 제기	지도부/주민 분리. 인권 문제 제기 및 인권법 제정 찬성	지도부/주민 분리. 인권법 제정적극촉구. 북한주민과의 연대 추진
	탈북자	배척. 적대/조용한 외교	수용/조용한 외교	수용과 지원/조용한 외교	수용, 지원, 연대/공개외교	수용, 지원, 연대/공개외교/북한붕괴 압박 수단
	인도적 지원	무조건적 지원	정경분리	유연한 상호주의	상호주의	철저한 상호주의

출처: 박명림, "국민합의 대북·통일 인식과 정책의 모색", 『6·15 남북 정상회담 14주년 기념 학술회의 자료집』(김대중 평화센터, 2014), p.195.

(3) 평화경제를 통한 한반도 경제공동체 구상과 실현

한반도 분단구조에서 적용되고 있는 평화경제는 남북 간 분단해소 내지 통일실현의 문제를 경제학적 관점에서 다루는 통일을 지향하는 분단국의 특수한 개념을 말한다. 이는 글로벌(global) 시대의 한반도 분단 상황에서 통일안보상의 제반문제들이 민족의 삶과 직결되는 문제로 발전되고 있는 만큼, 이제는 통일문제를 경제학적 관점에서 파악하고 규명해야 한다는 이론적 배경에서 나온 것이다. 따라서 평화경제란 한반도분단의 해소와 남북통합 및 남북통일의 달성을 향한 남북 상호 간 경제적 이익의 확보 관점에서 '평화적 통일'의 지향과 동시에 세계 평화와 인류 공동 번영을 위한 '국제평화주의' 추구에 기여하는 것이라고 규정한다. 이는 곧 한반도 분단구조의 해결, 남북관계의 발전문제, 나아가 한반도의 통일문제도 평화와 경제가 결합된 평화경제론적 관점에서 접근하자는 것이다.

남북 경제공동체는 북한체제의 변화를 전제로 한 제도적 경제통합이 아니라, 통일지향 과정에서 '화해적 공존'을 바탕으로 공동 번영을 추구하는 기능적 공동체를 의미한다. 경제공동체는 유럽연합(EU)·북미 자유무역협정(NAFTA)과 같이 역내(域內) 국가 간의 제도적 통합에 의한 경제공동체(international economic community)와 중국·홍콩·대만과 같이 제도적 차이에도 불구하고 교류협력에 의해 생산요소의 보완적 결합이 이루어지는 기능적 경제공동체(functional economic community)로 구분될 수 있다. 후자에 가까운 남북 경제공동체는 남북한 간의 이질적인 제도가 존재하는 가운데 생산요소의 결합을 통한 공동 번영을 목표로 하고 있는 점에서 기능적 경제공동체이다. 공동체는 같은 민족이나 종교와 언어, 역사 등을 비롯하여 정치·경제·사회·문화·제도 등 여러 분야에서의 동질성에 기반을 두고 있다. 그 가운데 '경제공동체'는 이와 같은 공동체를 기반으로 '일정 지역 내의 자본, 인력 등 생산요소의 교류와 협력, 공동의 경제정책을 통해 경제적인 통합을 이룬 민족 또는 국가들의 통합단위 내지 통합을 이루는 과정'이라고 할 수 있다. 한걸음 나아가 '남북 경제공동체'는 '남북한 간 경제부문에서의 공동체'를 의미한다고 볼 수 있으며, 이를 '남북한 간 단일경제권'이라는 최종 모습으로 정의한다면 남북한 간 경제통합과 동일한 의미로 이해할 수 있다. 현실적으로 남북 공동체의 형성은 남북한 간 교류·협력이 심화되는 단계로서 남북의 관계가 상호의존적인 구도로 재편되는 것을 의미하며, 그 가운데 경제 분야에서의 공동체인 남북 경제공동체의 형성은 '경제교류 협력의 활성화를 통해서 남북 경제구조의 상호의존성이 심화되어 본격적인 통합 이전에 남북 주민들의 공동경제 생활권을 형성하는 것'을 뜻한다고 할 수 있으며, 정치·군사 등 타 분야의 공동체 형성기반을 조성하는 것이기 때문에 통일의 과정에서 우선적으로 실현되어야 할 중요한 과제라고 할 수 있다.

남북관계의 최종 목표는 통일이다. 우리에게 통일은 분단을 극복하고 민족구성원 모두의 자유와 복지, 인간존엄성을 구현하는 과업이다. 이와 같은 과업은 남북 간의 상호 이해, 대화와 타협, 인내라는 과정을 통해 점진적으로 이룩해 나가야 할 대상이다. 갑작스런 통일은 바람직하지 않다. 준비되지 않은 상태에서 이루어지는 통일은 사회적 혼란과 막대한 경제적 부담을 초래할 수 있다. 남북 간의 경제적 격차, 체제의 차이와 문화적 이질성을 극복하고, 통일이 미래의 성장 동력이 되기 위해서는 점진적 통일, 다시 말해 공동체를 형성해 가면서 이루는 것이 바람직하다. 이런 점에서 남북 경제공동체 형성은 통일을 실현하기 위한 경제 차원의 실질적인 통합과정이라고 할 수 있다. 경제 분야는 다른 분야에 비해 체제 및 이념의 상이성에 기인하는 제약이 상대적으로 적다. 실현가능성이 그만큼 더 높다. 경제 분야의 공동체 형성은 다른 분야의 공동체 형성을 선도·유발하는 효과를 가진다. 북한도 경제 분야의 협력에 대해서는 거부감을 덜 느낄 것이다. 당면한 경제난을 타개하기 위해서라도 남한과의 경제교류협력이 필수적인 것으로 인식하고 있다. 경제공동체 형성의 추동력은 바로 경제협력에 있다. 비록 시간적으로 장기적일 수 있으나, 경제공동체는 경협을 통해 이루어질 수밖에 없다.

한편 남북한 간의 경제공동체 형성은 어떤 경우에 가장 개연성이 있을 것인가? 경제공동체 형성은 경제활동의 기능적인 면을 통해 단일경제로 형성되는 것을 의미하는 것이다. 경제공동체 형성을 통한 경제의 단일화는 직설적으로 북한식 사회주의 체제가 점진적으로 자본주의 시장경제체제로 전환하여 같아져야 한다는 것이다. 이와 같은 주장을 '흡수통일적 논리'로 표현할 수 있겠으나, 흡수통일이라고 해서 남한이 북한을 의도적으로 붕괴시켜 남한화하는 것은 아니라는 점을 명심해야 할 것이다. 또 사실 시장경제 체제로의 단일화 외에는 경제통합의 다른 대안이 없다. 끊임없는 교류협력을 통해 북한 체제가 스스로 남한과 같은 체제로 전환하는 것이 가장 바람직하다. 비록 정치적으로는 체제를 달리할 수 있다고 해도 오늘날의 중국과 같이 경제체제적인 변화를 반드시 수반해야 한다. 현재와 같이 남북한 간의 경제적 격차가 현저하고 상호 이질적인 체제를 견지하고 있는 상태에서의 남북 경제공동체 형성은 생산요소를 결합하는 점진적이며 기능적 차원의 형성이 합리적 대안이 될 것이다.

2013년 북한은 '미니 경제특구' 형태로 추진 중인 경제개발구의 관리위원장을 외국 전문가에게 맡기는 방안을 추진 중인 것으로 알려지고 있다. 이른바 '김정은식 경제개방' 정책 성패를 결정할 경제개발구 프로젝트가 중국, 러시아 등 해외 전문가들에 의해 진두지휘될 수 있는 토대가 확보된 것이다.

〈그림-1〉 북한 19개 경제개발구·신의주 특구

출처: 『매일경제』, 2014. 11. 5.

2013년 11월 6일 북한 최고인민회의 상임위원회 결정 제147호로 채택된 '조선민주주의인민공화국 경제개발구 관리기관 운영 규정' 등 내부 규정 문건에 따르면 북한은 지방급 경제개발구 내에서 기업 설립은 물론 관리위 운영에도 외국인이 직접 참여할 수 있도록 보장했다. 해당 규정 제2장 제6조는 "관리기관의 성원으로는 해당 부문의 풍부한 사업 경험과 전문지식을 소유한 우리나라 또는 다른 나라 사람이 될 수 있다"고 규정한 것이다. 즉 북한은 경제개발구 관리위원장은 물론 핵심 보직에 해외 전문가들이 선임될 수 있도록 규정한 것이다. 북한이 추진 중인 19개 지방급 경제개발구는 김정은 체제 출범 이후 외국자본 유치를 통해 경제를 회생시키기 위한 역점 사업이다. 북한은 현재 지방마다 1~2곳씩 경제개발구를 지정해 △관광 △농업 △수출가공 등 지역 특색에 맞는 산업을 부흥시키기 위해 노력하고 있다. 경제개발구 사업은 북한이 이미 추진하고 있는 개성공단이나 나선특구, 위화도·황금평특구와 함께 김정은 시대 경제 개방의 양쪽 날개로 평가받고 있다. 일단 경제개발구 추진이 본격화하면 북한과 교류가 활발한 중국·러시아 출신 인사들이 대거 관리위원장에 발탁될 것으로 예상되고 있다. 북한이 외자 유치와 경제개발구 추진 과정에서 그만큼 자신들의 경험과 지식 부족을 인정하고 해외 전문가들의 도움을 적극 수용하겠다는 의지를 제도로 드러낸 것으로 보인다. 현재는 5·24 조치로 인해 남측의 전문가 참여가 제한되지만 향후 남북 관계가 개선되고 경제협력이 정상화되면 남측의 인사들이 북한의 경제개발구 관리·운영을 담당할 수도 있을 것으로 전망된다.

따라서 한반도 통일을 위해 전략개발과 실천적 의지가 중요하고, 이를 위한 전략으로 남북 경제공동체를 통한 경제교류협력 추진이 필요하다. 특히 남북 경제공동체와 미·중·러·일 등 간의 양자협력방안과 다자기구 간 협력 방안이 성사될 수 있다면 획기적인 계기가 될 수 있다. 남북 경제공동체와 중국 간 양자협력을 할 경우, 인프라 및 산업단지, 관광오락, 무역 및 국제금융 단지건설 등 협력할 수 있는 다양한 방안이 도출될 수 있다. 또한 남북 경제공동체와 러시아 간 양자협력의 경우도 주로 시베리아 철도 연결, 러시아 가스관 연결 프로젝트 및 나진·하산 프로젝트 등 인프라 건설과 관련된 협력방안이 충분히 가능할 수 있다. 아울러 남북 경제공동체와 미국 및 일본과의 양자협력을 통한 역간의 교역 증진 및 동북아에서 보다 균형적인 역할분담도 필요할 것으로 보인다.

특히 국내뿐만 아니라 국제적 차원에서 협력과 안정된 환경조성을 통한 경제교류협력을 추진하는 전략 마련과 실행이 통일의 지름길이라고 할 수 있다. 남북한 경제교류협력은 한국의 신(新) 성장 동력을 찾고, 북한의 경제가 회복되어 남북한 경제력의 격차를 좁혀 통일비용을 최소화하는데 기여할 것으로 보인다. 동북아의 지경학(地經學)적 중심인 한반도 북쪽이 외부와 고립·단절로 물류가 막히는 등 지역 내 국가들의 공동 번영에 심대한 장애가 되고 있다. 따라서 북한의 경제 건설을 위해서는 주변국을 포함한 국제협력이 요구되며, 이럴 경우 역내 모든 국가들이 함께 동반성장 할 수 있는 길이 열리게 될 것이다. 이와 같이 남북 경제공동체는 한반도에 국한된 것이 아니라 해양과 대륙으로 뻗어나가는 열린 경제공동체를 지향하고 있다. 통일을 준비하는 남북경협을 확장하기 위해서는 북한과의 경제적 이해관계가 긴밀한 중국, 러시아 등 주변국과의 협력이 매우 중요하다. 국제적인 지원과 협력을 통해 북한경제의 성장과 시장화는 촉진될 수 있을 것이다. 아울러 북핵 등 정치적 문제 해결 전후로 국제사회가 북한문제에 경제적 측면에서 접근한다면 한반도 평화정착과 통일은 가속화될 수 있다.

3. 노무현 정부와 『평화번영정책』

참여정부의 평화번영정책11)은 "한반도에 평화를 증진시키고 남북 공동 번영을 추구함으로써 평화통일의 기반조성과 동북아 경제 중심 국가로의 발전토대를 마련하고자 하는 노무현 대통령의 전략적 구상"이다. 노무현 정부의 평화번영정책은 김대중 정부의 햇볕정책의 성과를 계승하고 문제점을 해결하려는 의욕으로부터 출발하였다. 다시 말해 평화번영정책은 햇볕정책의 '계승과 발전'이라 할 수 있다.

'계승'이라 함은 대북관과 대북정책 철학을 함께함을 뜻한다. 북한을 타도 또는 제거의 대상으로 보는 냉전적 대북관과 흡수통일을 지향하는 강경일변도의 대북정책을 추진하는 것이 아니라, 북한을 화해와 협력의 대상으로 보는 탈냉전적 대북관과 체제인정과 평화공존을 통한 사실상의 통일을 지향하는 대북정책을 이어받는 것이다. 평화번영정책 추진원칙의 하나인 '대화를 통한 문제 해결'이 이를 시사한다.

'발전'은 김대중 정부의 햇볕정책이 드러냈던 문제점들을 보완하는 것과 더불어 그 성과들을 더욱 질적·양적으로 발전시킬 것임을 동시에 의미한다. 예컨대 김대중 정부에서 드러났던 '남남갈등', 대북정책 결정 및 추진과정에서의 '투명성', 대북정책의 '과잉정치화' 등과 같은 문제점들을 해결할 것임을 의미한다. 평화번영정책 추진원칙의 하나인 '국민과 함께하는 정책'은 이런 맥락에서 제시된 것이라 할 수 있다. 또한 햇볕정책이 '화해와 협력을 통한 남북관계 개

---

11) 통일부, 『참여정부의 평화번영정책』(2003. 3.)

선'에 초점이 맞춰졌다면, 평화번영정책은 '화해와 협력'을 넘어서 '평화의 제도화'로, '남북관계 개선'을 넘어서 '동북아 평화와 공동 번영'까지 이루기 위해 노력하겠다는 의지를 표명한 것으로 볼 수 있다.

평화번영정책은 목표로서 '한반도 평화증진과 (남북한 및 동북아) 공동 번영 추구'를 제시하였다. 안보적 측면에서의 평화와 경제적 측면에서의 번영이 서로 분리되어 있는 것이 아니라 상호 연관되면서 서로 보완하고 강화시켜주는 관계로 규정되고 있다. 이 같은 평화와 번영이라는 양대 목표달성을 위한 추진원칙으로서 4가지가 제시되었다. '대화를 통한 문제해결, 상호 신뢰 우선과 호혜주의, 남북 당사자 원칙에 기초한 국제협력, 국민과 함께하는 정책'이 그것이다. 그리고 이를 추진하기 위한 단·중·장기 전략을 천명하였다. (단기) 북한 핵문제 해결, (중기) 한반도 평화체제 구축, (중·장기) 동북아 경제중심국가 건설이 그것이다.

그리고 이 가운데 한반도 평화체제 구축과 관련해서는 그 개념을 '지난 50년간 한반도 질서를 규정해온 불안정한 정전상태가 평화상태로 전환되고, 안보와 남북 및 대외관계 등에서 이를 보장하는 제도적 발전이 이루어진 상태'로 정의하고, 이를 달성하기 위한 3단계 전략을 구체적으로 제시하였다. (1단계) 북핵문제의 해결과 평화증진 가속화, (2단계) 남북협력 심화와 평화체제의 토대 마련, (3단계) 남북 평화협정 체결과 평화체제의 구축이다. 이 같은 평화번영정책의 체계는 다음과 같이 도표화될 수 있다.

〈표-3〉 평화번영정책 체계도

평화번영 정 책	개념		한반도에 평화를 정착시키고 남북공동 번영을 추구 함으로써 평화통일의 기반조성과 동북아 경제중심국 가로의 발전토대를 마련하고자 하는 노무현 대통령 의 전략상 구상
	추진원칙		· 대화를 통한 문제 해결 · 상호 신뢰 우선과 호혜주의 · 남북 당사자 원칙에 기초한 국제협력 · 국민과 함께하는 정책
	달성목표		· 평화증진 · 공동 번영
	추진전략		· 북한 핵 문제 해결 <단기> · 한반도 평화체제 구축 <중기> · 동북아 경제 중심국가 건설 <장기>

	대량살상
	무기 해결
	(WMD 정책)
		정책기조	· 북한이 핵, 미사일 문제를 평화적으로 해결할 시
			  해결단계에 맞추어 대규모 대북 경제협력 단행
			· 한반도에서 군사적 긴장을 고조시키는 일체의
			  행위 반대
			· 군사뿐만 아니라 경제도 고려하는 포괄안보 지향

		북한 핵문제 해결 원칙	· 북한의 핵 불용 · 대화를 통한 평화적 해결 · 대한민국의 적극적 역할

평화번영정책의 모체가 되는 대북 포용정책의 전략적 기조는 크게 '시장(경제)평화론'과 '분리론'으로 구성된다. 시장(경제)평화론은 남북한의 경제적 공동 번영이 평화의 필요조건이라는 인식하에 북한경제의 시장화를 지원하는 것이며, 분리론은 군사문제와 비군사문제를 연계시키지 않고 분리해 대응하는 것이다.[12]

평화번영정책의 첫 번째 전략적 기조는 '시장평화론'이다. 시장평화론은 '자유시장이 민주주의보다 평화를 가져올 가능성이 높다'는 결론을 내리면서, '민주국가끼리는 전쟁하지 않는다.'는 '민주평화

---

12) 허문영 · 오일환 · 정지웅(2007), pp.67-68.

론'의 명제를 '높은 수준의 자유시장을 가진 국가끼리는 전쟁하지 않는다.'는 명제로 바꾸어 놓은 것이다. 시장평화론의 전략은 먼저 자유시장의 확산을 통해 평화의 토대를 구축하고, 그 뒤 민주주의를 지원하는 방향으로 자유시장을 활용한다는 접근방식을 취한다. 시장평화론에서는 북한을 국제사회의 일원으로 편입시키는 과정이 한반도에 평화를 정착하고 나아가 평화체제를 구축하는 과정이라고 보고 있다. 특히 안보적 측면은 물론 경제적 측면에서 북한이 국제사회의 규범을 준수하고 국제적으로 통용되는 룰에 따라 행동하도록 유도하는 노력이 평화를 이룩하는 과정과 대체로 일치한다고 본다.

평화번영정책의 두 번째 전략적 기조는 '분리론'이다. 김대중 정부에 들어와 우리 정부의 대북 정책이 '연계론'에서 '분리론'으로 방향을 크게 선회하였다. 햇볕정책으로 불리던 김대중 정부의 대북정책은 서해교전에도 불구하고 금강산관광을 계속함으로써 분리론의 진면목을 보여주었다. 햇볕정책은 클린턴 행정부의 개입정책(engagement policy)과 북핵 동결이라는 조건하에서 추진되었으며 비교적 성공을 거두었다. 참여정부의 평화번영 정책은 햇볕정책을 계승했지만, 부시 행정부의 일방주의와 북핵 개발이라는 새로운 조건하에서 그 추진에 상당한 어려움을 겪었다. 그리고 햇볕정책의 상대적 성공은 평화번영정책을 추진하는 과정에서 김대중 정부 당시 채택했던 원칙들을 고수하려는 교조주의적 태도를 낳았다. 그 결과 평화번영정책은 북한주민의 인권을 외면하거나 대북 인도적 지원을 하면서 투명성과 접근성을 요구하지 않는다는 비판을 받게 되었다. 또한 '반전평화'의 목소리를 높이면서도 '반핵평화'를 말하지 않는 태도도 문제시되었다.

요컨대 분리론이 첨예한 남북 군사적 대치상태 속에서 어떻게 북한에 '접근'할 것인가를 모색하는 길이었다면, 시장평화론은 비군사 분야의 교류·협력을 통해 어떻게 북한을 '변화'시킬 것인지를 보여 주는 것이다.

1) 10·4 공동선언 내용과 과제[13]

'10·4 선언'은 3대 현안(평화정착, 공동 번영, 화해통일)에 대한 남북 정상의 협의에 기초해서 합의되었으며, 다음과 같이 총 10개항 (8개 본항, 2개 별항)의 공동선언으로 발표되었다.

〈표-4〉 10·4 선언 주요 내용

―――――――― <합의사항> ――――――――

1. 6·15 공동선언 적극 구현, 통일문제 자주적 해결, 6·15 기념
2. 상호존중과 신뢰의 남북관계로 전환, 내부문제 불간섭, 통일지향 제도·법률정비
3. 군사적 긴장 완화와 신뢰 구축(국방장관 회담 개최)
4. 2·13 합의이행 협력, 3 또는 4자 종전선언과 평화체제 구축 추진
5. 남북경협 확대·발전, 서해평화협력특별지대 설치
   (부총리급 경제협력공동위원회 개최)
6. 사회문화 분야 교류협력의 발전, 올림픽 남북응원단 경의선 이용
7. 남북 간 인도적 사업 협력, 금강산 면회소 상시 면회
8. 국제무대에서의 공동 노력
※ 총리회담 개최
※ 정상회담 수시 개최

북한이 주도적으로 제의한 것으로 알려지는 의제는 통일문제의 자주적 해결, 6·15 기념, 북경올림픽 남북 응원단 경의선 이용, 총 리회담 등 4가지이다. 특히 북한은 1항과 2항에 있어 주도적으로 자 신들의 입장을 반영하기 위해 노력한 것으로 알려진다. 그리고 한반

―――――――
13) 허문영·오일환·정지웅(2007), pp.57-60.

도 평화체제 구축방안과 관련해서 북한은 남한을 주요 당사자로 인정하는 대신, '3 또는 4자에 의한' 문구의 삽입을 요청하여 북한의 외교적 입지를 강화하려는 의도도 보여주었다.

전체적 구성을 분석해 볼 때는, 북한의 주장인 6·15 공동선언과 통일문제의 자주적 해결을 강조하는 모습을 보여주었으나, 반대로 남북기본합의서 체제인 화해(1, 2항) 불가침(3, 4항), 교류·협력(5～8항)의 틀을 갖추고 있음으로 해서 한국의 주장인 남북기본합의서 체제로의 복원의지가 반영된 측면도 엿볼 수 있다.

아무튼 잘된 점으로는 첫째, 남북대화의 제도화 관점에서 볼 때, 10·4 선언 이행을 위한 총리회담과 군사적 긴장완화를 위한 국방장관 회담, 경협확대를 위해 차관급 경추위를 부총리급 남북경제협력공동위원회로 격상한 것, 그리고 남북관계 발전을 위해 수시 정상회담에 합의하였다는 점이다. 둘째, 제반 현안 해결방안을 제시한 점이다. 한반도 평화와 관련해서는 서해평화협력특별지대 설치, 한반도 핵문제 해결을 위한 공동노력, 분쟁의 평화적 해결 노력, 한반도 평화체제 구축을 위해 3-4국 정상회담을 통한 종전선언 추진 등을 합의했다. 한반도 번영을 위해서는 문산 봉동 철도화물수송, 3통문제 해결, 도로 철도 개보수, 안변·남포 조선협력단지 건설, 백두산 서해 직항로 개설 등을, 남북관계 발전을 위해서는 이산가족 문제해결 노력 지속(금강산 면회소), 재해 공동 대처, 국제무대서 민족 및 해외동포 이익 협력 등에 합의했다.

그러나 아쉬운 점도 있다. 김정일 위원장의 답방에 대한 합의가 없다는 사실이다. 일방적 방문이 지속되는 것은 향후 남북관계 발전을 위해 바람직하지 않다. 그리고 6·15 공동선언만 강조했지, 남북기본합의서에 대한 강조가 없어, 기왕의 남북합의를 실천하려는 모습이 다소 약하다. 또한 3항의 내용과 5항의 내용이 중복되어 있는 바, 시간에 쫓긴 합의라는 느낌과 민족의 대사가 너무 쉽게 타협되는 것 같은 느낌도 갖게 된다. 국군포로와 납북자 문제에 대한 해결노력이 언급되지 않은 것은 국내 보수여론의 반발을 불러일으킬 수 있다.

또한 북한 핵문제가 아니라 한반도 핵문제로 규정함으로써 향후 논란의 여지가 있고, 현안의 핵심을 다소 벗어난 모습을 띠고 있다. 게다가 종전선언 및 평화체제 구축 당사국과 관련해서 3 또는 4국으로 합의함으로써 모호함과 중국의 반발을 불러일으켰다.

비록 선언문에는 삽입되기 어려운 부분이나, 선언문에 발표된 합의사항을 잘 추진하기 위해서는 다음 두 가지 노력이 반드시 있어야 한다. 하나는 국제적 협력이고, 다른 하나는 국민적 합의와 초당적 협력기반을 구축하는 것이다. 주지하다시피, 한반도 문제는 민족문제일 뿐 아니라, 주변 4국의 이해관계가 걸려있는 국제문제인데, 이번 합의는 '우리민족끼리' 등 지나치게 민족 중심적 모습을 보여주고 있기 때문이다. 다른 하나는 많은 합의가 이뤄졌으나, 이를 추진하는 과정에서 NLL 같은 문제를 성급히 다룰 때, 국민적 반발로 말미암아 다른 합의들을 추진하는 데 영향 받을 수 있기 때문이다.

2) 북한의 의도[14]

그러면 북한의 의도는 과연 무엇일까? 북한의 의도는 크게 국가전략적 차원과 대남 전술적 차원으로 구분해서 살펴볼 수 있다.

---

14) 허문영·오일환·정지웅(2007), pp.60-63.

먼저 국가 전략적 차원에서 정리해 보면 두 가지 목표를 추구하는 것으로 분석된다. 북한 노동당 규약에 따르면 북한의 국가목표는 최소목표로서 '사회주의 체제유지'와 최대목표로서 '한반도 공산화 통일'로 정리될 수 있다. 2007 남북 정상회담에 임한 북한의 의도도 이 두 가지 목표에 기초해서 분석할 수 있다.

하나는 최소목표 추진차원에서 경제난 해소이다. 북한은 1999년 '강성대국 건설'을 국가목표로 설정하고, 세부추진과제로 '정치·사상강국, 경제강국, 군사강국' 건설을 제시한 바 있다. 북한은 '선군정치'를 통해 정치·사상강국을, 핵무기 실험(2006. 10. 9.)으로 군사강국을 건설한 것으로 자평하고 있다. 따라서 북한은 남한과의 경제교류협력 활성화를 통해 경제난을 해소하고, 국제사회로의 진출도 적극 모색해서 이를 통해 '경제강국 건설의 기초'도 세울 수 있다.

다른 하나는 최대목표 추진 차원에서 '연방제 통일기반' 조성이다. 북한은 '10·4 선언' 목적을 '6·15 공동선언에 기초하여 남북관계를 확대·발전시켜'나가는 데 있음을 주장하고, '낮은 단계 연방제 실현'을 '남북관계 발전'의 의미로 제시하고 있다. 북한은 이를 위해 '상설협의기구' 설치를 주장할 가능성 있으며, 남북한 정부당국과 '상설협의기구' 관련 문제를 설정하기 위한 '남북의회회담' 개최를 제의할 수도 있다. 또한 북한은 '법률·제도적 장치' 정비 차원에서 '국가보안법 폐지'를 강력 주장할 가능성이 있으며, 정전협정의 평화협정으로의 대체와 평화체제 수립도 강조할 것이다.

북한은 이 같은 양대 목표를 달성하기 위한 방도로서 대남전략을 구사하고 있고, 그 수단으로서 '무력해방', '남조선혁명(지하당사업)', '남북대화' 등의 방식을 국내·외적 상황(3대 혁명역량 편성)

에 따라 융통성 있게 배합하여 사용해 왔다. 한편 2000년 6·15 공동선언 이후 2007년 현재까지 진행되어온 북한의 대남전략은 '민족공조'로 특징화할 수 있다. 민족공조에는 3차원이 있다. 북한은 2000년 6·15 공동선언 이후 남북공동선언 제1항(자주)과 제4항(민족경제 균형발전, 교류협력 활성화)을 최대한 활용하여 경제난을 해소하고 정통성을 제고하기 위해 노력하는 모습을 보여주었다. 그리고 2001년 1월에 출범한 부시행정부가 강경한 대북정책을 표출하는 가운데 9·11 테러사건 이후 테러와의 전쟁을 외치면서, 북한을 '악의 축' 일원으로 규정하고 제거할 것임을 천명하자, 안보난을 해소하기 위해 전력을 기울이는 모습이었다. 2002년 12월 대선에서 진보적인 노무현 후보가 대통령으로 당선되자, 북한은 남북대화에 적극 나오는 동시에 뒷전에 두었던 통일전선사업을 다각도로 추진하기 위해 노력하는 모습을 보이기 시작했다. 북한은 '실리 민족공조'로 경제적 실리를, '반미 민족공조'로 안보난 해소를, '통일 민족공조'로 북한중심의 '조국통일'을 추구해 왔던 것으로 평가된다. 체제유지와 공산화 통일을 위해 이른바 '알(경제적 실리)먹고, 꿩(안보난 해소)먹고, 둥지 털어(조국통일을 위한 대남 통전사업 추진) 불때기 전략'을 추진해 온 것으로 분석할 수 있다. 북한은 남북회담을 이런 맥락에서 활용하고 있다. 남북회담의 의의도 다음과 같이 정리할 수 있다. 실리 민족공조 차원에서 대북 지원협의 창구가 되며, 반미 민족공조 차원에서 대미 협상기반구축 창구가 되고, 통일 민족공조 차원에서 대남 통일전선사업추진 창구가 되는 것이다.

대남 전술적 차원에서도 북한은 3가지 목적을 추구하고 있는 것으로 보인다. 첫째는 진보정권의 재창출에 기여하기 위해 각종 대화에 적극 호응함으로써 평화 분위기 조성을 통한 '반보수 대연합'을 구축하고자 할 것이다. 북한은 남한의 대선구도를 '평화 대 반평화세력' 간의 대결로 틀 지워 보수세력의 정권탈환을 억제하고, 이른바 '개혁민주평화'세력의 정권 재창출을 이끌어 내려는 의도가 있는 것으로 보인다.

둘째는 NLL 문제를 다시 한 번 적극 제기하면서, 이를 통해 '공동어로수역'과 '평화수역' 그리고 '서해평화협력지대'를 만들어 가는데 있어 주도권을 장악하려 할 것이다. 그리고 NLL 문제를 통해 남한으로부터 최대한으로 '경제적 지원과 정치적 양보'를 얻어내기 위해 노력할 것이다.

셋째는 북한은 비핵화, 종전선언 및 평화협정 체결, 북·미관계정상화 등을 속결로 처리하기 위해 남한을 활용하려는 의도도 보인다. 2·13 합의 후 워싱턴 방문 시 김계관 수석대표는 연락사무소 단계를 생략하고 북·미관계정상화를 이룰 수 있음을 주장한 바 있다. '10·4 선언'에서 한국을 종전선언 당사자로 공식 인정하는 대가로 종전선언 시기를 앞당기는 데 한국 협조를 기대한 것으로 보인다. 종전선언 당사자를 '3자 혹은 4자'로 설정한 것은 중국을 실제적으로 제외하려는 의도보다는 북한의 시간표와 계획에 협조하게 하려는 계산된 압박 의도도 있는 것으로 보인다.

4. 이명박 정부와 『비핵·개방·3000』[15]

이명박 정부의 대북정책은 동구 및 소련 사회주의 국가들의 자본주의와 민주주의로의 이행, 중국과 베트남의 개혁·개방을 통한 자본주의체제 선택, 카자흐스탄 등 중앙아시아국가의 경제성장을 통한 자본주의체제 편입 등과 같이 사회주의 국가들의 역사적 변증법적 발전과정에서 볼 때, 북한도 결국 체제변화를 할 수 밖에 없으며 자본주의 세계체제에 편입된다는 이론적 논리에 기반하고 있다. 따라서 이명박 정부의 「비핵·개방·3000」 정책은 북한이 개혁·개방을 추진하여 자본주의 세계시장에 편입하도록 지원하는 정책이라고 할 수 있다.

이명박 정부의 대북정책 기조는 남북 모두다 Win-Win하는 상생과 공영이며, 상생과 공영의 남북관계 발전을 위한 정책수단으로서 「비핵·개방·3000」을 추진하고 있다.

상생·공영의 대북정책[16]은 남북관계의 미래와 비전으로 북한의 변화, 상생과 공영의 남북관계 발전, 한반도 평화통일의 실질적 토대 구축을 제시하였다. 대북정책의 추진원칙으로 실용과 생산성, 원칙에 철저하되 유연한 접근, 국민합의, 국제협력과 남북협력의 조화가 설정되었다. 즉, 이것은 이명박 정부가 ① 남북관계를 이념의 잣대가 아닌 실용의 잣대로 풀고 국민이 원하는 성과를 낼 수 있도록

---

15) 박상익, "이명박 정부의 대북정책과 남북관계", 『평화학연구』 제10권 3호(세계평화통일학회, 2009); "이명박 정부의 대북정책 추진국면과 과제", 『평화학연구』 제11권 4호(한국평화연구학회, 2010); "이명박 정부의 대북정책 평가와 새 정부의 대북정책 방향", 『군사발전연구』 제6권 제1호(조선대학교 군사학연구소, 2012)에서 재인용.

16) 이명박 정부의 대북정책은 대선기간동안 「비핵·개방·3000」으로 대표되었으나 정부 출범 후 포괄적인 형태로 다듬어져서 상생·공영의 대북정책으로 정리되었다.

하며, ② 북한의 핵은 반드시 폐기되어야 하고, 이를 위한 대화를 추진하되, 접근방식은 유연하게 하며, ③ 대북정책의 과정을 가능한 한 국민에게 투명하게 알리고, ④ 한반도문제가 남북문제인 동시에 국제문제인 바 남북관계를 통해 북핵문제를 해결하고 동시에 6자회담을 통해 북핵 문제를 해결한다는 것이다. 그리고 대북정책의 중점 추진과제로 진정성 있는 남북대화, 한반도 평화정착, 상생과 호혜의 남북경협, 사회문화교류 활성화, 인도적 문제 해결의 다섯 가지가 제시되었다.

특히, 이명박 정부는「비핵·개방·3000」을 통해 북핵 폐기에 진전이 있을 경우, 국제사회와 협조하여 경제, 생활 향상 등 대북 5대 프로젝트를 추진해서 10년 내 북한주민 1인당 소득이 3000 달러 수준의 경제에 이르도록 돕겠다는 대북전략이다. 이명박 정부의「비핵·개방·3000」의 단계별 이행계획은 북한 핵시설 불능화 완료, 핵폐기 이행, 핵폐기 완료 등 3단계로 구분되어 있다.

제1단계는 북한이 핵시설을 불능화하고, 이것이 검증을 통해 확인되면, 남북 경제공동체 실현을 위한 협의에 착수하고, 남북경협을 위한 법적, 제도적 장치를 마련한다는 것이다. 즉「비핵·개방·3000」의 가동준비에 착수하여, 남북한 사이에 '남북 경제공동체 실현을 위한 고위급 회의'를 설치함으로써,「비핵·개방·3000」의 구체화, 남북교역의 자유화 등을 법적, 제도적으로 보장하도록 추진한다는 계획이다.

제2단계는 핵불능화 조치 이후 북한의 기존 핵무기 및 핵물질의 폐기 이행과정이 순조로울 경우「비핵·개방·3000」의 5대 지원 분야, 즉 경제, 교육, 재정, 인프라, 생활향상 중 교육, 생활향상 등 우

선 시행이 가능한 내용부터 지원을 시작하며, 6자회담을 통해 관련
국들과 긴밀하게 공조하여 북핵문제의 완전한 해결을 지속적으로
도모한다는 계획이다. 이어 제3단계에서는 5대 개발 프로젝트를 본
격 가동화시키고 400억 달러의 국제협력자금을 조성한다고 되어 있
다. <표-5>, <표-6> 참조.

〈표-5〉『비핵·개방·3000』 추진 단계

1단계	북한의 핵시설 불능화 완료

▶ 남북 경제공동체 실현을 위한 협의에 착수 (「비핵·개방·3000」 실현 협의)
▶ 남북경협을 위한 법적·제도적 장치 마련

※ 북한이 핵시설을 불능화하고 이것이 검증을 통해 확인되면 즉각 「비핵·개방·3000」
의 가동준비에 착수. 이때 남북한 사이에 '남북 경제공동체 실현을 위한 고위급 회의' 등
을 설치하여 「비핵·개방·3000」의 구체화를 위한 사전협의를 본격화. 그 일환으로 남북
경협의 활성화, 투자·무역의 편리화, 남북교역의 자유화 등을 법적·제도적으로 보장하
도록 추진

2단계	북한의 핵 폐기 이행

▶ 5대 분야 중 교육·생활향상의 일부 프로젝트 가동 착수
  (북핵 폐기의 가시적 성과와 연계)

※ 불능화 조치 이후 북한의 기존 핵무기 및 핵물질의 폐기 이행과정이 순조로울 경우 「비
핵·개방·3000」의 5대 지원 분야 중에서 교육, 생활향상 등 우선 시행 가능한 내용부터
시작. 아울러 6자회담 프로세스를 통해 관련국들과 긴밀한 공조를 폄으로써 북핵문제의
완전한 해결을 지속적으로 도모

3단계	북한의 핵 폐기 완료

▶ 5대 분야(경제, 교육, 재정, 인프라, 생활향상) 본격 가동
▶ 400억 달러 국제협력자금 조성

※ 「비핵·개방·3000」의 가동시점과 그 조건에 탄력성을 부여한 것은 북한이 적극적으
로 움직이면 이에 상응하여 적극적으로 대북경협을 가속화하겠다는 취지임. 이러한 구상
이 본격적으로 실현되면 남북 경제공동체를 향해 나아가는 발판이 마련될 것이며, 이는
다시 남북한 간 정치통일로 이어질 수 있을 것임.

출처: 통일연구원, 『이명박 정부 대북정책은 이렇습니다』(통일연구원, 2008), p.27 재구성.

분 야	내 용
경제	300만 달러 이상 수출기업 100개 육성 - 경제·법률·금융 분야의 전문컨설팅 인력파견(전직 경제관료, 경영인) - 북한지역 내 5대 자유무역지대 설치 - 년 300만 불 이상 수출 가능한 100개 기업 육성 - KOTRA 등 한국의 해외네트워크 활용
교육	30만 산업인력 양성 - 30만 북한 경제·금융·기술 전문 인력 육성 - 북한 주요도시 10곳에 기술교육센터 설립 - 북한판 KDI 및 KAIST 설립 지원 - 북한 대학의 경제, 금융, 통상 교육과정 지원
재정	400억 불 상당 국제협력자금 조성 - World Bank 및 ADB 국제차관 - 남북교류협력기금(100억 달러: 10년간) - 해외직접투자 유치 협력 - 북·일 관계 개선에 따른 일본의 대북지원금
인프라	신경의 고속도로 건설 - 에너지난 해소를 위한 협력 - 기간통신망 연결 및 항만·철도·도로 정비 - 400km 신경의(서울-신의주) 고속도로 건설 - 대운하와 연계
복지	인간다운 삶을 위한 복지 지원 - 식량난 해소를 통한 절대빈곤 해소 - 의료진 파견, 병원설비 개선 등 의료 지원 - 주택 및 상하수도 개선사업 협력 - 산림녹화를 위한 1억 그루 나무심기

출처: 김병연, "남북경제협력에서 기능주의와 실용주의", 『통일, 평화 그리고 실용주의』(서울대학교 통일
연구소 학술회의 논문집, 2008), p. 110 재구성.

1) 이명박 정부 시기 남북관계 국면

(1) 천안함 사건 이전 남북관계 국면

① 제1국면: 갈등고조

이명박 정부는 과거 진보정권 10년간 대북 포용정책이 근본적인
북한의 변화를 이끌어내는데 별다른 영향력을 발휘하지 못했다고

평가하고 차별화를 시도했다. 이는 2008년 3월 26일 통일부 업무보고에서 6·15 공동선언과 10·4 선언에 대한 정부의 입장이 존재부정으로 나타나고, 북측이 거부감을 갖고 있는 남북기본합의서를 들고 나옴으로써 남북관계는 경색되기 시작하였다. 북한은 곧이어 이명박 대통령을 지명하여 비방 중상하고 각료를 포함하여 무차별적인 대남비난과 선동공세를 취하기 시작했다.

이후 이명박 정부는 7월 11일 제18대 국회 개원과 함께 남북관계의 새로운 돌파구를 찾는 노력을 본격화하고자 했으나 당일 발생한 금강산관광객 피격사망 사건으로 남북관계가 본격적인 경색국면으로 들어가기 시작하였다.

이명박 정부는 금강산관광객 피격사망사건이 발생하자, 이 문제가 국민의 생명과 안전에 관련된 중대한 문제로 보고 △진상규명을 위한 남북합동조사, △재발방지대책, △신변안전조치에 대한 보장을 북한 당국에 요구하였다. 그리고 이러한 요구가 관철될 때까지 금강산관광을 잠정 중단한다고 밝혔다. 이에 북측이 남측의 요구를 거부하였을 뿐 아니라, 오히려 8월 14일에 북한 명승지개발지도국의 명의로 현대아산 측에게 금강산 체류인력을 200명까지 축소하라고 통보하기에 이르렀다.

이처럼 금강산관광객 피격사망사건을 둘러싸고 남북관계가 공전을 거듭하고 있는 가운데, 김정일 국방위원장의 건강이상설이 대두하면서 남북관계가 요동치기 시작했다. 특히 남측의 일부 보수단체들의 대북 전단 살포가 북측을 자극하자, 10월 2일 남북군사실무회담에서 북측은 "전단 살포행위가 계속될 경우 개성공단사업과 개성관광에 엄중한 후과가 올 것"이라고 경고하기에 이르렀다. 그리고

2008년 10월 28일의 남북군사실무접촉에서 북측대표는 민간단체의 전단 살포에 대해 한국 측에게 재차 경고하였다.

마침내 11월 12일에는 남북장성급회담 북측대표가 전화통지문을 보내와 "12월 1일부터 군사분계선을 통한 모든 육로 통행을 차단" 할 것임을 알려왔으며, 11월 24일에는 이를 실행에 옮긴다는 내용의 '12·1 조치'를 발표하였다. '12·1 조치'를 통해 북한은 육로 통행의 엄격 제한과 차단, 개성관광의 중단, 개성공단 내의 상근자 감축 등의 조치를 단행하였다.

또한 북한은 2009년 1월 북한군 총참모부가 '남북 간 전면 대결 태세 진입'을 선언하고, 그동안 남북 간에 맺어진 정치군사적 합의를 모두 파기한다고 공표했다. 이후 매우 강경한 조치들을 이어갔다. 2009년 3월에는 개성공단 출입을 차단하고, 우리 측 근로자를 억류하는 일이 벌어졌다.

한편 북한은 2008년 11월 미국에서 민주당의 오바마 후보가 당선된 데 맞춰, 기존의 북핵 정책을 전면적으로 전환하였다. 2009년 1월 오바마 정부의 출범에 맞춰 핵무기 보유국 지위를 국내외적으로 인정받고자 하는 움직임이 본격화한 것이다. 이러한 움직임 속에서 2009년 4월 5일 북한이 장거리 우주로켓을 발사한 데 이어, 5월 25일에는 2차 핵실험을 단행하는 등 핵무기 억제력을 확보하기 위한 조치들을 취하고 나섰다. 미국의 오바마 행정부는 출범하면서부터 북한에 대화를 제의했으나 북한은 반응을 보이지 않고 오히려 로켓발사와 핵실험이라는 도발을 함으로써 미국의 대북 불신을 강화했다.

그 뒤 북한은 2009년 4월에 헌법 개정을 단행하고, 150일 전투와 그에 이은 100일 전투를 전개하여 주민 총동원을 통한 경제재건방식을 전면적으로 재도입하였다. 이러한 북한 당국의 조치는 김정일 위원장의 건강이상에 따른 북한체제 정비와 북한주민들의 노동력 동원방식을 통한 경제재건 등 국제사회의 대북제재에 대비한 측면이 있었다.

그에 앞선 2009년 4월 북한 당국은 개발총국을 통해 6·15 공동선언 및 10·4 정상선언에 대한 남측의 이행거부를 들면서 개성공단에 대한 특혜조치의 철회를 핵심으로 기존 합의를 전면 재검토하기 위한 협상을 요구하였다. 4월 21일 남북당국자 간에 1차례 접촉이 있었으며, 6월 11일에 열린 개성공단 실무회담에서 북측은 토지임대료 5억 달러, 개성공단 근로자월급 300달러로의 인상, 유예기간 단축 및 토지사용료 평당 5~10달러 부과를 한국 측에 통보하였다. 그 뒤로도 두 차례(6. 19. / 7. 2.) 당국자회담을 더 개최하였으나 합의에 이르지는 못하였다.

이처럼 남북관계는 금강산관광의 중단에 이은 개성관광의 중단, 개성공단에 대한 통행제한에 이어 개성공단 계약 재협상 등 난제가 겹치면서 급속히 경색되어가고 있었다.

② 제2국면: 대화모색

남북한은 서로 마주보고 달리는 기차처럼 타협점이 없는 것처럼 보였으나, 2009년 8월 초 클린턴 전 미국대통령의 방북이 발표되면서 경색의 극한으로 치달던 남북관계에 새로운 훈풍이 불기 시작했다.

2009년 8월 4~5일 클린턴 전 미국대통령이 평양을 방문하여 불법입경 협의로 142일 동안 북한에 억류되어 있던 미국 국적 여기자 2인을 데리고 귀국하였다. 이에 발맞춰 현정은 현대아산 회장도 방문하여 137일 동안 억류 중이던 현대아산 근로자의 석방을 이끌어냈다. 이후 북한은 김대중 전 대통령의 서거에 맞춰 조문사절을 파견하고 이명박 대통령을 청와대로 예방하는 등 대남 유화공세를 본격화하기 시작하였다.

그에 앞서 8월 20일 북한은 '12·1 조치'를 철회한다고 한국 측에 통보하였고, 개성공단 등에 대한 압박조치의 실행을 유보하였다. 9월 1일부터 개성공단의 통행을 1일 23회(하절기 기준, 동절기 21회)로 복원 조치했으며, 12월 12~22일까지 11일 동안 해외공단에 대한 남북공동시찰을 다녀왔다.

한편 10월에는 남측의 임태희 노동부 장관과 북측의 김양건 노동당 통일전선부장의 싱가포르 비밀접촉이 알려졌고, 이 비밀회동에서 남북 정상회담을 위한 공감대가 형성되어 보다 구체적인 남북 정상회담 관련 조율이 이루어진 것으로 밝혀져 대화국면이 상당히 진행되었다.

그렇다면 북한이 취한 대남 유화공세의 배경은 무엇인가? 북한은 2012년 강성대국의 문패를 달겠다고 호언하면서 사상강국·군사강국은 이미 실현하였다고 주장하며, 나머지 경제강국을 달성하겠다고 하고 있다. 이미 유엔안보리결의 1718호와 2009년 5월 2차 핵실험에 의한 유엔안보리결의 1874호에 의해 제재를 받고 있는 북한은 경제난이 악화되고 국제적 고립이 심화되었다. 이런 상황에서 북한은 과거 국민의 정부와 참여정부 시 남한의 대북지원에 대한 관성에서 벗어나지 못하고 있다. 즉 이러한 북한의 태도 변화는 국제사회의 대북제재 결과, 식량난 및 외화·에너지난이 더욱 심화되고 특히 금강산관광 사업이 중단되면서 유일한 외화가득 통로마저 차단된

데 따른 불가피한 선택이었다. 외부의 제재로 경제적으로 궁지에 몰리게 되자, 일단 '숨고르기' 시간을 확보하면서 국면전환을 시도하기 위한 것이었다.

그러나 이것이 곧 유화정책으로의 선회를 의미하는 것은 물론 아니었다. 북한은 2009년 9월 3일, 안보리 의장에게 보낸 서한에서 "제재를 앞세우고 대화를 하겠다면 우리 역시 핵억제력 강화를 앞세우고 대화에 임하게 될 것"이라고 하면서 "우리는 대화에도 제재에도 다 대처할 수 있게 준비되어 있다"고 위협을 했던 것이다. 이는 유화책과 강경책을 병행하는, 일종의 '당근과 채찍' 전술로서, 이 무렵 북한의 대남 태도 역시 동일한 형태로 전개되었다. 특히 북한의 황강댐 무단 방류와 그로 인해 우리 측이 인명 피해를 입은 사건은 전후 맥락을 고려할 때 '고의성'을 인정하지 않을 수 없을 것 같다. 그런 의미에서 볼 때, 북한의 변화는 단지 '전술적'인 변화에 불과한 것으로 규정될 수 있을 것이다.

요컨대 유화책과 강경책을 병행하는 북한의 양면전술로 인해 남북관계는 파행을 면할 수 없었으며, 이런 상황에서는 교류협력이 지속되더라도 불원간 갈등요인은 위기국면으로 발전될 수밖에 없었다. 그 불씨는 금강산관광 사업재개 문제였으며 거기에 북방한계선을 둘러싼 양측 간의 대립이 불꽃을 당기고 말았다. 북한의 관광사업 재개 요구에 대해 우리정부는 관광객 피격사건에 대한 사과와 재발방지 약속이 선행되어야 함을 주장함으로써 양측의 입장이 접점을 찾지 못한 가운데 11월, 서해 대청도 인근해역에서 양측 해군 간 무력충돌 사태가 발생했던 것이다. 사태를 더욱 심각하게 만든 것은 그 결과가 북한 측의 참패로 끝남으로써 향후 '앙금'으로 남게 되었다는 점이었다. 다시 남북관계가 경색국면을 넘어 위기국면으로 치닫는 분위기이다.

(2) 천안함 사건 이후 남북관계 국면

① 제1국면: 위기일발

2010년 3월 26일 밤 백령도 인근 서쪽 해상에서 해군초계함인 천안함이 침몰된 사건이 발생하였다. 이 사건으로 46명의 해군병사들이 사망하고 58명이 구조되었다. 4월 25일 민·군 합동조사단은 1차 조사발표를 통해 이번 침몰사건의 원인을 '수중 비접촉식 외부폭발'에 의한 침몰로 잠정 결론을 냈다.

천안함 침몰 사건의 초기에 북한은 이렇다 할 반응을 보이지 않았다. 하지만 한국정부 관계자들의 입에서 북한소행설이 흘러나오기 시작하자, 4월 5일 북한 인민무력부는 천안함 침몰사건에 대해 남측이 북측연루설을 흘리고 있다고 비난하며 전체 군부대에 지시문을 하달하였다. 이 지시문은 "남조선 해군 함선 한 척이 서해에 침몰되는 사건이 발생"했다면서 "만약 적들이 모략책동에 매달린다면 영웅적 인민군대는 단매에 짓부실 만단의 전투준비가 되어 있다"고 주장하였다.

그 뒤 4월 24일 리영호 북한군 총참모장은 건군절 중앙보고대회에서 한국과 미국이 "0.001mm라도 침범한다면 핵억제력을 포함한 모든 수단을 총동원해 침략의 아성을 흔적도 없이 날려버릴 것"이라고 주장하였다. 리 총참모장은 "남조선 당국자들과 군부가 북남관계를 언제 새 전쟁이 터질지 모를 최악의 파국상태로 몰아가고 있으며, 미국은 남조선과 함께 선제 핵전쟁 연습을 벌이고 있다"고 비난하였다.

한국정부 관계자의 입을 통해 북한연루설이 계속 흘러나오고 있는 가운데, 5월 3~7일간 김정일 위원장의 중국방문이 전격적으로 이루어졌다. 북한은 중국에 의한 경제종속과 중국의 내정간섭을 우려해 계속 미뤄왔지만, 한·미·일 3국에 의한 대북압박이 한층 강화되자 김 위원장의 방중을 결정한 것이다. 김 위원장은 방중을 통해 북·중 간 협력증진과 의존심화를 통해 당면한 국제사회의 대북경제제재를 모면함은 물론 체제위기의 탈출을 꾀하려는 목적이 내재된 것으로 분석된다.

5월 20일에는 합동조사단이 천안함 침몰이 130톤 연어급 북한 잠수정의 어뢰공격에 의한 것이라고 최종조사결과를 발표하였다. 이러한 조사결과를 토대로, 5월 24일 이명박 대통령은 전쟁기념관에서 특별담화를 통해 이번 사태를 "대한민국을 공격한 북한의 군사도발"로 규정하고 "앞으로 우리의 영해, 영공, 영토를 침범한다면 즉각 자위권을 발동할 것"이라고 말했다. 이튿날 이 대통령은 국가원로 회의에서 '주적개념 부활'의 필요성을 강조하기도 했다. '한반도 안보의 중대한 전환점'임을 선언한 대통령의 특별담화 직후 통일부, 국방부, 외교부 등 안보관련 3부 장관의 대북조치가 발표되었다.

우선, 통일부는 북한선박의 운항금지, 남북교역의 중단, 남측인사의 방북 불허, 신규투자의 불허, 영유아를 위한 인도적 지원을 제외한 대북지원의 보류 등을 선언하였다. 다음으로 외교부는 이 사건의 유엔안보리 제소를 통한 기존 대북제재의 엄격한 시행, 양자적 추가제재의 시행 등을 공언하였다. 국방부는 확성기 방송, 대북전단 살포, FM라디오방송 등 대북 심리전의 재개, 해상항로대의 폐쇄, 연합 대잠훈련 및 PSI 훈련의 실시 등 대북조치를 발표했다.

그러나 이에 북한은 즉각 반발하고 나섰다. 북한 중앙통신은 논평을 통해 "지금 조선반도 정세는 함선침몰사건을 북남대결의 최대 기회로 여기는 이명박 보수패당에 의해 일촉즉발의 초긴장 국면으로 치닫고 있다"고 하면서 "그 어떤 응징과 보복, 제재에 대해서도 전면전쟁을 포함한 강경조치로 대처할 것"임을 경고하는 것으로 대응했다.

북한은 이명박 대통령이 북한선박의 우리 해역 통항금지를 선언한데 대해 "남조선 선박, 항공기들의 우리 측 영해, 영공통과를 전면 금지한다."고 맞대응했다. 이어 이명박 대통령의 남북 간 교역 및 교류 중단 선언에 대해서도 "이제부터 북남관계 전면폐쇄, 북남 불가침 합의 전면파기, 북남 협력사업 전면철폐의 단호한 행동조치에 들어간다는 것을 정식 선포한다."고 하여 대남 강경책 의지를 분명히 했던 것이다. 나아가 남북 장성급회담 북측 대표단장은 우리 측이 대북 심리전을 재개할 경우 "서해지구 북남관리구역에서 남측 인원, 차량에 대한 전면 차단조치가 취해질 것"이라고 발언함으로써 개성 공단의 폐쇄 가능성을 위협했던 것이다.

뒤이어 5월 27일 북한인민군 총참모부도 '중대 통고문'을 발표하여, 서해해상 우발적 충돌방지책의 무효화, 심리전에 대한 군사대응 등 '1차적 대응조치'를 취할 것이라고 밝혔다. 또한 6월 12일 북한 인민군 총참모부는 '중대 포고' 발표를 통해 "(한국에 의한) 심리전 재개 시도는 … 특대형 도발행위"라면서 "서울 불바다까지 내다본 무자비한 군사적 타격"이 될 것이라고 주장하기도 했다.

특히 국방부와 한·미 연합사는 7월 25~28일 대규모 한·미 연합훈련 및 대잠(對潛) 훈련을 동해상에서 실시하였다. 이번 훈련에는 미 7함대 소속 9만 7000톤급 핵추진 항공모함 조지워싱턴 호와 이지스 구축함인 매캠벨 호와 존 매케인 호, 라센 호, 잠수함인 휴스턴, 버펄로 등 10여 척을 동해상에 전진시켰다. 한국 측에서도 3200톤급 한국형 구축함(KDX-I)과 4500톤급 구축함(KDX-II) 등 구축함 10여 척이 나서, 미국과 연합 작전을 전개하며 해상 훈련을 벌였다. 또한 현존하는 최강의 전투기로 평가받고 있는 F-22(랩터)를 포함한 미 해군과 해병대의 F/A-18E/F(슈퍼 호넷) 등이 참여했다. F-22는 이륙 후 30분 이내에 북한 영변의 핵시설을 타격할 수 있고 1시간 이내에 북한 전 지역에서 작전수행이 가능하다. 이 전투기는 현재 일본 오키나와의 가데나 공군기지에 배치돼 있으며 한반도에서 기동하는 것은 이번이 최초다. 이 밖에도 해상초계기(P-3C), 대잠 헬기, 공군의 F-15K 전투기와 KF-16 전투기 등 200여 대의 항공기가 이번 훈련에 투입되었다. 이러한 규모는 통상적인 합동 해상훈련의 10배에 이르는 것으로 알려졌다.

또한 천안함 사건 대응조치의 일환으로 한국군 단독의 첫 서해 해상기동훈련이 8월 5~9일 실시됐다. 이번 훈련에는 육, 해, 공군, 해병대 병력 4500여 명을 비롯해 함정 29척, 항공기 50여 대가 참여한 가운데 역대 최대 규모로 진행됐다. 해군은 아시아최대 수송함인 독도함을 비롯해 한국형 구축함(4500톤급), 잠수함(1200톤급 및 1800톤급), 호위함, 초계함, 유도탄고속함, 고속정 등 함정 29척과 대잠 헬기(링스), 해상초계기(P3-C) 등이 참여했다. 공군은 KF-16 전투기 20여 대가 참여해 항공지원 임무를 수행했다. 육군과 해병대는 서해

안 경계부대와 서북도서 부대가 각각 참가해 특수전부대의 침투에 대비한 훈련 등을 실시했다.

이에 북한군은 서해 해상기동훈련이 끝나는 8월 9일 오후 백령도 NLL 인근 해상과 연평도 NLL 인근 해상으로 총 130여 발의 해안포를 각각 발사하며 도발했다. 이어서 8월 10일 북한 노동당 기관지 노동신문이 9일 끝난 우리 군의 서해 기동훈련을 비난하면서 "필요한 임의의 시각에 핵억제력에 기초한 우리 식의 보복성전으로 진짜 전쟁 맛을 똑똑히 보여줄 것"이라고 밝혔다고 조선중앙통신이 전하며 긴장의 강도를 한껏 높였다.

한편 외교통상부의 유엔안보리 제소에 대해서도 북한은 정면대응하고 있다. 2010년 6월 14일 유엔안보리가 천안함 사건과 관련해 입장을 듣기 위해 남북한 양측을 불렀을 때, 박덕훈 유엔주재 북한 차석대사는 "우리가 피해자"라고 주장하며 한국 측의 주장을 전면적으로 부인하였다. 이튿날 신선호 유엔주재 북한대사는 기자회견을 자청하여 "천안함 사태와 관련해 유엔의 제재조치가 있을 경우 군사적 대응도 불사하겠다."고 공개 경고하는 등 크게 반발하는 모습을 보였다.

그동안 이명박 정부는 '원칙 있는 포용정책'의 기조 아래 '상생·공영의 대북정책'을 표방해 왔다. 하지만 천안함 사태는 한국정부가 신정부 출범 이래 명목상이나마 추구해 왔던 대북정책의 기조를 유지할 것인지, 아니면 이미 발표한 대북조치들을 실행에 옮겨 봉쇄정책의 방향으로 대북정책의 기조를 바꿀지 선택하지 않을 수 없는 기로에 서게 만들었다. 일부 언론은 이 대통령의 담화내용이 "2000년 6·15 남북공동선언으로 집약되는 대북 '햇볕정책'의 패러다임(틀)

을 완전히 바꾸는 것"이라고 평가하기도 했다.

2010년 3월 26일 천안함 사건으로 한국 측의 대북정책이 보다 강경한 기조로 바뀌자, 북측은 관광사업 재개를 비롯한 남북경협의 확대가능성에 기대를 접으면서 대남강경 일변도 정책으로 전환될 조짐을 드러내고 있다. 북한의 금강산관광 완전포기 및 향후 개성공단 압박조치는 천안함 사건과 직접 관련 없이 기획되고 준비된 것으로 보이나, 천안함 사건으로 다소 속도가 빨라지고 경직되게 표출된 것으로 평가된다.

북한은 2010년 5월 25일 조평통 대변인 담화를 통해 한국 측의 천안함 조사결과를 '조작극'이라고 전면 부인하며 이명박 정부와는 당국자 대화를 일체 단절하겠다고 공언한 바 있다. 북한의 공언대로라면 이명박 정부의 임기 2년 반 동안 당국자 간 남북대화를 단절하고 냉전시대의 대결구도를 유지하겠다는 것으로 해석이 가능하다.

하지만 북한이 북·중 경협의 활성화를 통해 경제회복에 주력하고 있고, 2012년까지 성공리에 후계체제를 구축하고자 하고 있어 남북관계의 안정이 필요하다는 점에서 남북대화의 여지는 존재했다. 북한이 한국정부의 대북조치에는 맞대응할 것으로 보이지만, 선제적인 도발을 자행하여 한반도 상황을 최악의 상황으로 악화시키려 들지는 않을 것으로 전망됐다. 따라서 남북관계는 새로운 정상화 국면을 모색하게 된다.

② 제2국면: 정상화 모색

북한은 또다시 유화적으로 몇 가지 대남조치들을 내놓았다. 2010년 9월 4일 북한은 대한적십자의 긴급 수해물자 제공 제의에 대해

쌀과 시멘트 및 수해복구 장비를 보내줄 것을 요청했다. 9월 7일에는 북한 측 경제수역을 침범했다고 억류했던 대승호와 그 선원 7명을 송환했다. 9월 10일에는 2010년 추석에 즈음하여 이산가족 상봉 행사를 금강산에서 진행할 것을 제의했으며, 이번 상봉을 계기로 인도적 협력이 활성화되기를 기대한다는 입장을 밝혔다. 북한이 남북관계 개선에 대한 적극성을, 그것도 이례적인 수준에서 보인 것은 분명해 보인다.

그 당시 천안함 피격 사건으로 인해 남북관계는 개성공단과 인도적 지원 외에 모두 막혀있었다. 북한은 상당한 경제적 손실을 보는 것으로 보였다. 뿐만 아니라, 미국을 비롯한 국제사회의 대북제재도 더욱 강화되고 있었다. 중국이 북한을 지원한다고 하나, 그것도 유엔안보리 결의 1874호를 위반하지 않는 범위 내에서 이루어지고 있었다.

북한의 경제는 2009년 말 이루어진 화폐개혁 조치의 실패로 인해 물자부족이 더 악화됐고, 사회통제와 계획경제의 복원을 위해 폐쇄하려 했던 시장은 다시 열리고 있었다. 만성적인 식량부족은 여전하고 수해까지 겹쳐 더욱 어려워지고 있는 것으로 추정되었다.

이러한 상황에서 북한 김정일 위원장은 건강악화로 '3대 세습'을 서두르고 있었다. 2010년 9월 28일 44년 만에 치러진 제3차 조선로동당 대표자회는 김정일의 3남 김정은(金正銀)을 후계자로 내정해 3대 세습을 압축적으로 진행하였다.

즉 2010년 당시에 북한으로서는 대단히 중요한 정치과정이 진행되고 있었는데, 경제사정과 외부환경이 열악한 것으로 보였다. 김정일 위원장의 이례적인 방중(2010. 5. 3.~7.)과 카터 미국 전 대통령

초청, 6자회담 의사 표명 및 대남조치 등 북한의 대화조치들은 내부 상황과 연관성을 가지고 있을 수도 있다.

그러나 북한은 그러한 일련의 조치를 취하면서도 한계를 보이고 있었다. 일회성으로 제의한 이산가족 상봉행사, 천안함 사건에 대한 무책임한 태도 등은 이를 말해주고 있다. 2009년에도 일시 유화적인 태도를 보였으나 그것이 근본적 변화가 아닌 전술적 변화로 판명되었고, 그 결과 남북관계는 더욱 악화된 측면이 있었기 때문이다.

따라서 말만이 아닌 행동으로 진정성을 보여주어야 한다는 점은 남북 모두에 해당되는 일이다. 그러나 이유가 어쨌든 북한이 남북관계 개선에 대한 적극성을, 그것도 이례적인 수준에서 보인 것은 분명해 보였다. 이러한 기회를 적극적으로 활용하여 남북관계 개선을 현실화시키려는 남한 당국의 노력과 효율적인 정책 입안 및 추진이 그 어느 때보다 중요하다고 할 수 있었다. 북한의 권력승계로 한반도 정세변화가 시작되고 있는 상황에서 남북관계를 안정적으로 관리하여 중장기 정책 차원의 새로운 액션플랜(action plan)을 구상하여 정상화를 모색했어야 했다.

이명박 정부의 출범 이후 2년 반 동안 북한의 위협과 도발에 흔들리지 않고 원칙에 기초한 정책기조를 일관되게 유지해왔고, 보다 명확한 남북관계 발전을 추구해 왔다고 볼 수 있었다. 이명박 정부는 북한에 대하여 이러한 입장을 분명히 전달했다고 본다. 그러나 이명박 정부가 북한의 거친 반응에 대해 아무런 대응을 하지 않고 있어도 북한이 협상을 해올 수 있다는 학습효과를 얻은 것은 적지 않은 소득이었으나, 북한의 태도변화를 이끌어 내겠다는 집념에 함몰된 나머지 보다 중요한 핵심을 놓친 것은 아쉬운 점이 되어 버리고 말았다.

③ 제3국면: 국지전(연평도 포격)

북한은 2010년 11월 23일 연평도 포격으로 사실상 국지전을 일으키며 군사적 긴장을 높였다. 이 포격은 사전에 치밀히 계획된 의도적인 공격으로 북한의 장거리 로켓발사(2009. 4. 5.), 북한의 2차 핵실험(2009. 5. 25.), 3차 서해교전(2009. 11. 10.) 그리고 천안함 사태(2010. 3. 26.) 발생 등 일련의 사건들과 맥을 같이 하고 있는 것으로 보인다.

북한의 연평도 포격이 최초의 우리 영토에 대한 공격일 뿐만 아니라 민간인 사망자가 발생하는 등 명백한 군사도발의 발생이라는 점에서 사태가 심각하다. 미국은 북한의 만행을 규탄하는 상하원 결의문 채택에 이어, 항모 조지워싱턴 호를 서해상에 투입해 한미 연합 해상훈련을 4일간(2010. 11. 28.~12. 1.) 실시하였다. 이와 대조적으로, 중국은 남북한 양측의 냉정과 자제를 요청하고 이 사건의 유엔안보리 회부에도 소극적인 태도를 보였다.

문제는 북한의 연평도 포격이 예전과는 달리 더욱 대담하고 무자비하다는 데에 있다. 이는 무엇보다도 2010년 9월 28일 제3차 당대표자회에서 '조선로동당 중앙군사위원회 부위원장'이라는 직위를 가지고, 3대 세습 후계자로 등장한 김정은(金正銀)이 카리스마 조작을 위한 군사적 업적쌓기를 하여, 김정일과의 차별화시도로 비춰질 수 있는 대목이다. 김정은의 정치적 스승으로 자리매김한 리영호(당중앙군사위원회 부위원장)가 포사격 전문가이며, 김정은을 '포의 신동'으로 치켜세우고 있는 것과도 일치하기 때문이다. 과거 김정일이 1980년 제6차 당대회에서 김일성의 후계자로 공식 데뷔한 이후 1983년 10월 '아웅산 폭파사건'을 주도한 흐름과도 일치하는 상황이다.

다음으로 2009년 12월 1일의 화폐개혁 실패와 거듭된 경제파탄으로 인한 경제회생이 불가능한 상황에서 민심이반 등 내부폭발 요인을 외부폭발을 통한 체제내부 결속으로 이용하려는 측면이다. 당 대표자회 후 청진시 수남구역에서 새끼돼지와 어미돼지를 모조리 잡아먹자는 낙서가 발견되었고, 평성 장마당에 김정일과 김정은을 비방하는 전단이 붙었다는 소문도 입수되었다고 한다. 북한정권은 인민들의 지지를 얻기 위해 한편으로는 김정은 우상화를 진행하고, 다른 한편으로는 3대 세습에 대한 인민들의 비판 여론을 강력하게 통제할 필요가 있었을 것이다. 그러나 북한은 항상 남한의 선제공격에 의한 보복타격 운운하며, 언제나 자신의 승리만을 주장하는 억지 논리는 스스로 무덤을 파는 자승자박(自繩自縛)의 상황을 가져올 수 있다.

한편 G20 서울정상회의(2010. 11. 11.~11. 12.) 시에는 관망을 보이던 북한이 군사적 시위(showing)를 통하여 국제사회의 이목을 집중시키려는 의도도 엿보인다. 북한이 군사적 긴장을 조성하여 한반도를 분쟁지역화 함으로써 북-미 직접대화와 평화협정 체결을 시도하려는 주장이 그것이다. 그리고 2008년 8월 뇌졸증으로 쓰러진 김정일이 자신의 후계자 김정은으로의 압축적 옹위과정을 위하여, 선군정치에 뿌리를 둔 김정은의 군사지도자 브랜드(Brand)를 국제사회에 높여줌으로써 연착륙(Soft Landing)을 돕겠다는 것이다. 그러나 선군정치 자체가 공격성을 우선한 비합리적 선택을 할 수 밖에 없도록 함으로써, 북한의 무모함을 가중시키고 있는 실정이다.

2) 이명박 정부의 대북정책 특징과 문제점

2008년 이명박 정부 출범 이후 대북정책은 포용정책에서 강압적(coercive) 정책으로 전환하여, 일종의 이명박 정부식의 '유소작위(有所作爲)' 정책을 추구하였다. 우선 과거 북핵문제는 북·미 간 논의 사안으로 보았으나, 이명박 정부는 북핵문제를 남북한 간 해결해야 할 주요 과제로 제시함으로써 북핵문제 해결을 당사자화 했다. 즉 북한은 기본적으로 핵문제를 미국과 논의할 문제로 인식하고 있으나, 이명박 정부는 북핵문제 해결의 당사자로 자임함으로써 북한의 비핵화가 모든 것의 전제가 되고 있어 실질적 관계 형성을 어렵게 하였다. 따라서 당시 상황에 대한 입장에서도 이명박 정부는 북한이 선 비핵화 입장을 밝히면 대화에 임하겠다며 공이 북한 측에 있다는 입장인데 반하여, 북한은 체제안전을 위한 평화협정 체결을 강조하는 등 강경태도를 유지하며 공이 한미 측에 있다는 입장이다.

다음으로 천안함 사건의 국제이슈화에서 보듯이 남북관계의 특수성보다 국제적 보편성을 중시하고 있다. 이는 북한문제의 국제이슈화 속에서 한미동맹의 공고화를 가져올 수 있으나, 한중 갈등 등 얻은 것 못지않게 잃은 것이 많을 수 있다. 즉 부상하는 중국(rising states)과의 관계형성을 어렵게 할 수 있다. 한미동맹에 치중함으로써 북·중 간 협력관계를 고려하지 않고 있다. 따라서 한국이 한미동맹을 아무리 강조해도 주요 전략적 사안에 대해서는 중·미 간 협의와 합의에 의해 결정될 수밖에 없다고 인식하고, 한미동맹과 함께 중국의 부상을 인정하고 대중국관계를 강화할 필요성이 대두되는 이유이다.

끝으로 지나치게 경직된 정책의 일관성 유지로 관계개선의 기회를 상실하고 있다. 즉 대북정책의 일관성을 강조하는 나머지 지나치게 경직되어, 남북관계를 장기적인 비생산적 관계로 만들었다. 이는 정책전환의 기회를 놓침에 따른 장기적 기(氣) 싸움을 가져와 돌이키기 어려운 상황을 만들었다. 정책의 일관성 유지는 성과가 있을 때 빛을 발할 수 있으나, 성과가 없으면 관계만 악화시킬 수 있다. 이명박 정부는 기본적으로 "북한은 변화하지 않았고 앞으로도 변화하지 않을 것이다"라고 하는 대북인식을 갖고 있다. 남한이 일관된 대북 압박을 강화하면 북한은 결국 남한의 요구를 수용할 것으로 판단하고, 북한의 잇단 대화 제의 등 유화적 움직임은 대북 압박에 따른 성과로 보고 있다. 또한 이명박 대통령은 2010년 12월 3일 사회통합위(위원장 고건)의 보고를 받으면서 "북한에 긍정적인 변화가 있다"며 북한주민들의 의식변화를 언급함으로써 기존 대북인식과의 차이를 나타내고 있었다.

또한 2010년 12월 9일 말레이시아 교민들과의 간담회에서 북한 내부의 변화와 조기 통일 가능성을 언급했다. 이 대통령 발언의 골자는 북한 주민들이 이제 세계의 변화를 알기 시작했으며, 통일이 가까워졌다는 것이다. 북한의 체제변화(regime change)를 주장하는 대북 강경론자들의 시각이 그의 발언에 그대로 녹아 있다. 북한 지도부와 주민들을 분리해 주민들의 변화를 지원함으로써 북한 체제를 무너뜨리겠다는 이른바 체제변화론이 이 대통령의 발언에서 느껴진다는 뜻이다. 이명박 정부는 그동안 「비핵·개방·3000」, '그랜드 바겐 구상' 등을 내세워 북한이 비핵화의 길에 나서면 남북경제협력에 적극 나서겠다고 하여, 공식적으로 북한의 체제변화론에 부정적 입장을 피력해왔다. 그런데 이 대통령의 교민 간담회 발언은 자신이 내세워온 한반도 정책과 배치된다. 「비핵·개방·3000」 등이 한반도 평화와 공동 번영보다는 북한 정권에 대한 압박에 초점이 맞추어져 있었다는 사실이 그의 발언으로 다시 한 번 확인된 셈이다.

3) 이명박 정부의 대북정책 평가

국민의 정부와 참여정부는 전향적인 대북정책을 추진하면서 정치·경제·사회문화 분야 등의 교류·협력사업의 중요성을 크게 부각시키고, 민간 차원의 교류도 활성화되는 계기를 마련하였다. 그러나 앞서의 두 정권은 대북 화해협력정책을 추진하는 과정에서 국민적 합의를 획득하려는 노력이 부족했고, 이념적으로 중도적이며 좌우가 균형 잡힌 정책 추진에 다소 등한히 한 결과, '퍼주기 논란' 등 새로운 '남남갈등'이라는 위기상황을 초래한 것도 사실이다. 이에 이명박 정부는 과거 10년간 대북 포용정책이 근본적인 북한의 변화를 이끌어내는 데 별다른 영향력을 발휘하지 못했다는 평가에서 기인한다. 이명박 정부가 기본적으로 체제 통일보다는 화해와 협력, 평화 공존, 점진적 통일을 지향하고, 실용주의적 접근을 통한 '상생과 공영'이라는 보다 현실적이고 실질적인 차원의 목표를 설정하고, 원칙 있는 대북정책을 일관성 있게 추진한다는 것이다. 북한이 대남 강경정책을 폈지만 이에 흔들리지 않고 의연하게 대처했으며, 특히 상생과 공영의 남북관계 발전을 위해 일관된 대북원칙을 견지했다는 점을 높이 평가할 수 있다. 이에 따라 남한은 북한에 더 이상 끌려 다니지 않게 되었으며, 북한이 남한에 대해 협박을 하고 생떼를 쓰는 종전의 방식은 더 이상 통하지 않는다는 인식을 심어주게 되었다. 그러나 지난 10년간 대화와 화해협력정책을 통해 남과 북이 힘들게 쌓았던 신뢰는 이명박 정부의 '비핵화'라는 원칙에 매몰되어 남북관계의 후퇴, 남북경협의 위기 등으로 남북 간의 대립이 지속되어 또다시 냉전 시대로 회귀한다는 국면이다.

이명박 정부는 '원칙에 철저, 유연한 접근'을 대북정책의 핵심 원칙으로 제시하였으나, 정책적 강조점은 시기별로 변화했다. 이명박 정부가 출범초기 이전 정부와 차별화되고 매우 엄격해 보이는 정책에도 불구하고 남북관계 긴장보다는 새로운 방식을 통해 남북관계에 대한 성과를 기대하였다고 할 수 있다. '상생과 공영의 대북정책'을 제시했으며, 이를 위해 수시로 북한에 대화를 제의했다. 「비핵·개방·3000」에서는 북한의 개방과 핵문제 해결 없이 남북협력을 확대하는 데는 분명한 한계가 있다는 것을 북한에 강조하는 동시에 북한이 핵을 포기할 경우 얻게 되는 혜택을 강조하였다.

그러나 천안함과 연평도를 경험하면서 북한의 변화나 남북관계의 새로운 전기에 대한 기대도 약화되었다. 국민여론상 유연성에 대한 여지도 줄어들었다. 북한에 대한 입장은 이후 보다 강경해졌다. 2010년 8.15 경축사를 계기로 남북관계의 현상을 다루는 대북정책보다는 '통일 준비'에 대한 관심이 높아졌다. 남북관계의 돌파구를 마련하려는 노력은 계속되었으나, '사과' 문제에 대한 북한의 전향적 자세를 이끌어 내거나 이를 우회할 수 있는 동력을 찾지 못했다.

긴장완화에 대한 국민적 요구와 미국의 북한과의 대화 모색 분위기가 조성되면서 대북정책의 유연성이 검토되었다. 그러나 이미 북한이 이명박 정부와의 거래를 중단하기로 결정한 상태에서 북한의 호응을 기대하기 어려웠다. 더욱이 2011년 12월 17일 김정일 위원장의 사망으로 북한이 움츠려들면서 대남관계를 최소화하려고 하였다.

또한 이명박 정부는 안 되는 일을 억지로 하기보다는 '기다리는 것도 전략'이라고 보았으나, 이에 대해 남북관계를 방치한 것이라는 비판이 있다. 기다리는 전략은 남북관계가 한 단계 업그레이드되기 위해서는 북한의 비핵과 개방이 필요하며, 남북관계의 잘못된 관행이 변해야 한다는 데서 출발한다. 이러한 조건이 충족되지 않으면 남북관계 진전은 기대할 수 없기 때문에 북한이 변화를 결정할 때까지 기다리겠다는 것이다. 기다리는 전략은 북한이 경제적으로 매우 어려운 상태이기 때문에 한국으로부터의 지원을 절대적으로 필요로 하고 있으며, 남북대화는 결국 북한의 필요에 의해서 재개될 것이라는 낙관적 전망에 바탕을 두고 있다. 한국이 인내력을 잃고 대화에 관심을 보이면 북한의 태도변화에 부정적 영향을 미치기 때문에 못 본 체 해야 한다는 것이다.

그러나 이명박 정부는 대북정책을 추진하기 위한 전략이나 추진 체계 등 수단에 대해서는 큰 관심을 갖지 않았다. 이명박 정부는 북한관련 부서, 남북대화 채널, 대북 전문가 등 기존의 대북정책 추진 인프라의 효율성을 신뢰하지 않았으며, 이를 대체하는 새로운 대북정책 인프라에도 큰 관심을 갖지 않았다. 오히려 통일부와 같이 남북관계를 전담하는 부서가 인위적으로 일을 만들려는 것이 남북관계에 부정적 영향을 미칠 수 있다고 보았다. 북한의 태도 변화가 있고 새로운 거래관계가 설정되면 대화 채널과 전문가 등 기술적 문제는 그때 가서 다 해결될 것이라고 보았다.

'기다리는 전략'이 치밀한 전략이나 대북정책 인프라에 의해 뒷받침 되었다면 남북 대화의 기회나 북한의 도발에 대해 좀 더 효율적으로 대응할 수 있었을 것이다.

한편, 이명박 대통령은 2010년 8월 '제65주년 광복절 경축사'에서 지금의 남북관계는 새로운 패러다임이 요구되고 있다고 하면서 대결이 아닌 공존, 정체가 아닌 발전을 지향해야 하며, 주어진 분단 상황의 관리를 넘어서 평화통일을 목표로 삼아야 한다고 하였다. 우선 한반도의 안전과 평화를 보장하는 '평화공동체'를 구축해야 하는데, 그러려면 무엇보다 한반도의 비핵화가 이뤄져야 한다. 나아가 남북 간의 포괄적인 교류·협력을 통해 북한 경제를 획기적으로 발전시키고 남북한 경제의 통합을 준비하는 '경제공동체'를 이루어야 한다. 이를 토대로 궁극적으로는 제도의 장벽을 허물고 한민족 모두의 존엄과 자유, 삶의 기본권을 보장하는 '민족공동체'를 향해 나아가야 한다. 이러한 과정을 통해서 우리는 한민족의 평화통일을 이룰 수 있다고 하였다. 더 나아가 ①평화공동체 ⇒ ②경제공동체 ⇒ ③민족공동체의 실현을 위한 '통일세' 등 현실적인 방안의 준비에 대하여 언급함으로써 평화통일에 대한 진전된 모습을 보였다.

따라서 이명박 정부는 통일에 대한 부정적 인식을 긍정적으로 변화시킨 것으로 평가된다. 통일의 비전과 가치를 재조명함으로써 통일에 대한 관심과 의지를 높이고자 하였다. 과거 통일을 막대한 비용부담을 수반하는 위협적이고 두려운 것으로 간주했다면, 새로운 패러다임은 통일을 긍정적 기회로 간주하고 적극적이고 주도적으로 준비하자는 것이다.

그러나 남북 간 신뢰가 무너지고 긴장이 고조된 상태에서 통일준비는 북한을 자극하여 남북관계를 악화시키는 요인이 되었다. 대북정책이 벽에 막힌 상태에서 통일로 가는 길을 제시하지 못함으로써 북한의 붕괴만을 막연히 기다리는 비현실적이라는 비판을 받았다.

이명박 정부의 탄생은 남북관계를 전향적으로 바꾸는 데 대한 우리 사회 내부의 불안감, 거부감을 반영한다고 볼 수 있다. 이념 편향적 대북정책, 한미동맹의 훼손, 북한의 근본적 변화 미흡 등을 비판하면서 출범한 이명박 정부는 남북관계보다는 한미관계의 복원에 주력하였다. 대북정책의 고유성·독자성을 인정하기보다는 외교안보 대외정책의 한 부분으로 인식함으로써 남북관계를 특수성보다는 국가 간 보편성의 문제로 다루었다. 또한 북한 핵문제도 해결하지 못하고 남북관계도 이어나가지 못하는 결과를 초래하였다. 제재와 압박이 중심이 된 한·미의 대북정책은 중국 등 주변국의 반발을 샀고 북한의 고립을 방조함으로써 한반도의 평화는 한 발짝도 앞으로 나가지 못했다. 결국 북한의 근본적 변화를 운운하며 출범했던 이명박 정부의 대북정책도 북한의 변화를 이끌어 내지 못하고 남북 간 신뢰관계만 훼손시켰다.

5. 박근혜 정부의 『한반도 신뢰 프로세스』와 『통일대박담론』[17)

남북관계 경색이 지속되는 가운데 2013년 2월 25일 출범한 박근혜 정부는 남북관계를 개선하는 동시에 바람직한 방향으로 관계를 새롭게 재정립해야 하는 2중의 과제를 안고 있었다. 한반도는 2013년 2월 12일 북한의 3차 핵실험 강행 이후 북한의 계속된 협박과 도발행위로 한 치 앞도 예측할 수 없는 극단적인 안보 위기 상황이 지속되었다.

북한은 2012년 12월 12일 3단계 로켓 발사와 2013년 2월 12일 3차 핵실험 이후 불가침 합의 전면 폐기, 핵전쟁 위협 등 공세적이며, 위협적인 행보를 거듭하였다. 2013년 3월 26일 북한의 최고사령부는 미사일과 포병 부대의 '1호 전투근무태세' 돌입 성명 발표 후, 3월 27일에는 군사 핫라인을 일방적으로 차단할 것이라고 발표하고 미국과 한국에 대한 군사 옵션 중 선제 핵공격이 포함되어 있다고 위협의 강도를 높였다.

그러면서 2013년 3월 31일 노동당 중앙위 전원회의에서 경제건설과 핵 개발 병행노선을 채택하고, 4월 1일에는 최고인민회의 12기 7차 최고인민회의에서 7·1 조치의 주역이자 시장개혁의 상징인 박봉주를 다시 총리에 복귀시킴으로써 핵무력 건설이 사실은 경제회생과 경제발전을 위한 논리적 귀결임을 뒷받침했다.

---

17) 박상익, "박근혜 정부 '한반도 신뢰 프로세스'의 쟁점", 『군사발전연구』제7권 제1호(조선대학교 군사학연구소, 2013); "박근혜 정부의 대북정책 1년 평가와 과제", 『한국동북아논총』제19집 제1호(한국동북아학회, 2014); "'통일대박담론'의 구상과 한계", 『군사발전연구』제8권 제1호(조선대학교 군사학연구소, 2014)에서 재인용.

북한의 거듭된 군사적 무력시위 등 일련의 상황 등을 종합해 보면 김정은 체제가 너무 급하게 서두른다는 느낌을 지울 수가 없으며, 젊고 경험 없는 지도자의 한계가 아닌가 하는 의구심을 갖게 하기에 충분했다. 따라서 북한이 과거보다 협박 수위와 빈도를 높인 것은 북한 지도부의 권력투쟁이나 권력누수라기보다는 다음과 같은 몇 가지의 요인들이 복합적으로 작용하고 있는 것으로 추측할 수 있다.

첫째, 대외적으로 김정은 정권에 대하여 인정받으려는 의도가 있어 보인다. 새로 출범한 주변국 정부에 압박을 가하여 북한 주도의 판을 짜려는 시도와 함께, 북한 정권은 출범 이후 미국을 향해 대화 신호를 보냈으나 미국이 이를 무시했다고 판단했을 가능성도 있다. 또한 주변국들이 북한의 새 지도자를 희화화하는 것에 북한 정권이 분노했을 가능성이 있으며, 젊고 경험 없는 지도자상에 대한 반발로도 볼 수 있다.

둘째, 대내적으로 김정은 제1비서(2013년 당시 직책)의 강한 지도자로서 위상을 굳히려는 의도가 있어 보인다. 북한은 한·미의 합동 군사훈련을 빌미로 외부와의 준전시 상태를 만들어 엘리트 집단과 주민들의 결속을 유도하여 내부체제의 단속에 활용하고 있다. 한편 집권 초기 당과 내각의 정상화 및 경제 문제에 많은 신경을 쓰던 북한 지도부는 2012년 후반기부터 군사 문제와 군부에 더 힘을 실어주는 행보를 보이고 있다. 따라서 북한의 군사적 위기조성은 전면전 의지보다는 군사 분야 지도력을 확보하고, 주민 통제를 강화하기 위한 포석으로 볼 수 있다.

셋째, 북한은 2006년 10월 1차 핵실험, 2009년 4월 2차 핵실험에 이어서 2013년 2월까지 3차례의 핵실험과 2012년 12월 12일 광명성3호 2호기의 발사실험 성공으로 자신감이 고취된 측면과 동시에 미국을 비롯한 국제사회가 북한을 핵보유국으로 인정하지 않는데 대한 초조감이 함께 작용하는 것으로 보인다. 핵실험으로 북한의 어지간한 도발에도 불구하고 자신에게 불리한 전면전으로 확산될 가능성이 낮아졌다고 판단하고 있을 수 있으며, 북한 스스로가 국지전에서 전면전으로 확산되는 것을 방지할 수 있는 억지력을 갖고 있다고 오판할 수 있다. 또한 북한은 핵과 미사일 능력이 강화될수록 미국과 협상에서 유리해진다고 믿고, 북·미 직접대화를 통한 평화협정 체결과 관계개선을 통해 정권의 생존 보장을 기도할 수 있다.

넷째, 북한은 김정일 사망 전에 2012년을 강성대국 원년으로 선포했지만, 김정일 사망 이후 김정은 체제에서도 경제회복과 민생개선으로 이전 정권과 차별화하려는 시도가 여의치 않은 데(achievement deficit) 대한 초조감으로 '도발 → 긴장 고조 → 협상 및 보상'의 패턴에서 외부 지원을 얻어내려는 계산도 깔려 있는 것으로 보인다. 김정은은 2012년 4월 15일 첫 공개연설에서 "우리 인민이 다시는 허리띠를 조이지 않게 하며 사회주의 부귀영화를 마음껏 누리게 하자는 것이 우리 당의 확고한 결심입니다."라고 밝힌 바 있다.[18] 기본적으로 산업기반이 취약한 북한은 노동집약적 대내 수탈과 대외 원조에 의존한 경제구조를 가지고 있으며, 당과 군의 경제주체들은 독점, 부패, 불법, 지대(rent)를 통하여 부를 창출하고 있다. 외부로부터 자본수혈 없이는 북한경제는 더 이상 지탱하기 곤란한 상황이며, 자원 및 재원 부족으로 경제회생의 돌파구를 찾기도 쉽지 않다. 따라

---

18) 박상익, "김정은 체제 출범이후의 과제와 전망", 『북한학보』 2012년 37집 1호(2012), p.134.

서 이명박 정부 등장 이후 북한은 중국에 의존하는 일방적 상황에서
탈피하여, 한국과 미국을 의존의 균형(balance of dependence) 틀로
다시 편입시켜야 하는 부담을 갖고 있다.

1) 한반도 신뢰 프로세스

(1) 한반도 신뢰 프로세스의 의미

한반도 신뢰 프로세스는 어떻게 하면 남북관계에서 불신과 대결
의 악순환을 끝낼 수 있을까 하는 고민 끝에 제안되었다. 과거 남북
관계는 앞으로 진전하는 듯하다가도 후퇴하기를 반복하였으며 남북
관계의 근본적 문제는 신뢰의 부족 때문이라고 진단하였다. 남북관
계에서 불신과 대결의 악순환을 끝내기 위해서는 불신의 벽을 넘어
야 한다는 것이다. 남북 간 신뢰 형성은 결코 쉬운 일이 아니나 남북
관계의 진전을 위해서 피할 수 없는 일이다. 과거에도 남북관계에서
신뢰의 중요성이 언급되기는 하였으나 대북정책의 키워드로 '신뢰'
가 사용된 것은 박근혜 정부가 처음이다. 과거 대북정책에서는 포용,
원칙, 전략적 인내 등과 같은 정책 수단을 둘러싸고 논의가 이루어
졌으나, 한반도 신뢰 프로세스에서는 신뢰라는 무형의 인프라에 주
목하고 있다. 따라서 강경과 온건, 대화와 안보와 같은 과거의 이분
법적 논쟁은 더 이상 의미가 없으며 강경할 때는 더 강경하게 유연
할 때는 더 유연하게 한다는 것이다. "한반도 신뢰 프로세스는 튼튼
한 안보를 바탕으로 남북 간 신뢰를 형성함으로써 남북관계를 발전
시키고, 한반도에 평화를 정착시키며, 나아가 통일의 기반을 구축하
려는 정책"이다.[19] 한반도 신뢰 프로세스에서는 남북관계를 방치하

거나 과욕을 부리는 것 모두를 배제한다. 핵문제나 정치적 사안에 모든 남북관계를 연계시켜서 중단시키기보다는 인도적 지원과 대화 노력 등을 통해서 신뢰구축 노력을 지속한다. 동시에 남북관계가 잠시 진전되는 듯하다가 다시 후퇴하지 않도록 과욕을 부리지 않고 신뢰수준에 맞게 남북관계를 차근차근 진전시키도록 한다. 신뢰는 일방적 양보를 의미하는 것도 아니며 유화정책도 아니다. 일련의 검증된 행동을 통해 벽돌을 쌓듯이 다음 단계로 나가는 것이다. 따라서 한반도 신뢰 프로세스는 첫째, 대결과 불신의 악순환을 반복해 온 남북관계를 상식과 국제규범이 통하는 새로운 남북관계로 변화시키는 것이다. 둘째, 남북관계를 긴장과 대결에서 벗어나 공고한 신뢰를 바탕으로 지속가능한 평화협력 관계로 바꾸어 나가는 것이다. 셋째, 남북한이 공동 번영할 수 있는 기반을 구축하고 한민족 전체와 세계인이 지혜를 모아서 평화통일에 이르는 방법을 모색해 나가는 것이다.

이를 위해 박근혜 정부는 한반도 평화 구축과 남북관계 개선 문제와 관련된 '평화통일 기반 구축'을 위해 3대 전략과 13개 과제를 제시하였다. '평화통일 기반 구축'의 3대 전략으로 △튼튼한 안보, △한반도 신뢰 프로세스, △신뢰외교 등을 제시하면서, 각각의 전략 사안을 추진하기 위한 해당 분야의 과제를 소개하였다. 특히 한반도 신뢰 프로세스를 통한 남북관계의 정상화가 절실한 현안으로 부각되었다. 이는 남북 간 신뢰형성을 통해 남북관계를 안정적으로 관리·발전시켜 나간다는 취지라고 할 수 있다. 이를 위한 5개 추진계획으로 △인도적 문제해결 적극 추진, △남북 간 대화채널 개설 및 기존 합

---

19) 통일부, 『한반도 신뢰 프로세스』(서울: 통일부, 2013), p.6.

의정신 실천, △남북 간 호혜적 교류협력 활성화, △정치·군사적 신뢰구축 및 교류협력의 상호 보완적 발전, △남북 간 신뢰와 비핵화 진전에 다라 '비전 코리아 프로젝트' 추진 등을 내세웠다. 한반도 신뢰 프로세스를 통한 남북관계 정상화의 추진 방향은 ① 안보와 협력의 균형 있는 추진, ② 단계적 이행 프로세스, ③ 북한의 '올바른 선택' 견인 등의 세 측면에서 설정되었다. 그와 더불어 '억지와 압박'과 '대화와 교류협력'의 두 축을 한반도 신뢰 프로세스의 추진 구도로 제시되었다. 여기서 안보와 협력, 압박과 대화라는 일견 상호 모순적인 내용의 추구로 보이나, 이는 북한의 핵개발로 인한 한반도의 긴장과 위기 국면 그리고 남북관계의 현실을 반영한 것으로 이해된다. 이제 우리는 새로운 한반도를 위해 상식과 국제적 규범에 부합하는 남북관계를 만들지 않으면 안 된다. 따라서 과거 남북관계에서 반복되었던 도발과 보상이라는 악순환의 고리를 끊고, 일관된 원칙과 신뢰에 기초하여 진정한 한반도 평화와 번영의 토대를 쌓아가야 한다. 이에 박근혜 정부는 북한의 도발에 단호하게 대처하면서, 북한이 진정성을 갖고 비핵화와 남북한 공동발전의 길로 나오고 국제사회의 책임 있는 일원으로 변화하고자 한다면 국제사회와 함께 적극 도울 것임을 밝혔다. 남북 간 원칙을 바로잡아야 신뢰가 쌓일 수 있다. 이전까지의 남북관계는 우리의 기대에 크게 미치지 못하는 수준이었다. 이는 남북 간 신뢰가 쌓이지 않은 가운데 무원칙적이고 무분별한 대북정책의 추진을 남북관계의 발전적 성과로 내세웠기 때문이다. 남북관계는 진심을 바탕으로 상호 신뢰를 쌓아야만 발전적인 협상과 약속을 기대할 수 있다. 바로 여기에서 남북문제 해결의 실마리를 찾을 수 있다. 그럼에도 '어떻게' 신뢰를 형성하느냐 하는 문제는 박근혜 정부가 풀어야 할 과제로 남는다.

박근혜 정부는 대북정책으로서 한반도 신뢰 프로세스를 주창하고, 동북아 평화협력 구상을 제시하였다. 한반도 문제와 동북아 지역의 지속 가능한 평화발전은 상호 불가분의 관계에 있으므로, 한반도 신뢰 프로세스와 동북아 평화협력 구상은 상호 긍정적 영향을 줄 수 있는 선순환적 관계이며, 긴밀한 조율을 통하여 상호보완적으로 추진될 수 있다. 한반도 신뢰 프로세스의 실행과 관련하여 통일외교 전략은 한반도 신뢰 프로세스의 국내외 홍보, 주요 국가들과의 신뢰 조성 및 구축, 남북관계의 발전적 정상화 및 북한 핵문제의 해결 등과 관련된 연성 의제의 개발, 한반도 통일과 국내외 편익에 대한 국내외 홍보 등을 추구하여야 하며, 한국 주도의 통일과 동북아, 유라시아 연계발전의 비전이 제시되었어야 했다.

(2) 한반도 신뢰 프로세스의 목표, 추진원칙과 추진기조

중국의 부상과 더불어 동북아 지역의 국제환경에는 변화가 나타나고 있다. 즉, 오바마-시진핑 시대에 동북아 지역은 중국의 새로운 대국관계 추구, 미국의 아시아 재균형 정책 등에 의해 전략적 변화가 나타나고 있다. 미·중의 전략적 협력과 경쟁, 미·일동맹의 강화와 중·일의 갈등 등 국제적 상황에서 동북아 지역은 역내 국가들 간 신뢰부족으로 불안정성, 불확실성이 한층 높아지고 있다. 즉 동북아 지역은 역내 국가들 간의 경제적 상호의존은 증가하지만, 정치·안보 분야에서는 갈등과 대립이 지속되고 있는 것이다.

이와 같은 동북아 지역의 패러독스(Paradox)는 한반도 문제의 해결을 위한 국제공조를 한층 어렵게 하고 있다. 따라서 2013년 2월 박근혜 정부의 출범과 더불어 대북정책으로서 한반도 신뢰 프로세스를 주창하고, 나아가 동북아 평화협력 구상을 제시하였다. 한반도 문제와 동북아 지역의 지속가능한 평화발전이 상호불가분의 관계에 있으므로, 한반도 신뢰 프로세스와 동북아 평화협력 구상은 상호 긍정적 영향을 줄 수 있는 선순환적 관계이며, 긴밀한 상호조율을 통하여 상호보완적으로 추진될 수 있다. 따라서 한반도 신뢰 프로세스의 실행과 관련, 통일외교 전략의 기조는 다음과 같은 사항을 지향하여야 할 것이다.

첫째, 국제사회와의 긴밀한 협력을 통해 정책의 실효성을 높이기 위해서는 국제사회의 한반도 신뢰 프로세스에 대한 이해와 지지가 필요하며, 아울러 한국과 국제사회의 신뢰조성 및 구축이 매우 중요하다. 따라서 한국은 미·일·중·러 등 주요 국가들이 한반도 신뢰 프로세스에 대해 정확히 이해하는 것은 물론, 지지를 할 수 있도록 미·일·중·러 등 주요 국가들과의 신뢰 조성 및 구축에 역점을 둔 통일외교를 추구하여야 할 것이다.

둘째, 한반도 신뢰 프로세스에 대한 북한의 수용성을 높여 나가기 위한 일환으로 한반도를 둘러싼 통일 환경을 조성하는 것도 전략적으로 중요하다. 한국의 북한의 수용성 제고를 유도하는 데 기여할 수 있는 통일 환경의 조성을 통일외교 차원에서 전략적으로 추구하여야 할 것이다.

셋째, 한반도 신뢰 프로세스와 동북아 평화협력 구상이 상호 긍정적인 영향을 줄 수 있는 선순환적 관계로 전개되기 위해서는 동북아 역내 국가들이 지역의 평화와 번영을 위한 가치와 비전을 공유하여야 하고, 한반도 문제의 개선 및 북한 변화의 필요성, 중요성을 인식하여야 한다. 한국은 이를 통일외교의 중요한 전략적 과제로 삼고 추진하여야 할 것이다.

넷째, 동북아 평화협력 구상이 한반도 신뢰 프로세스를 견인하면서 직접적으로 추동하는 역할을 하려면, 동북아 평화협력 구상의 주요의제에 남북관계의 발전, 정상화, 북한 핵문제의 해결 등과 관련된 연성의제가 포함되어야 한다. 즉 동북아 역내 국가들의 참여를 유도할 수 있는 연성의제의 개발은 한국 통일외교의 중요한 과제이다.

다섯째, 한반도 통일과정에서 국제사회의 협력을 확보하는 것은 매우 중요하다. 이를 위해서는 한국은 통일외교 차원에서 한반도 통일이 동북아 지역의 평화와 번영을 위해 안보적 차원, 경제적 차원, 문화적 차원 등에서 기여하고 전개되는 점을 강조하여야 하며, 아울러 한국 주도의 한반도의 통일을 통해 미·일·중·러 등 주요국들이 획득하게 되는 편익을 정확하고 설득력 있게 홍보하여야 할 것이다.

따라서 한국은 동북아의 평화와 번영에 관한 가치와 비전을 제시하면서 한국과 동북아, 유라시아 연계발전의 비전을 제시하며 통일외교를 전개하여야 할 것이다.

한반도 신뢰 프로세스는 '대화와 압박'의 전략적 접근을 통하여 북한의 올바른 선택을 유도해 가는 정책인데, 핵심 정책과제는 신뢰형성을 통한 남북관계의 정상화, 한반도의 지속가능한 평화 추구, 통일 인프라 강화, 한반도 평화통일과 동북아 평화협력의 선순환 모색 등이다.

이와 같은 한반도 신뢰 프로세스의 목표, 추진원칙과 추진기조 등 구체적인 주요 내용은 <표-7>과 같은데, 전략적 특징에 대해서 다음과 같이 지적할 수 있다.

첫째, 남북관계의 근본적 문제는 신뢰의 부족으로 파행과 불신을 되풀이해 왔다는 인식 아래 신뢰의 조성에 가장 역점을 두고 있다. 따라서 한반도 신뢰 프로세스는 신뢰를 남북관계의 동력으로 삼고 남북관계의 발전적 정상화를 추구하며 아울러 남북 간의 신뢰형성, 국민과의 신뢰형성, 국제사회와의 신뢰형성을 선순환적으로 추구하는 전략이다.

둘째, 일반 상식과 국제규범이 통하는 남북관계의 정상적 관계를 추구하려 하는데 이는 남북관계의 정상화를 특수 관계의 수준이 아닌, 국제기준에 부합하는 수준에서 추구하는 것을 의미한다. 이명박 정부의 대북정책과 전략적으로 유사한 부분이다.

셋째, 진화하는 대북정책은 전개되는 상황에 맞추어 대북정책을 변화시킴으로써 한반도 상황을 능동적으로 관리해 나간다는 의미가 내포되어 있는데 이는 '북한의 올바른 선택'을 유도하기 위한 추진 전략의 유연성, 능동적 상향을 시사한다.

넷째, 한반도 신뢰 프로세스는 북한의 비핵화 이전에도 낮은 수준에서 교류협력, 인도적 지원을 통해 남북 간의 신뢰를 차근차근 쌓아나가며, 남북관계의 모든 사안들을 핵문제와 연계시켜서 접근하지 않는다. 이는 남북관계의 경색 등 어떠한 남북관계의 상황에서도 한반도 신뢰 프로세스가 작동될 수 있음을 시사한다. 이는 이명박 정부의 대북정책과 전략적으로 다른 부분이다.

다섯째, 한반도 신뢰 프로세스는 국제사회와의 공조, 협력을 전략적으로 중시한다. 즉, 한반도 신뢰 프로세스는 '남북 간의 신뢰-국민과의 신뢰-국제사회와의 신뢰' 등이 선순환을 추구하고, 남북협력과

국제협력의 균형을 통하여 북한의 비핵화를 달성하며, 국제사회와의
긴밀한 협력을 통해 정책의 실효성과 북한의 수용성을 높여 나가는
정책구상이다. 남북협력과 국제 공조의 조화는 이명박 정부의 전략
적 사고와 유사한 부분이다.

〈표-7〉 한반도 신뢰 프로세스의 목표, 추진원칙과 추진기조

구 분	주요 내용	세부내용
목표	남북관계 발전	◦ 상식과 국제규범이 통하는 새로운 남북관계의 정립 ◦ 호혜적인 교류 협력과 남북 간 공동이익의 확대 → 경제 및 사회문화 공동체의 건설을 추구
	한반도 평화정착	◦ 남북협력과 국제협력의 균형을 통하여 북한의 비핵화를 달성 ◦ 남북 간 정치, 군사적 신뢰를 증진시켜 지속가능한 평화를 정착시켜 나감
	통일기반 구축	◦ 내부적으로 한국사회의 통일역량 확충 ◦ 대외적으로 한반도 통일과정에서 국제사회의 협력 확보 - 한반도 통일과 국제사회의 윈-윈(Win-Win)
추진 원칙	균형 있는 접근	◦ 안보와 교류, 협력 간에 균형감을 갖고 추진 ◦ 남북협력과 국제공조 간에 균형감을 갖고 추진
	진화하는 대북정책	◦ 북한의 올바른 선택을 유도하고 남북 간 공동발전을 구현하는 방향에서, 대북정책을 보완·발전시켜 나감. ◦ 전개되는 상황에 맞추어 대북정책을 변화시킴으로써, 한반도 상황을 능동적으로 관리해 나감.
	국제사회와의 협력	◦ 국제사회와의 긴밀한 협의와 협력을 통해 한반도 안보 위기를 해결 ◦ 한반도 문제의 해결과 동북아 평화협력 증진의 선순환 추구
추진 기조	튼튼한 안보에 기초한 정책 추진	◦ 강력한 억지력을 토대로 북한의 도발을 막고, 만약 도발을 감행할 경우에는 응분의 대가를 치르도록 단호하게 대응함. ◦ 다른 한편으로는 대화와 교류 협력의 창을 열어두고 남북관계의 발전을 위한 노력을 지속해감.
	협의 이행을 통한 신뢰 조성 및 구축	◦ 남북 간의 합의는 물론, 국제사회와의 합의를 존중하고, 이행하는 것으로부터 신뢰를 축적해감. ◦ 실천할 수 있는 내용에 합의하고, 합의된 내용은 반드시 이행함으로써 신뢰를 다져나감.

| 추진
기조 | 북한의 올바른 선택을
위한 여건 조성 | ◦ 북한이 핵을 포기하고 국제규범과 의무를 준수하도록
견인함.
◦ 남북 간 신뢰에 기반한 대화와 협력을 통하여 북한이
변화할 수 있는 여건을 지속적으로 조성함. |
| | 국민적 신뢰와 국제사
회와의 신뢰에 기반 | ◦ 시민사회의 의견 수렴, 투명한 정보공개와 정책 추진
등을 통해 국민적 공감대를 강화함.
◦ 국제사회와의 긴밀한 협력을 통해 정책의 실효성과 북
한의 수용성을 높여 나감. |

출처: 통일부, 『한반도 신뢰 프로세스』(서울: 통일부, 2013), pp.9-13.

2) 통일대박담론

(1) '통일대박담론' 구상의 배경

박근혜 대통령은 2014년 1월 6일 신년기자회견에서 평화통일 구축 방안을 묻는 질문에 "통일은 대박이라고 생각한다."고 답했다. 이어 대통령직속 통일준비위원회 발족 발표(2. 25.), 독일 국빈방문 중 드레스덴 공대를 방문한 자리에서 일명 '드레스덴 선언'으로 불리는 '한반도 평화통일을 위한 구상'(3. 28.)에서 통일철학과 비전을 구체화하여 평화통일 기반조성을 위한 대북 3대 제안으로 ① 인도적 문제 해결(Agenda for Humanity), ② 민생 인프라 구축(Agenda for Co-prosperity), ③ 동질성 회복(Agenda for harmony)을 제시했다.

첫째, 인도적 사안과 관련해서 이산가족 상봉의 정례화(필요시 국제적십자위원회 등과의 협의도 가능), 인도적 지원 확대, 모자보건 사업 등을 제시했다. 특히 모자보건 사업과 관련해선 UN과 함께 임신부터 2세까지 북한의 산모와 유아에게 영양과 보건을 지원하는 '모자패키지(1,000 days) 사업'을 펼칠 뜻을 밝혔다.

둘째, 민생인프라 구축과 관련해서 북한 지역에 농업·축산·산림을 함께 개발하는 '복합농촌단지' 조성, 교통·통신 등 인프라 건설 투자, 북한 지하자원 개발을 예시했다. 북·러 간의 나진·하산 물류사업이나 북·중 간의 신의주 특구 개발 프로젝트에 대한 한국의 참여의지도 분명히 했다. 박근혜 대통령은 이 같은 남북공동 번영 및 동북아 공동발전 사업을 추진하는 과정에서 독일 및 유럽 NGO의 동참과 UN, 세계은행(World Bank) 등 국제기구의 지원과 협력을 당부하기도 했다.

셋째, 동질성 회복과 관련해서 역사연구와 보전, 문화예술, 스포츠 교류 등을 장려하고, 경제운용과 경제특구 개발 관련 경험, 금융, 조세 관리, 통계 등에 관한 체계적인 교육과 훈련도 지원해 나갈 의사를 표명했다.

이 밖에도 남북한과 UN이 함께 세계평화공원을 조성해, DMZ의 작은 지역에서부터 철조망과 지뢰를 걷어내고 생명과 평화의 공간을 만들어 가자고 제안했다. 2013년 8월 15일 광복절 68주년 경축사를 통해 공식 제의했던 DMZ 세계평화공원 구상에 북한 측의 호응을 다시 한 번 촉구하면서, 이런 제안의 실천을 위해 '남북교류협력사무소' 설치를 북한 측에 제의했다.

한편, 박근혜 대통령은 2013년 2월 25일 18대 대통령 취임사에서 "한반도 신뢰 프로세스로 한민족 모두가 보다 풍요롭고 자유롭게 생활하며, 자신의 꿈을 이룰 수 있는 행복한 통일시대의 기반을 만들고자 한다."라고 언급하면서 "남북이 서로 대화하고 약속을 지킬 때 신뢰는 쌓일 수 있으며, 북한이 국제사회의 규범을 준수하고 올바른 선택을 해서 한반도 신뢰 프로세스가 진전될 수 있기를 바란다."고 역설하였다.

이와 같이 박근혜 정부는 남북 간 신뢰형성을 핵심으로 하는 「한반도 신뢰 프로세스」를 새로운 통일·대북정책으로 제시했는데, 그 추진 배경은 다음과 같다.

지난 시기 남북관계는 지속가능한 발전을 이루지 못한 채 전진과 후퇴를 반복해 왔다. 대화를 통해 현안문제를 해결하고 다양한 합의를 이행하면서 남북관계가 진전되었는가 하면, 북한의 도발과 위협으로 남북관계가 또 다시 악화되는 악순환이 반복되었다. 한편, 북한은 장거리 미사일 발사와 핵실험 등 핵능력 고도화를 위한 시도를 계속해 왔다. 이러한 남북관계의 엄중한 현실은 지금까지와는 다른 새로운 대북정책의 필요성을 제기하였다.

새로운 대북정책은 먼저, 전진과 후퇴를 반복해 온 남북관계의 악순환을 끊고, 북한을 국제사회의 책임 있는 일원으로 견인할 수 있어야 한다. 북한의 '도발 → 위기 → 타협 → 보상 → 도발'의 악순환이 반복됨으로써, 불안정한 평화와 대결구도가 지속되는 남북관계를 타파하고 지속가능한 평화를 구축하여야 한다. 이를 위해서는 무엇보다도 북한의 도발과 잘못된 행동에 대해 강력히 대응함으로써 도발에는 대가가 따른다는 점을 분명히 인식시켜야 한다. 이를 통해 북한이 국제적 기준과 합의를 준수하는 국제사회의 책임 있는 일원이 되도록 유도해야 한다.

또한, 북한 핵문제 등 한반도의 안보 위기에 대한 근원적인 해결이 가능해야 한다. 북한 핵문제는 지난 20여 년간 우리 정부와 국제사회의 해결노력에도 불구하고 한반도와 동북아, 나아가 세계 평화에 지속적인 위협이 되어왔다. 이제는 남북 간에, 그리고 북한과 국제사회 간에 신뢰를 형성함으로써 보다 근본적으로 문제를 해결해 나가려는 노력이 필요하다.

한편, 역대정부는 남북관계에 있어 대화와 교류 중심의 포용정책과 원칙중심의 대북정책을 추진해왔다. 그러나 두 정책 모두 북한의 의미 있는 변화를 이끌어 내지 못했으며, 북한의 핵개발과 군사적 도발을 막아내는 데 한계가 있었다. 따라서 새로운 대북정책은 과거 대북정책의 장점을 수용하여 통합적으로 접근함으로써 기존 대북정책의 한계를 극복할 수 있어야 한다. 이는 대북정책을 둘러싼 우리 사회의 첨예한 갈등을 해소하는 길이기도 하다.

남북 간의 불신의 벽이 높기 때문에 신뢰형성이 어려울 수 있다는 견해도 존재한다. 그러나 역으로 남북 간 불신이 높아진 상황이 오히려 우리 주도로 신뢰에 기반하여 새로운 한반도 질서를 형성해 나갈 수 있는 좋은 기회일 수 있다. 이에 박근혜 정부는 「한반도 신뢰 프로세스」를 통해 남북 간 신뢰를 쌓아 한반도에 진정한 평화를 정착시키고 나아가 평화통일을 위한 기반을 구축하기 위해 노력하고 있다.

따라서 「한반도 신뢰 프로세스」는 튼튼한 안보를 바탕으로 남북 간 신뢰를 형성함으로써 남북관계를 발전시키고, 한반도에 평화를 정착시키며, 나아가 평화통일의 기반을 구축해 나가고자 하는 박근혜 정부의 새로운 대북정책이다. 남북 간 신뢰는 서로 대화하고, 약속을 지키며, 호혜적으로 교류·협력을 해나가는 과정에서 점진적으로 축적된다. 북한이 평화를 깨는 잘못된 행위를 한다면 반드시 이에 대한 대가를 치르도록 함으로써 협력의 길로 나오도록 하고, 아울러 올바른 대화와 교류·협력을 통한 신뢰 형성만이 상호 이익이 된다는 점을 확실하게 주지시켜 나가야 한다.

「한반도 신뢰 프로세스」는 남북 간 신뢰뿐만 아니라 국민과의 신뢰, 국제사회와의 신뢰를 모두 포괄하고 있다. 신뢰는 남북관계 발전과 한반도 평화 정착, 통일기반 구축을 가능케 하는 토대인 동시에, 국민적 지지와 국제사회와의 협력하에 대북정책을 힘 있게 추진할 수 있는 사회적 자본(Social Capital)이자 인프라다.

박근혜 정부는 「한반도 신뢰 프로세스」를 통해 북한의 무력 도발을 용인하지 않는 확고한 안보 태세를 구축함으로써 평화를 지키고, 나아가 북한이 신뢰 형성의 길로 나오게 함으로써 지속가능한 평화를 이루어 나가고자 한다. 남북 간 신뢰 형성을 최우선적으로 추진하면서 신뢰 형성과 남북관계 발전, 한반도 평화 정착, 평화통일의 기반 구축이 선순환 될 수 있도록 정책을 추진해 나간다는 것이다.

(2) '통일대박담론' 구상의 내용

'통일대박론'의 구체적 실천방안으로 박근혜 대통령은 2014년 3월 28일 동독 드레스덴 공대 연설에서 '한반도 평화통일을 위한 구상'을 발표했다. 박근혜 정부는 내실없는 통일대박담론을 확산시키는 데 머무른 것이 아니라 평화적 통일을 위한 실질적인 대북정책 수립 및 이행 의지를 과시했다는 측면에서 그 의의가 크다고 할 수 있다.

우선 박근혜 대통령은 "독일 국민이 베를린 장벽을 무너뜨리고 자유와 번영, 평화를 이뤄냈듯이 통일을 위해 남북한 간의 '군사적 장벽'과 '불신의 장벽', '사회문화적 장벽'을 허물어야 한다."고 강조했다. 이를 위해서 남북한 교류·협력의 문을 열어야 한다는 것이다. 이와 관련, 박대통령은 "통일된 나라에서 같이 살아갈 남북한 주민이 서로를 이해하고 한데 어울릴 수 있어야 한반도가 진정 새로운 하나로 거듭날 수 있을 것"이라고 전제하면서 "일회성이나 이벤트식 교류가 아니라 남북한 주민이 서로에게 도움을 주면서 동질성을 회복할 수 있는 교류·협력이 필요하다고 천명하였다. 이어 박근혜 대통령은 남북한 교류협력을 위한 실천적 방안으로 남북한 주민의 인도적 문제 해결, 남북한 공동 번영을 위한 민생인프라 구축, 남북 주민 간 동질성 회복 등 3가지 구상을 내놓았다. 이를 구체적으로 살펴보면 다음과 같다. <표-8> 참조.

첫째, 인도적 문제부터 우선 해결하자는 것이다. 남북한 이산가족 상봉문제는 시간이 가면 갈수록 그 의미를 상실하게 된다. 남북한 이산가족이 점차로 고령화되어가고 있기 때문이다. 남북한 당국은 생전에 생사를 확인하고 상봉하는 정례적인 기회를 갖도록 해야 하며, 가능하면 자유롭게 상호 방문할 수 있는 기회도 마련하여 남북한 주민들의 고통을 들어주어야 한다. 또한 인도적 차원에서 간과할 수 없는 것이 식량난으로 고통을 받고 있는 북한의 산모 및 유아에 대한 보건 및 영양지원이다. 북한의 산모와 유아들은 우리의 '통일미래'를 결정짓는 인적자산인 만큼 이들에 대한 적극적 지원을 강구한다는 것은 지극히 당연한 처사다. 이번에 제시된 북한 산모와 유아에 대한 보건 및 영양지원을 위한 '모자패키지' 사업은 인도적 차원에서 남북한의 신뢰구축을 위한 적극적인 조치의 하나로 평가된다. 북한 당국은 이를 수용하는 데 시간을 끌어서는 안 된다. 하루라도 빨리 북한의 임산부와 유아들이 보건 및 영양지원을 받아 건강한 삶을 영위할 수 있도록 해야 한다.

둘째, 북한의 '민생'을 해결할 수 있는 본격격인 지원과 협력을 통해 남북한의 공동 번영을 달성하자는 것이다. 박 대통령은 북한의 농업·축산·산림을 공동으로 개발하는 '복합농촌단지' 조성을 제안하였다. 북한의 식량문제는 여전히 열악한 상황에 처해있으며 이를 해결하는 것이 북한의 가장 당면한 과제다. 북한의 최고 지도자인 김정은도 주민들이 "허리띠를 졸라매지 않도록 하겠다."고 공언하였으나 그 실현 여부는 불투명하다. 이를 해결하기 위해 북한 당국은 외부지원과 협력을 갈구하고 있는 실정이다. 이에 부응하여 우리 당국이 식량 또는 비료 등과 같은 단순지원 차원을 넘어서 보다 본격적인 공동협력 기반을 구축하여 남북한의 공동 번영을 이룩해 보자는 것이다. 북한이 만성적인 식량난에서 벗어나기 위해서는 보다 근본적인 '농업혁명'을 필요로 한다. 북한 당국은 '자력갱생'을 강조하면서 기존의 농업 생산 구조하에서 인민들의 집약적인 노동을 강요하고 있지만 아직 별다른 효과를 보고 있지 못하다.

이제 북한 당국은 우리가 제안한 '복합농촌단지' 조성에 대해서 심각히 고려해야 할 때가 되었다. 북한 당국은 헐벗은 산림으로 인한 만성적인 홍수피해에서 벗어나고 보다 발전된 농업 및 축산 기술과 자재로 농업생산성을 높이는 방향을 모색하지 않으면 안 된다. 박근혜 정부는 이를 적극 지원하고 협력하겠다는 것이다. 또한 박근혜 대통령은 낙후된 교통과 통신시설이 북한주민들의 삶을 어렵게 하고 있다는 판단하에 교통·통신 등 북한 인프라 건설에 적극 투자하겠다는 의지도 밝혔다. 교통·통신 등 북한 인프라에 대한 투자는 당장의 북한 주민들의 생활을 개선해 주는 효과를 가져 올 뿐만 아니라 '통일미래' 건설을 위해서도 절대적으로 필요한 것이다.

셋째, 남북주민 간 동질성을 회복하도록 하기 위한 각종 교류·협력을 전개해나가야 한다는 것이다. 남북주민 간 동질성 회복을 위한 교류와 협력은 철저히 '비정치적'으로 진행될 필요가 있다. 예를 들면, 역사연구 및 보전, 문화예술과 각종 스포츠 교류 등 비정치적분야의 교류를 발전시켜 남북주민 간의 동질성이 회복되어나가도록 노력하자는 것이다. 이외에도 박근혜 대통령은 '통일대박' 실현을 위한 여러 구체적 조치를 내놓았다. 대표적인 것이 바로 남북교류협력사무소 설치 제안이다. 남북교류협력사무소는 남북이 지역에 두는 대표부 개념으로, 특수 관계가 아닌 일반국가라면 대사관이나 총영사관에 해당한다. 과거 동서독이 상주대표부를 두어 교류·협력을 위한 전초기지로 활용한 선례와도 닮았다. 동시에 이번 박대통령의 드레스덴 선언에 남·북·중 그리고 남·북·러 협력 사업뿐만 아니라 동북아 개발은행 설립을 통해서 본격적인 평화통일 기반구축 제안도 포함되었다.

일각에서는 박근혜 대통령의 '한반도 평화통일을 위한 구상'을 두고 '북쪽의 요구를 고려하지 않은 일방적 내용'이라고 폄하하기도 한다. '북쪽이 가장 바라는 것이 뭔 지를 생각하지 않고 남쪽에서 하고 싶은 것만 나열한 것'이라고 비판도 한다. 박근혜 정부가 이전처럼 북한이 원하는 대로 무조건 비료라든가 쌀을 일방적으로 지원하겠다는 내용을 포함하지 않아서 한계라는 것이다. 이러한 비판적 평가는 북한의 입장을 먼저 생각하는 제안을 해야 한다는 논리에 근거하는 것이다.

그러나 우리는 북한에 대한 이 같은 일방적 지원 또는 협력이 가져온 부정적 결과를 이미 경험한 바 있다. 북한의 세습체제가 굳혀져 가고 있고, 4차 핵실험 강행 위협으로 대한민국을 불안케 하고 있는 것이 전형적인 예라 할 수 있다. 따라서 이제는 북한 당국을 일시적으로 만족시키는 지원 또는 협력이 아니라 통일을 대전제로 한, 보다 근본적인 변화를 위한 교류·협력의 방향을 설정해나가야 한다. '대화를 위한 대화'를 도출해내기 위해서 대북 경제적 지원 또는 협력을 제공해서는 안 된다. 우리의 대북지원이 북한의 근본적인 변화를 오히려 저해하는 요인으로 작용하도록 해서는 안 되기 때문이다.

북한이 그들 주민들의 생활을 향상시키기 위한 근본적인 변화를 거부한다면, 변화를 할 수밖에 없는 환경을 만들어 나가는 것이 옳다. 이번 박근혜 대통령의 '대북 3대 구상'이 바로 북한 주민들의 생활을 근본적으로 향상시키는 데 초점을 두고 있는 이유다. 이를 관철하기 위해서는 우리 국민들의 절대적인 지지와 인내가 요구된다는 점을 잊어서는 안 될 것이다.

〈표-8〉 한반도 평화통일을 위한 구상: 드레스덴 선언

평화통일 3대 제안	주요 내용
인도적 문제 해결 (Agenda for Humanity)	- 이산가족 상봉의 정례화(필요 시 국제적십자위원회 등과의 협의도 가능), 인도적 지원 확대, 모자보건 사업 등 - 모자패키지(1,000 days) 사업: UN과 함께 임신부터 2세까지 북한의 산모와 유아에게 영양과 보건을 지원
민생 인프라 구축 (Agenda for Co-prosperity)	- 북한 지역에 농업·축산·산림을 함께 개발하는 '복합농촌단지' 조성, 교통·통신 등 인프라 건설 투자, 북한 지하자원 개발 - 북·러 간의 나진·하산 물류사업이나 북·중 간의 신의주 특구 개발 프로젝트에 대한 한국의 참여 - 독일 및 유럽 NGO의 동참과 UN, 세계은행(World Bank) 등 국제기구의 지원과 협력
동질성 회복 (Agenda for harmony)	- 역사연구와 보전, 문화예술, 스포츠 교류 등을 장려하고, 경제운용과 경제특구 개발 관련 경험, 금융, 조세 관리, 통계 등에 관한 체계적인 교육과 훈련도 지원 - 미래세대를 위한 교육프로그램도 공동 개발과 '남북교류협력사무소' 설치

통일이 '평화적 합의통일'이어야 한다면, 북한 주민의 결단(합의) 없이 통일은 이루어질 수 없다. 그와 함께 남한 국민의 '통일의지'도 중요하다. 그런 점에서 우리 사회의 통일의지를 드높이는 한편, 통일담론을 확산시켜 나가야 한다.

통일로 가는 길에 무엇보다 선차적인 문제는 남북 간 평화와 공동 번영을 함께 모색할 수 있는 북한체제의 변화라고 할 수 있다. 북한 정권이 스스로 변화하기를 마냥 기다릴 수만은 없는 실정이다. '협력을 통한 변화' 또는 '변화를 전제한 협력' 어느 정책이 보다 합리적인가 하는 문제는 논쟁적인 사안이나, 북한정권의 변화가 개혁 개방정책과 통일의 전제라는 점은 분명하다. 따라서 북한의 '정권 진화(regime evolution)'를 이끌어내야 하며, 정치리더십 변화를 모색해야 한다. 이를 위해 북한 통치층의 미래 불안을 해소하는 '출구(퇴로)'를 열어줄 필요가 있다.

또한 통일은 통일국가의 형태, 사회운영 원리, 노동 문제, 그리고 북한의 소유제 해결 방식 등 어느 것 하나도 쉽지 않은 난제들이 기다리고 있다.

우선, 통일코리아의 국가형태를 생각해 볼 수 있다. 현재 한국의 중앙집권적 국가 운영 체계를 북한 지역에 적용하는 방식을 북한 주민이 그대로 수용할까 라는 문제가 제기된다. 오랜 분단 시기 동안 형성된 북한의 독특한 정치문화와 자율성을 존중해야 함께 만드는 미래가 가능하다. 이 경우 '분권 자치'의 원리가 충분히 보장되는 8~13개 정도의 지역정부로 구성되는 '한반도형 연방제 국가'를 구상할 필요가 있다. 여기서 통일국가는 군사권, 외교권, 주요 내정권(거시 경제 지표 관리, 전국 차원의 치안권 등)의 중앙(연방)정부에의 귀속을 전제로 지역정부 차원에서 분권과 자치의 원리가 구현되는 국가 형태가 바람직하다.

궁극적으로 통일코리아의 건설은 남과 북의 상이한 제도통합을 통해 한반도에서 한민족이 국민의, 국민에 의한, 국민을 위한 자유·복지·인권이 보장된 '새로운 미래국가', 즉 통일코리아가 남과 북, 해외 동포들뿐만 아니라 동북아와 아시아, 세계 모두에게 희망·평화·매력의 연대감을 주는 '멋진 국가'의 창조로 한반도와 동북아시아, 그리고 아시아를 넘어 세계 차원에서 국제문제의 해결에 적극 기여하는 세계중심국가로 발전하기 위한 미래전략에서 이루어져야 한다.

둘째, 시장경제의 문제로, 통일 한반도에 '어떠한' 시장경제를 접맥시키느냐 하는 문제가 제기된다. 독일 통일의 경우, 동독의 사회주의 경제와 서독의 '사회적 시장경제'의 친화성이 양독 주민의 통합을 이끄는데 주요한 요인이었다는 점을 상기할 필요가 있다. 서독의 시장경제 이념보다 '사회적' 시장경제의 실제와 복지 체계에 동독의 기대감이 크게 작용했기 때문이다. 이에 우리는 자유시장경제의 한계와 위기에 직면한 현실을 충분히 고려하여 시장경제의 새로운 모델을 찾아야 한다.

셋째, 통일 준비로 노동 문제에 대한 대안 모색이 매우 긴요하다. 독일 통일은 신자유주의 시대 이전에 이루어져 노동의 위기를 심각하게 겪지 않았다. 실업과 노동 문제는 사회적 안정과 통일의 성패를 가름하는 매우 중대한 사안이다. 통일이 블루오션이 되기 위해서는 노동 문제 해결의 전망을 보여야 한다. 더욱이 통일이 우리 국민 대부분의 기회의 배제 속에서 개발논리에 휩싸인 소수 대자본의 향연으로 귀결될 지도 모른다는 우려를 적극 불식시켜야 한다.

넷째, 북한의 소유제의 근간이 하루아침에 흔들려서는 곤란하다. 토지, 기업소 등 생산수단의 국가적 소유와 농장의 협동적 소유 등의 북한 소유제도의 해체 방식은 매우 신중하게 검토되어야 한다. 사유화 방식이 급격히 추진된다면 엄청난 혼란과 함께 공공 자산은 대부분 재벌의 전리품이 되고 만다. 사유화 문제는 통일국가의 발전 전략과 사회정의의 원리에 입각하여 특히, 북한 주민의 입장에서 미래지향적이고 발전적인 방향에서 충분한 논의를 거쳐 수렴되어야 한다. 일정 기간 동안 국유화 원칙의 존중 위에서 단계적인 사유화 방식을 고려할 필요가 있다. 사유화 문제에 대한 독일의 실패한 방식이 적용되어서는 안 된다.

여기서 열거하지 않은 숱한 문제가 통일 과정에 쌓여 있다. 우리가 통일을 말할 때 반드시 북한뿐만 아니라 남한 사회의 국가운영 원리와 공동체적 삶의 방식을 되돌아보는데서 시작해야 한다. 즉 '성찰적 접근'이야말로 통일 문제 이해에 대한 올바른 태도라고 할 수 있다.

3) 박근혜 정부의 대북정책 평가

2013년 2월 25일 출범한 박근혜 정부는 '행복한 통일시대의 기반'을 만들겠다고 통일에 대한 의지와 포부를 천명하였다. 박근혜 대통령은 2014년 1월 6일 신년기자회견에서 평화통일 기반 구축보다 더 적극적인 개념인 통일시대 기반 구축을 언급했다. "통일은 대박이다"라는 한마디로 통일대박의 담론을 형성하고 있다.

또한 박근혜 대통령은 2014년 3월 28일 독일 국빈방문 중 드레스덴 공대를 방문한 자리에서 일명 '드레스덴 선언'으로 불리는 '한반도 평화통일을 위한 구상'에서 통일철학과 비전을 구체화하여 평화통일 기반조성을 위한 대북 3대 제안으로 ① 인도적 문제 해결(Agenda for Humanity), ② 민생 인프라 구축(Agenda for Co-prosperity), ③ 동질성 회복(Agenda for harmony)을 제시했다. 우선 박근혜 대통령은 지금 남북한 사이에 드리워져 있는 4가지 장벽, 곧 '군사적 대결의 장벽', '불신의 장벽', '사회 문화적 장벽', 북한의 핵개발로 인한 '단절과 고립의 장벽'을 허물고 그 자리에 자유와 평화, 번영이 넘치는 '새로운 한반도'를 건설하자고 주장함으로써 강한 '통일 의지'와 열망을 표명했다. 이를 위해서 남북한 교류·협력의 문을 열어야 한다는 것이다. 이와 관련, 박대통령은 "통일된 나라에서 같이 살아갈 남북한 주민이 서로를 이해하고 한데 어울릴 수 있어야 한반도가 진정 새로운 하나로 거듭날 수 있을 것"이라고 전제하면서 일회성이나 이벤트식 교류가 아니라 남북한 주민이 서로에게 도움을 주면서 동질성을 회복할 수 있는 교류·협력이 필요하다고 천명하였다. 이어 박근혜 대통령은 남북한 교류협력을 위한 실천적 방안으로 남북한 주민의 인도적 문제 해결, 남북한 공동 번영을 위한 민생인프라 구축, 남북 주민 간 동질성 회복 등 3가지 구상을 내놓았다.

드레스덴 선언은 통일 이후가 아니라 평화통일기반을 구축하는 통일과정의 준비에 초점을 둔 제안으로 평가할 수 있다. 경제와 통일을 양대 축으로 삼아 국민행복시대를 열겠다는 박근혜 정부의 국정 구상은 국민행복과 국가발전의 선순환적 연동, 경제혁신을 통한 경제부흥과 통일준비 역량의 강화이다. 남북관계 개선 및 통일과정에서 북한경제의 개발은 북한의 경제성장은 물론, 한국과 통일한국의 신성장 동력이다. 이 과정에서 '유라시아 이니셔티브'(실크로드 익스프레스, 유라시아 에너지 협력, 유라시아 경제공동체) 추진을 통해 '통일대박' 또한 가능하다. 아울러 '동북아 평화협력구상과 유라시아 이니셔티브를 활용하여 북한의 변화 촉진과 평화통일의 계기를 마련할 수 있다.

또한 드레스덴 선언은 통일의 거대담론을 지양하고, 구체적이며 실질적인 통일기반을 구축하기 위한 통일의 실천적 구상으로 제시되었다. 그러나 대통령의 '통일구상'으로 보기에는 지나치게 구체적인 사업을 제시하고 있어 '구상'이라기보다는 '정책'의 측면이 강해 보인다. 이번 통일구상이 북한 핵포기를 선결조건으로 내걸지 않아 MB 정부보다 유연한 입장을 갖고 있지만, "북한이 핵을 버리면"이라고 함으로써 MB 정부와의 차이점을 둘러싼 논란의 여지를 남기고 있다.

한편 통일준비를 위해서는 대북지원이 불가피하고 이를 위한 재원을 어떻게 확보할 것인가가 중요한 조건이 된다. 결국 통일에 대한 당위론적 필요성을 넘어 통일의 현실화와 구체적 계획을 위해서는 재정적인 측면에서 통일을 어떻게 준비할 것인지가 핵심적인 문제로 떠오르게 된다.

통일대박론은 통일편익을 강조하여 통일을 막연한 당위적 사업이 아닌 한국 경제의 성장 동력 회복 및 선진국 진입이라는 구체적이고 가시적인 목표라는 점을 강조하는 의미가 있다. 통일편익은 '통일된 남북한지역, 즉 통일한국이 통일이 이루어지지 않았을 경우에 비하여 통일로 인하여 얻게 되는 편익'이다.

통일비용과 편익에 대한 추정결과는 매우 다양하다. 수백억 달러에서 수조 달러에 이르기까지 그 편차가 100배 안팎에 달할 정도로 매우 크다. 통일비용과 편익을 동시에 추정한 연구 성과도 추정결과의 편차가 크기는 마찬가지이다. 통일비용과 편익을 어떻게 정의하느냐에 따라, 어떠한 상황을 설정하고 가정하느냐에 따라 통일비용 및 통일편익의 규모가 크게 달라진다는 속성을 보유하고 있다. 즉 통일비용과 통일편익은 독립변수가 아니라 종속변수이기 때문이다.

또한 통일비용과 편익 추정은 비대칭적 속성을 가지고 있다. 비용은 한시적이지만 편익은 영원하다고 할 수 있다. 비용은 대부분 유형의 것이지만 편익은 유형, 무형의 것이 혼재해 있다. 결국 측정(추정)의 영역에서는 통일비용과 통일편익이 상당한 비대칭성이 있다. 따라서 통일비용 및 편익 논의 그 자체, 특히 통일비용 및 편익의 규모에 대한 논의는 매우 큰 불확실성과 오차의 위험성을 내포하고 있다.

〈표-9〉 통일비용과 편익 추정 결과(예시)

구분	통일비용	통일편익	비고
조동호 1997	143.1조 원~221.3조 원 (1달러≒1000원 가정 시, 1,431억 달러~2,213억 달러)	39.4조 원~121.4조 원 (1달러=1000원 가정 시 394억 달러~1,214억 달러)	1996-2005년 및 1996-2020년을 대상. 통일편익은 국방비지출 및 보유 병력 축소 효과만 고려
신창민 2010	10,304억 달러-17,126억 달러(당시 GDP의 6.86-7.13%)	11.25%의 경제성장률과 경제성장 내용의 개선 (GDP의 8.2% 추가 성장 가능)	2020-2035년 사이의 통일을 가정, 10년 동안의 통일비용 및 통일편익
홍순직 외 2010	1,570억 달러-7,065억 달러	2,197억 달러-8,350억 달러	통일 후 북한1인당 목표 소득 및 소요기간 설정, 3천 달러(10년), 7천 달러(15년), 1만 달러(18년)

통일대박론은 구체적인 통일 시나리오를 현재의 상황에서 재구성하여 통일 전략 및 통일 방안, 대북 전략과 연결시켜 설정하는 작업

이 필요하다. 통일 전략에 대한 명확한 비전이 부재한 상황에서 환경 분석, 전략 목적 설정, 구체적 실행방안 등의 논의를 진행하는 데 많은 어려움이 있을 수 있다.

북한 김정은 정권 등장 이후, 지배연합 내부의 균열 양상, 경제적 어려움의 가중, 지도자의 경험 부족 등을 들어 급변사태가 발생하면 통일이 도래할 것이라는 막연한 기대가 생길 수 있다. 구체적인 상황을 전제로 급변사태가 발생하더라도 통일로 이어질 가능성에 대해서는 다양한 경로를 생각해 볼 수 있다. 급변사태가 통일로 자동 연결되지 않는다는 전제하에 한국이 급변사태에 대비하며 통일을 지향하되, 급변사태 자체를 유도하거나 지향하지 않는다는 전략 목표를 명확히 할 필요가 있다.

따라서 급변사태 대비를 위한 사전 정지(整地) 외교적 노력도 매우 중요하다. 통일 한반도의 외교 지향에 대한 주변국의 합의를 도모해 놓을 경우, 급변사태 시 국제연합에서의 한국의 입지 확보, 이후 북한 내 안보불안 시 한국의 개입 정당성 확보 등의 이점이 있고 이를 위해 노력해야 한다. 급변사태 이후 통일로 이어지지 않고 새로운 북한 내 세력이 집권할 수도 있다. 이 경우 한국과의 우호적 관계 유지를 독려할 중국, 러시아 등의 외교적 지원을 확보하는 것이 필요하다. 급변사태 이후 새로운 남북관계가 형성될 경우에 대비하여, 한국이 새로운 세력의 개혁·개방을 지원하며 점진적 통일을 향해 나아갈 것이라는 로드맵도 미리 제시해 놓을 필요가 있다. 또한 급변사태 이후 북한 안정화 작업에 들어가는 비용은 통일 편익에 대한 앞의 계산을 급격하게 변화시킬 수 있다. 북한 안정화 작업에 필요한 구체적 비용의 산정은 현실적으로 많은 어려움이 예상되고 있다. 특히 북한 지역 안정화를 위한 한국군의 규모가 막대함을 들어, 이에 대비한 필요성이 강조되고 있다. 급변사태는 물론 점진적 사태 전개에 의한 통일이 가시화될 경우, 북한 내 군부세력의 우발적 도발 행동의 가능성, 안정화 과정에서의 사태 대처를 위해 한미 간 군사협력 프로그램, 대량살상무기 해체를 위한 미·중과의 협력 프로그램 등을 구체화해 놓을 필요가 있다.

통일대박론이 북한의 급변사태 후 통일론에 대한 전망을 강화하고 이를 위한 정책적 노력으로 연결되는 것은 희망적 사고의 이상주의적 경향을 보일 수 있다. 장성택 처형 이후 북한 내부 불안정론이 급격히 확산되면서 급변사태 대비론이 등장하는 것은 일정 부분 의미가 있으나, 현 상황에서 통일론이 강조되면 급변사태 대비보다 급변사태 유도로 보일 소지가 다분하다. 급변사태 유도에 의한 통일이 가능할지에 대한 명확한 전략이 없는 상황에서 급변사태가 통일로 이어지는 과정에 대한 전략이 부재하다는 비판이 가능할 수 있기 때문이다.

또한 통일의 편익을 강조하는 것도 중요하지만 민족공동체 통일방안의 수정방향을 구체화하는 작업이 선행되어야 한다. 탈냉전기 북한의 구조적 변화에 대한 고려를 보다 적극적으로 반영할 필요가 있다. 교류, 협력을 상정했지만, 관여(engagement)정책, 특히 구조적 관여에 대한 논의가 없었다. 민족공동체 통일방안이 제안될 당시 남북 간의 국력격차는 지금처럼 크지 않았고, 북한에 대한 국제적 외교상황도 지금과는 크게 달랐다. 민족공동체 통일방안은 국가차원의 행위자만 주로 고려한다. 변화하는 통일 환경을 생각해 볼 때, 거버넌스적인 접근이 필요하다. 한국사회 변화에 대한 고려를 보다 적극적으로 포함할 필요가 있다. 한국의 탈민족적, 세계적 경향 등이 강화되면서 통일에 대한 새로운 시각과 접근법이 필요하다. 국제정치에 대한 고려를 보다 적극적으로 할 필요가 있다. 1980년대 말 국제정치는 여전히 냉전적 상황에 의해 규정되고 있었던 반면, 향후 통일 환경은 미국 패권의 약화, 중국의 부상, 동북아 세력구도의 급격한 변화, 이와 더불어 세계화와 민주화, 정보화의 경향 등으로 거버넌스적, 네트워크적 국제정치 성격의 강화, 초국경적 문제의 증가 등 다양한 변화를 포함하게 될 것이다.

따라서 통일편익을 계산할 때, 어떠한 통일을 이루는가, 어떠한 통일 과정을 거치는가가 매우 중요하다. 통일 과정을 통일 준비과정, 통일 진행과정, 통일 후 통합과정, 통합 후 통일 국가 발전 과정으로 나누어 생각해 볼 필요가 있다. 통일편익을 경제적 관점에서만 생각할 것이 아니라, 국제정치적 관점에서 국가전략을 고려하여 생각해 볼 필요가 있다. 한반도 통일이 한국의 강대국화라는 좁은 의미의 국익이 아니라 현재 세력전이가 활발히 이루어지고 있는 동북아 정세 안정에 도움이 되고, 주변국들의 개별이익에도 도움이 된다는 국제정치적 편익 논리 개발이 필요하다. 현재 통일편익론은 협의의 한국 국익에 국한된 논의이며, 이는 보다 강대해진 한국의 출현을 국가이익 침해라고 생각하는 국가가 있을 경우 한국의 통일 노력에 불리하게 작용할 것이다.

한국의 통일은 통일된 중국, 보통국가화된 일본과 함께 상호 공존하고 협력하는 동북아 다자협력에 공헌할 수 있다는 논리개발이 필요하다. 각 단위의 정상적 공존을 전제로 한 주권평등, 타국의 주권존중, 전쟁방지, 다자 협력 등의 규범이 확립되는 방향으로 통일론을 전개해야 한다.

결론적으로 박근혜 정부는 평화통일 기반 구축보다 더 적극적인 개념인 통일시대 기반 구축을 언급하면서, "통일은 대박이다"라는 한마디로 통일대박의 담론을 형성했다. 그동안 박근혜 정부는 '한반도 신뢰 프로세스', '동북아 평화협력 구상' 등의 전략을 발표했으나, 이를 추진할 실천적 행동이 뒷받침되지 못했다. 원칙만을 앞세운 '기다리는 통일'이 아닌 '만들어 가는 통일'이 되어야 한다. 북한의 체제 불안정성이 더욱 높아지면서 급변사태가 일어난다고 해도 곧장 통일로 이어지는 것은 아니며, 우호적 국제환경 조성으로 주변국들의 협력을 이끌어낼 수 있어야 한다. 통일시대 기반 구축은 대북정책뿐만 아니라 외교안보를 아우르는 개념으로 많은 노력과 시간을 필요로 한다. 박근혜 정부는 평화정착, 대북 인도적 지원 그리고 국제적 공감대의 확산 등 세 분야의 구체적 과제를 제시함으로써 대북정책의 현실성을 높이려 했다. 북한의 핵 문제 해결을 최우선시하면서, 인도적 지원 확대와 남북의 사회·문화 교류를 통한 남북 주민 간 동질성 회복 노력, 동북아 평화협력 구상과 유라시아 이니셔티브의 추진 등을 계획했으나 현실은 녹록치 않았다.

6. 문재인 정부와 『평화와 번영의 한반도』

1) 문재인 정부의 대북정책 주요내용[20]

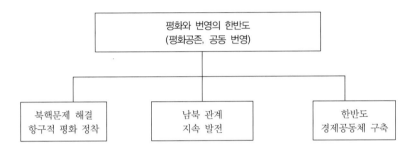

□ 3대 목표

① 북핵문제 해결 및 항구적 평화 정착

- 우리의 능동적 역할과 국제사회와의 협력을 통해 북핵문제의 평화적 해결 추진

- 60년 넘게 지속된 불안정한 정전체제를 항구적 평화체제로 전환, 한반도 평화를 실질적·제도적으로 보장

② 지속 가능한 남북관계 발전

- 7·4 남북공동성명, 남북기본합의서, 6·15 공동선언, 10·4 정상선언 등 기존 남북 간 합의를 계승·발전

- 통일문제와 대북정책을 둘러싼 갈등을 해소하고, 국민적 공감대와 합의를 형성

---

20) 통일부 홈페이지, www.unikorea.go.kr(검색일: 2018. 4. 30.)

③ 한반도 신경제공동체 추진

- 남북이 공존·공영하는 하나의 시장을 형성, 새로운 성장 동력
  을 창출하고 더불어 잘 사는 남북 경제공동체 구현
- 남북한과 동북아에 평화·번영의 새로운 경제 질서 창출

〈그림-2〉 '한반도 신경제지도 구상'의 3대 벨트

□ 4대 전략

① 단계적·포괄적 접근

- 북핵문제는 제재·압박과 대화를 병행하면서, 단계적으로 해결
  (핵동결 → 완전한 비핵화)
- 북핵문제 해결 과정에서 한반도 평화체제 구축, 북한과 국제사
  회의 관계 개선 등을 통해 안보 위협을 근원적 해소

② 남북관계와 북핵문제의 병행 진전

- 북핵문제 해결과 남북관계 개선은 선후 또는 양자택일이 아닌, 상호 선순환 구도 속에서 진전
- 남북 간 대화와 협력 채널을 구축해야, 북핵문제 해결을 위한 다자대화에서도 우리의 주도적인 역할 가능

③ 제도화를 통한 지속 가능성 확보
- 국민적 합의를 바탕으로 '통일국민협약'을 체결하여, 대북정책의 일관성 확보
- 남북 간 합의 법제화 및 변화된 환경에 맞는 '남북기본협정'을 체결하여, 지속 가능한 남북관계 정립

④ 제 호혜적 협력을 통한 평화적 통일기반 조성
- 남북 간 다양한 교류협력을 확대하여, 민족 동질성을 회복하고 남북공동체 형성
- 남북이 공존공영하면서 민족공동체를 회복해 나가는 '과정으로서의 자연스러운 통일' 추구

□ 5대 원칙
① 우리 주도
- 한반도 문제의 당사자로서 남북 화해협력 한반도 평화·번영을 위한 노력을 주도

② 강한 안보
- 확고한 한미동맹과 국방력을 바탕으로 굳건한 안보태세를 유지

함으로써, 북한의 도발을 억제하고 평화를 유지

③ 상호 존중
- 상호 존중의 정신에 입각한 호혜적 대화·교류·협력을 통해 함께 번영하는 남북 공동체 구현

④ 국민 소통
- 국회·지자체·시민단체·전문가 등 다양한 주체들의 참여와 소통을 제도화하여, 통일문제·대북정책에 대한 국민적 공감대와 합의 도출

⑤ 국제 협력
- 개방과 협력에 바탕을 둔 '열린 자세'로 국제사회의 협력 견인

2) 문재인 정부의 대북정책 성과

2018년 4월 27일, 남북한은 11년 만에 성사된 정상회담에서 '한반도의 평화와 번영, 통일을 위한 판문점 선언'에 합의했다. 한나절 짧은 시간임에도 남북 정상은 손을 잡고 군사분계선을 넘나든 것이나, 평화로이 산책을 하는 명장면들을 연출했다. 불과 몇 달 전까지만 해도 상상할 수 없었던 일들이다. 우리가 내세운 정상회담의 표어인 '평화, 새로운 시작'과 김정은 위원장이 방명록에 쓴 '평화의 시대, 역사의 출발점에서'처럼 남과 북이 같은 마음이었기에 가능했다. 남북은 이제 한반도에서 오랜 분단과 대결의 세월을 끝내고 새

로운 평화의 문을 열었다.

이번 2018 남북 정상회담을 통해 합의한 '판문점 선언'에는 남북 관계만의 특별함이 있다. 잠들어 있던 지난 남북 간 모든 합의를 깨우고, 남북관계를 중심으로 한반도의 미래를 만들어 가겠다는 확고한 의지의 표현이다. 남과 북이 한반도 문제의 직접 당사자로서 이제는 더 이상 주변 강대국의 이해관계에 좌고우면해서는 안 된다는 인식을 함께한 결과물이기도 하다. 지금껏 남북관계가 북핵문제로 인해 표류하고 되돌려졌던 과거를 반복해서는 안 되며 북핵이라는 블랙홀을 벗어나기 위해 남북이 함께 고민하겠다는 진정성과 간절함을 담았다.

이는 3조 13개항의 '판문점 선언'에 잘 나타나 있다. 남북 정상은 한반도에 더 이상 전쟁이 없는 새로운 평화의 시대를 천명하면서 남북관계 발전, 군사적 긴장완화, 그리고 평화체제 구축에 합의했다. 합의문의 순서만을 놓고 보더라도 남북관계가 북핵문제와 북미관계의 종속변수가 아니라 출발점이자 중심임을 분명히 한 것이다. 거기에 군사적 조치가 남북관계를 더욱 단단히 지탱하고, 나아가 평화체제와 비핵화의 문을 여는 열쇠가 되어야 한다는 지극히 합당한 한반도 미래 디자인이다.

그저 비핵화에 대한 무언가를 상상하고 기대했던 이들에게는 이번 합의가 당황스럽게 느껴졌을지도 모른다. 이번 남북 정상회담은 비핵화나 북미 정상회담을 뒷받침하겠지만 그렇다고 단순히 디딤돌이나 가교적 역할에만 그쳐서는 안 된다는 점을 명확히 하고 있다. 남북관계 발전이 한반도 평화체제 구축 및 비핵화와 선순환 관계를 형성하도록 우리가 책임 있는 길라잡이 역할을 하겠다는 점에서 한반도 운전자론은 더 힘을 받을 수밖에 없다.

남북관계의 전면적이고 획기적인 개선과 발전을 담은 제1조는 먼저 민족자주의 원칙과 남북 간 합의 이행을 강조하고 있다. 이를 바탕으로 다양한 층위의 남북대화 채널을 제도화하고 민간 교류협력 활성화와 이산가족 상봉 행사도 진행하기로 했다. 원활한 교류협력을 보장하기 위해 평양시간도 다시 서울시간으로 변경하여 일치시켰다. 여기에 민족경제의 균형적 발전과 공동 번영을 위해 철도와 도로 연결을 합의문에 포함시킨 것은 차후 추진할 한반도 신경제지도까지 염두에 둔 꼼꼼함으로 보인다. 남북 접근에 있어 Top-down과 Bottom-up 방식의 조화를 통해 안정적이고 지속가능한 남북관계 발전의 토대를 마련하려는 노력이다.

제2조에 군사적 긴장완화와 신뢰구축을 배치한 것은 논리적 전개상 절묘한 신의 한 수이다. 남북 간 군사적 조치는 남북관계(제1조)를 떠받치고 평화체제(제3조)를 추동하면서도 남북관계와 평화체제를 연결하는 가장 확실한 고리가 될 수 있다. 지금까지 남북관계가 부침을 겪었던 이유의 대부분은 남북 간 군사적 충돌 때문이었다. 과거 우리의 대북정책과 비핵화 노력은 돈(경제)으로 북한의 핵(안보)을 사려고 했기에 한계가 있었다. 남북 간 군사적 충돌 가능성이 사라져야만 남북관계 역시 흔들림 없이 이어나갈 수 있고 발전할 수 있다. 종전선언이나 평화협정을 체결하기 위해서는 현 정전협정의 준수를 위한 군사적 조치가 선행되어야 한다. 경제교류를 지원하기 위해 군사회담이 열리고, 북핵문제 진전에 따라 군사문제는 한발 뒤 따라가야 한다는 고정관념을 과감히 벗어버렸다. 오히려 남북관계 발전과 평화체제 구축을 위해 남북군사회담을 앞장세우겠다는 발상

의 전환(paradigm shift)이다. 평화 유지(peace keeping)를 넘어 적극적인 평화 구축(peace making)이다.

군사적 긴장완화와 신뢰구축은 남북관계 발전과 북한의 비핵화를 이끌어 내기 위해 시급한 필요조건이라는 점에서 최우선적으로 5월 중 장성급 군사회담을 개최하기로 명시했다. 여기에서는 일차적으로 확성기 철폐와 전단 살포문제가 우선적으로 다루어질 가능성이 높다. DMZ 문제는 차후에 국방부장관회담 등에서 논의될 것이다. 서해 북방한계선과 관련된 합의사항은 10.4 선언의 계승과 이행 차원에서 포함된 것으로 보이나, 평화협정의 진행과정에서 협상 의제화될 가능성이 높다는 점에서 이 또한 소홀히 여길 수 없다.

제3조에서는 "정전상태를 종식시키고 확고한 평화체제를 수립"하기 위해 어떠한 무력도 사용하지 않을 불가침 합의의 준수와 나아가 군축까지도 합의문에 담았다. 이 역시 군사적 조치의 연장선이고 연결고리이다. 군축은 단순히 남북 간 군사적 긴장과 전쟁 위협의 근원을 감소하고 제거한다는 의미를 넘어서는 것이다. 남북 군사력 감축은 평화체제를 넘어 한반도 평화통일을 실현하기 위해 반드시 필요하며, 주변국들의 지지와 협력을 위해서도 중요하다.

남과 북이 올해 안에 종전을 선언하기로 한 부분은 향후에 일어날 또 다른 역사적 이벤트의 예고이다. 남북 정상회담은 놀라움의 끝이 아니라 시작일 뿐이다. 종전선언을 한반도 평화공존의 실질적인 출발점으로 삼고 북한의 우려를 해소시켜 비핵화 협상에 속도를 낼 수 있게 만들겠다는 것이다. 무엇보다 남북 간 종전선언은 정전협정이 미국, 중국, 북한 3자 간에 체결되었다는 점에서 사전에 미국과 중국 등 관련 당사국들을 이해시켰기에 가능했을 것이다. 대신 10.4 선언에서 합의한 평화협정을 위한 3자 또는 4자 회담 개최를 재확인하였다. 연이어 개최될 한중일 정상회담, 한미 정상회담, 북미 정상회담과 함께 향후 남북미, 남북미중 정상회담 등에서 한반도 평화체제 구축 문제가 보다 심도 있게 논의될 것으로 예상된다.

비핵화에 대해서는 마지막 제3조 4항에 "완전한 비핵화를 통해 핵 없는 한반도"라는 공동의 목표와 의지를 확인하였다. 무엇보다 지금 '북측이 취하고 있는 조치들이 한반도 비핵화를 위해 대단히 의의 있고 중대한 조치'라는 점을 인정한 것은 국제사회를 향해 북한의 비핵화 의지와 방향성에 대해 남한이 확인해주고 견인하겠다는 의미라고 할 수 있다. 북한 역시 매체를 통해 판문점 선언을 있는 그대로 보도했다. 또한 북한은 5월 중에 한·미의 전문가와 언론인을 초청해 핵실험장 폐쇄를 투명하게 공개적으로 진행하기로 했다. 남북이 책임과 역할을 다하고 국제사회의 지지와 협력을 위해 노력해 나가기로 한 것은 반대로 북한의 비핵화 조치에 따른 보상에 대해서도 남한이 북한을 안심시켜주는 진정한 한반도의 운전자 역할을 자임하는 모습이다. 이제 비핵화의 공은 북미 정상회담으로 던져졌지만 그냥 두고만 봐서는 안 된다.

2018 남북 정상회담은 한반도의 평화와 번영, 통일을 위해 그리고 비핵화와 북미관계까지 책임진 의미 있는, 가치를 담은 정상회담으로 역사에 기록되어야 한다. 또 이제는 더 이상 남북이 잡은 손을 놓아서도 안 되고 놓게 해서도 안 된다. 남북관계만큼은 앞으로 되돌릴 수 없는 길을 가야 한다. 그러기 위해서는 무엇보다 '판문점 선언'이 남긴 합의사항을 차질 없이 이행해 나가야 할 것이다. 이번 남북 정상회담을 통해 우리는 세계를 깜짝 놀라게 했지만 이것이 끝이

아니다. 남과 북이 손을 잡고 속도전으로 나아가기로 했으니 이제 더 놀라운 일들이 벌어질 것이다. 세계가 놀라면 놀랄수록 한반도 평화공존과 공동 번영에 한걸음 가까이 가는 것이다.[21]

『한반도의 평화와 번영, 통일을 위한 판문점 선언』[22]

Ⅰ. 개 요

□ '18. 4. 27. 판문점 「평화의 집」에서 「2018 남북 정상회담」 개최

  ㅇ 문재인 대통령과 김정은 위원장은 오전 · 오후 2차례 회담과 만찬 진행

  ㅇ 양 정상은 오후 공동 식수 및 판문점 경내 친교 산책

□ 남북 정상은 '한반도 평화시대' 개막을 선언하고, △남북관계의 전면적 · 획기적 발전 △군사적 긴장완화와 상호 불가침 합의 △한반도의 완전한 비핵화 및 평화체제 구축 등에 대해 허심탄회하게 협의하고 「판문점선언」에 합의

---

21) 『IFES현안진단-NO74』 "한반도 평화의 새로운 출발에 즈음하여", http://ifes.kyungnam.ac.kr(검색일: 2018. 5. 1.)

22) 통일부 홈페이지, www.unikorea.go.kr(검색일: 2018. 5. 1.)

< 주요 합의사항 >

한반도에 전쟁 없는 새로운 평화시대 개막을 천명하고 화해와 평화번영의 남북관계를 선언

1. 남과 북은 남북관계의 전면적·획기적인 개선과 발전을 이룩할 것임.
① 민족자주의 원칙 확인, 기존 남북 간 선언·합의 철저 이행
② 고위급회담 등 분야별 대화를 빠른 시일 안에 개최, 실천대책 수립
③ 남북 당국자가 상주하는 남북공동연락사무소 개성지역 설치
④ 각계각층의 다방면적 교류·협력 및 왕래·접촉 활성화
⑤ 8.15 계기 이산가족 상봉행사 진행, 남북적십자회담 개최
⑥ 10.4 선언 합의사업 적극 추진, 철도·도로 연결 및 현대화
2. 남과 북은 군사적 긴장완화와 전쟁위험 해소를 위해 공동 노력
① 상대방에 대한 모든 적대행위 전면 중지, 비무장지대의 평화지대화
② 서해 평화수역 조성으로 우발적 충돌 방지 대책 마련, 안전 어로 보장
③ 국방부장관회담 등 군사당국자회담 수시 개최, 5월 장성급 군사회담 개최
3. 남과 북은 항구적이고 공고한 평화체제 구축을 위해 적극 협력
① 무력 불사용과 불가침 합의 재확인 및 엄격 준수
② 상호 군사적 신뢰의 실질적 구축에 따라 단계적으로 군축 실현
③ 올해 종전 선언, 항구적 평화체제 구축을 위한 3자 또는 4자 회담 개최
④ 한반도의 완전한 비핵화 목표 확인

정상회담 정례화 및 직통전화 실시, 올해 가을 평양에서 정상회담 개최

Ⅱ. 성과 및 의의

□ 지속 가능한 남북관계 발전을 위한 기틀 확립

- o 남북 간에 합의한 내용은 반드시 지킨다는 원칙을 확립하고 이를 보장하기 위한 방안 마련, 남북관계 진전의 불가역성 확보
- o 대화와 협상을 통한 문제 해결의 중요성에 대해 공감대를 형성하고, 이를 위한 남북고위급회담 등 분야별 회담개최에 합의
- o 남북 간 상호이해와 공동이익 증진을 위한 교류협력 추진에 합의, 향후 다양한 분야의 대화와 협력 진행 예상
- o 8.15 계기 이산가족 상봉행사에 합의함으로써 3년 만에 이산

가족 상봉을 재개하고, 남북적십자회담을 통해 근본적 해결 방안 논의

□ **한반도 냉전 종식과 항구적 평화정착의 전기 마련, 한반도에 전쟁 없는 새로운 평화시대 개막**

　o 항구적 평화체제 구축에 합의, 65년간 지속된 적대와 대결의 낡은 구조를 청산하고 평화공존과 공동 번영을 실현하기 위한 기틀 마련

　o 동시에 남북 간의 우발적 무력충돌을 방지하기 위한 실천적 조치에도 합의, 군사적 긴장완화와 평화적 여건 조성에 기여

□ **남북관계 발전과 비핵화의 선순환을 위한 토대 구축**

　o 한반도의 완전한 비핵화, 핵 없는 한반도를 구체적·명시적으로 확인

　o 한반도 비핵화 목표를 확고하게 견지하면서, 기존의 비핵화 협상 경험과 북·미의 입장을 모두 고려한 현실적인 방안 논의

　o 이를 통해 본격적인 한반도 비핵화 프로세스 개시와 북미 정상회담의 성공적 개최를 뒷받침

□ **분단 이후 북한 최고지도자의 첫 우리 측 지역(판문점) 방문 성사**

　o 남북관계 개선에 대한 김정은 위원장의 확고한 의지를 재확인

　o 특히 한반도 분단과 대립의 상징인 판문점에서 정상회담을 개최, 판문점을 평화와 협력의 공간으로 전환

□ 임기 1년 내 정상회담 개최, 합의의 실효성과 이행 동력 확보

o 남북관계 발전의 큰 틀에 대해 협의하고 향후 일관된 기조 아래 남북 간 현안들을 풀어나갈 수 있게 됨.

o 차기 정상회담을 올해 가을 평양에서 개최하는 데 합의, 양 정상 간의 지속적인 대화 모멘텀 확보

o 남북 최고지도자 간 형성된 신뢰를 바탕으로 정례적 만남과 직통전화를 통해 소통하게 됨으로써, 그동안 풀기 어려웠던 현안 해결도 기대 가능

□ 한반도 문제 당사자로서의 위상과 역할을 재확인

o 남북의 의지와 노력으로 정상회담을 포함한 남북대화를 재개하고 평창 동계올림픽을 성공시킨 데 이어 북미 정상회담 성사에도 기여

o 한반도 문제의 직접 당사자로서 남과 북이 중심이 되어 국제사회와 긴밀히 협력해 나가는 것이 중요함을 확인

□ 「문재인의 한반도정책」에 대한 국제사회의 확고한 지지 확인

o 남북 주도로 한반도 문제를 해결해 나가면서, 동시에 미·중·일·러 등 주요국과의 긴밀한 협력을 통해 항구적 평화정착 노력 전개

o 북미 양측의 입장에 대한 이해를 바탕으로 남북관계와 한미 공조를 통해 '길잡이' 역할 수행, 북미 정상회담의 성공적 개최에 기여

Ⅲ. 주요 합의내용

【 남북관계 발전 】

① 민족자주의 원칙 확인, 기존 남북 간 선언·합의 철저 이행

> 남과 북은 우리 민족의 운명은 우리 스스로 결정한다는 민족자주의 원칙을 확인 하였으며, 이미 채택된 남북 선언들과 모든 합의들을 철저히 이행함으로써 관계 개선과 발전의 전환적 국면을 열어 나가기로 하였다.

o 남북이 한번 합의한 것은 반드시 이행해 나간다는 원칙 천명

- 합의 불이행이 반복되어온 과거를 교훈삼아, 시간이 지나고 상황이 바뀌어도 합의가 이행될 수 있도록 남북이 함께 노력

- 이를 통해 남북관계의 안정적·지속적 발전 토대 마련

o 한반도 평화와 통일 문제에 있어 민족자주의 원칙 확인

- 한반도 문제 해결의 주도적, 당사자 해결 원칙을 재확인

- 한반도 문제 해결을 위해서는 주변국 등 국제사회와의 협력 이 필수적이나, 그 중심에는 항상 남북이 있어야 한다는 점 을 강조

② 고위급회담 등 분야별 대화를 빠른 시일 안에 개최, 실천대책 수립

> 남과 북은 고위급회담을 비롯한 각 분야별 대화와 협상을 빠른 시일 안에 개최하 여 정상회담에서 합의된 문제들을 실천하기 위한 적극적인 대책을 세워 나가기 로 하였다.

o 양측은 고위급회담 정례화에도 의견 일치, 지속 가능한 남북
  관계의 토대 마련
  - 조속한 시일 내 후속 고위급회담을 개최함으로써 이번 정상
    회담 합의사항을 실천에 옮기기 위한 조치 협의
o 남북군사당국자회담 및 남북적십자회담을 비롯한 분야별 회
  담을 개최하여 정상 간 합의 이행
  - 남북관계 제반 분야의 회담 체계를 가동, 전면적인 남북관계
    발전을 준비
o 남북관계 발전과 한반도 비핵화 노력이 선순환을 이룰 수 있
  도록 노력
  - 남북회담 정례화를 통해 남북관계를 안정적으로 발전시켜
    나가면서, 북미 간 협의를 촉진하고 긍정적 여건을 조성하
    기 위해 노력

③ 남북 당국자 상주 공동연락사무소 개성지역 설치

> 남과 북은 당국 간 협의를 긴밀히 하고 민간 교류와 협력을 원만히 보장하기 위
> 하여 쌍방 당국자가 상주하는 남북공동연락사무소를 개성지역에 설치하기로 하
> 였다.

o 당국 간 협의채널로, 개성지역에 남북공동연락사무소 설치
  - 양측 당국자가 상주하는 공동연락사무소를 통해 남북관계
    진전을 안정적으로 뒷받침하고 민간 차원의 교류협력 촉진
    기대
o 연락사무소 설치 시 남북 간 정치적 신뢰구축 진전과 교류협

력 확대 촉진, 남북관계 안정성과 예측 가능성 제고 등 남북
관계를 한 단계 도약시키는 효과

4 각계각층의 다방면적 교류·협력 및 왕래·접촉 활성화

남과 북은 민족적 화해와 단합의 분위기를 고조시켜 나가기 위하여 각계각층의
다방면적인 협력과 교류, 왕래와 접촉을 활성화하기로 하였다.
안으로는 6.15를 비롯하여 남과 북에 다 같이 의의가 있는 날들을 계기로 당국과
국회, 정당, 지방자치단체, 민간단체 등 각계각층이 참가하는 민족공동행사를 적
극 추진하여 화해와 협력의 분위기를 고조시키며, 밖으로는 2018년 아시아경기
대회를 비롯한 국제경기들에 공동으로 진출하여 민족의 슬기와 재능, 단합된 모
습을 전 세계에 과시하기로 하였다.

o 남북 당국이 다양한 분야의 교류협력을 적극 지원함으로써,
오랜 기간 중단되었던 민간교류를 빠른 속도로 회복하고 당
국 간 신뢰 증진에도 기여
 - 우선 올해 6.15, 8.15, 10.4 등을 계기로 남북 공동행사 개최
 추진, 남북 화해협력의 상징성을 부각시키고 남북관계 발전
 의지 과시
o 다양한 분야의 남북 대화와 협력을 적극 지원함으로써, 남북
간 합의 제도화를 촉진하고 남북관계의 지속 가능성 확보
o 남북 화해와 동질성 회복을 위한 교류협력을 지속적으로 확
대·발전시킴으로써, 분단의 장기화가 초래한 남북의 이질성
완화
 - 기존 추진사업 중에 민족 동질성 회복 차원에서 중요한 겨레
 말큰사전 편찬사업과 개성만월대 발굴조사사업 재개부터 협
 의 예정

* 겨레말큰사전: '04년 사업 시작, '16년 북한 핵실험 이후 사업 중단

개성만월대: '06년 사업 시작, '16년 북한 핵실험 이후 사업 중단

o 「2018년 아시아경기대회」(8. 18.~9. 2. 자카르타·팔렘방) 남북협력 추진

- 대회까지 남은 시간을 고려하여 빠른 시일 내 남북체육회담 등을 개최, 북측과 공동입장 등 구체적인 협력방안에 대해 협의 착수

5 8.15 계기 이산가족 상봉행사 진행, 남북적십자회담 개최

남과 북은 민족 분단으로 발생된 인도적 문제를 시급히 해결하기 위하여 노력하며, 남북적십자회담을 개최하여 이산가족·친척 상봉을 비롯한 제반 문제들을 협의 해결해 나가기로 하였다.
당면하여 오는 8.15를 계기로 이산가족·친척 상봉을 진행하기로 하였다.

o 올해 8.15 계기 이산가족 상봉행사를 개최하기로 합의

- 고령의 이산가족들이 더 늦기 전에 가족을 만날 수 있도록, 3년 만에 이산가족 상봉행사 재개

* △'00년 이후 상봉행사(20회) 및 화상상봉(7회)을 통해 남북 4,677가족, 23,519명 상봉

△'15. 10월 금강산 상봉행사를 마지막으로 상봉 중단

o 이산가족 상봉 등의 문제를 논의하기 위해 남북적십자회담 개최

- 이산가족 문제의 시급성을 고려하여, 남북이 함께 보다 근본
적인 해결방안을 모색하는 노력 진행
- 우선 이산가족들이 고향을 방문할 수 있도록 추진하고, 전면
적 생사확인과 다양한 방식의 이산가족 교류방안도 지속 협
의 예정

⑥ 10.4 선언 합의사업 적극 추진, 철도·도로 연결 및 현대화

남과 북은 민족경제의 균형적 발전과 공동 번영을 이룩하기 위하여 10.4 선언에서
합의된 사업들을 적극 추진해 나가며, 1차적으로 동해선 및 경의선 철도와 도로들
을 연결하고 현대화하여 활용하기 위한 실천적 대책들을 취해 나가기로 하였다.

o 기존의 남북 간 합의를 존중하고 이행한다는 원칙에서, 10.4
선언 합의사업 이행 추진
- 10.4 선언의 주요 합의들은 한반도 평화번영을 이루기 위한
실천 조치로서 어렵게 합의했던 만큼, 관련 합의를 충실히
이행할 필요
- 이를 위해 현 상황에서 추진 가능한 사업이 무엇인지, 아울
러 어떤 방식으로 추진할 것인지에 대해 북측과 협의해 나
갈 계획
o 10.4 선언 중 민족의 공동 번영을 위한 합의사항들은 '한반도
신경제구상'의 틀 속에서 이행을 검토
- '한반도 신경제구상'에 대한 남북 간 공감대를 확보하여, 남
북 공동으로 민족 번영의 청사진을 마련할 수 있도록 노력
- 나아가 경제협력을 통해 평화정착에 기여하고, 이렇게 형성된

평화가 다시 협력을 촉진하며 선순환하는 '평화경제' 실현

o 남북 간 교통망의 연결은 경제협력뿐만 아니라 남북 교류와 인적 왕래의 기초라는 점에서, 향후 관련 여건이 조성될 경우 우선적으로 동해선 및 경의선 철도와 도로를 연결하는 사업 추진

- 단절된 남북을 잇고 교량국가로 공동 번영할 수 있는 여건 마련

- 남북경협 사업의 추진과정에서 대북제재 위반 논란이 발생하지 않도록 미국 등 국제사회와 긴밀하게 협의

【 군사적 긴장완화와 신뢰구축 】

7 적대행위 전면중지, 비무장지대 평화지대화 등 충돌방지 대책 마련

> 남과 북은 지상과 해상, 공중을 비롯한 모든 공간에서 군사적 긴장과 충돌의 근원으로 되는 상대방에 대한 일체의 적대행위를 전면 중지하기로 하였다.
> 당면하여 5월 1일부터 군사분계선 일대의 확성기 방송과 전단 살포를 비롯한 모든 적대행위들을 중지하고 그 수단을 철폐하며, 앞으로 비무장지대를 실질적인 평화지대로 만들어 나가기로 하였다.
> 남과 북은 서해 북방한계선 일대를 평화수역으로 만들어 우발적인 군사적 충돌을 방지하고 안전한 어로활동을 보장하기 위한 실제적인 대책을 세워 나가기로 하였다.

o 남북 간 우발적 무력충돌 방지 조치 추진에 합의함으로써 남북 간 군사적 긴장완화와 신뢰구축, 평화적 환경 조성에 기여

- 특히 양 정상이 직접 모든 적대행위 중지에 명문으로 합의하여, 이행력을 확고하게 담보

o 특히 군사적 신뢰구축의 실질적 조치로서, 앞으로 비무장지
대를 완전히 비무장화함으로써 실질적인 평화지대로 만들어
나갈 것임.

- 정전협정의 규정대로 남북 군대가 군사분계선에서 각각 2km
씩 이격될 경우, 남북 간 우발적 충돌 위험을 근본적으로 감
소시키는 획기적 조치가 될 것으로 예상

* 정전협정 제1조 제1항: "한 개의 군사분계선을 확정하고
쌍방이 이 선으로부터 각기 2km씩 후퇴함으로써 적대 군
대 간에 한 개의 비무장지대를 설정한다."

o 아울러 서해 북방한계선 일대를 평화수역으로 조성하여 안전
한 어로활동을 보장하기로 함으로써, 분쟁과 갈등의 바다를
평화의 바다로 전환하기 위한 과정을 시작

8 국방부장관회담 등 군사당국자회담 수시 개최, 5월 장성급 군사회담 개최

남과 북은 상호 협력과 교류, 왕래와 접촉이 활성화되는 데 따른 여러 가지 군사
적 보장대책을 취하기로 하였다.
남과 북은 쌍방 사이에 제기되는 군사적 문제를 지체 없이 협의 해결하기 위하여
국방부장관회담을 비롯한 군사당국자회담을 자주 개최하며 5월 중에 먼저 장성
급 군사회담을 열기로 하였다.

o 그동안 남북 교류협력에 합의하고도 군사적 보장조치가 이루
어지지 않아, 진전을 이루지 못했던 부분 극복 가능

- 특히 산불 진화, 홍수 예방, 전염병 공동방제 등 접경지역
공동협력 사업이 탄력을 받을 것으로 예상

o 앞으로 남북국방부장관회담을 비롯한 군사당국자회담을 정례
  화, 남북 간 군사적 적대관계를 종식하고 군사적 긴장완화와
  신뢰구축 조치 등 평화적 여건을 조성하기 위한 다양한 협력
  방안 논의
  - 우선 5월 중 남북장성급 군사회담을 개최하여, 군사분계선
    지역 및 서해상의 군사적 긴장완화 방안 본격 협의

⑨ 무력 불사용과 불가침 합의 재확인 및 엄격 준수

> 남과 북은 그 어떤 형태의 무력도 서로 사용하지 않을 데 대한 불가침 합의를 재
> 확인하고 엄격히 준수해 나가기로 하였다.
> 남과 북은 군사적 긴장이 해소되고 서로의 군사적 신뢰가 실질적으로 구축되는
> 데 따라 단계적으로 군축을 실현해 나가기로 하였다.

o 한반도에서 민족의 공멸을 초래할 수 있는 전쟁에 반대한다
  는 입장을 명문화
o 정상 수준에서 과거 남북이 합의한 불가침 의무를 존중·이행
  할 것임을 공식화함으로써, 불가침 합의의 신뢰성과 이행력
  담보
  - 김정은 위원장의 우리 측 특사단 면담 시, "북측은 핵무기는
    물론 재래식 무기를 남측을 향해 사용하지 않을 것"이라는
    언급 재확인
    * 남북기본합의서 제9조: "남과 북은 상대방에 대하여 무력을
      사용하지 않으며 상대방을 무력으로 침략하지 아니한다."
o 군축 문제는 과거 「남북기본합의서」에서 남북이 합의한 사항
  으로, 이번 정상회담을 통해 양 정상의 군사적 긴장해소 및

신뢰구축에 대한 의지를 재확인한 것임.

* 남북기본합의서 제12조: "남과 북은 ... 대량살상무기와 공격능력의 제거를 비롯한 단계적 군축 실현문제, 검증문제 등 군사적 신뢰조성과 군축을 실현하기 위한 문제를 협의·추진한다."

- 앞으로 한반도 평화체제 구축 과정에 맞추어 남북 간에 실질적인 군사적 신뢰가 구축된 이후에 단계적으로 군축 문제 협의

- 그 과정에서 안보상의 문제가 발생하는 일은 없을 것이며, 정부는 이러한 우려가 발생하지 않도록 확고한 안보 태세를 유지할 것임.

【 한반도 비핵화와 평화정착 】

⑩ 올해 종전선언, 항구적 평화체제 구축을 위한 3자 또는 4자 회담 개최

> 남과 북은 정전협정 체결 65년이 되는 올해에 종전을 선언하고 정전협정을 평화협정으로 전환하며 항구적이고 공고한 평화체제 구축을 위한 남·북·미 3자 또는 남·북·미·중 4자 회담의 개최를 적극 추진해 나가기로 하였다.

o 올해 종전을 선언하고 평화체제 구축 노력을 본격 시작함으로써, 한반도와 동북아의 안보환경을 근본적으로 변화시키는 계기

- 한반도의 실질적·제도적 평화보장 출발점으로 한반도 불안

정성에 대한 국제사회 우려 해소, Korea Discount 방지

- 북측의 체제안전에 대한 우려를 불식시켜 비핵화 협상 촉진

- 앞으로 남북은 국제사회와 함께 한반도의 완전한 비핵화와 평화체제 구축 등 한반도와 동북아의 현안을 포괄적으로 해결해 나갈 것임.

o 한반도 비핵화와 평화체제 구축 문제는 밀접하게 연관된 사안이므로, 북미 또는 남북미 정상회담 등에서 심도 있는 논의 추진

- 따라서 북미 정상회담이 성공적으로 개최될 수 있도록 필요한 노력을 적극적으로 해 나갈 계획

o 평화체제 구축을 위한 남·북·미 3자 또는 남·북·미·중 4자 회담 개최 문제는, 10.4 선언에서 합의한 내용을 다시 한 번 확인한 것임.

- 남북은 한반도 문제의 당사자로서, 3자 회담 또는 4자 회담에 직접 참여하여 평화체제 구축 논의를 주도적으로 이끌어 나갈 것임.

  * 10.4 선언 제4조: "남과 북은 현 정전체제를 종식시키고 항구적인 평화체제를 구축해 나가야 한다는데 인식을 같이하고 직접 관련된 3자 또는 4자 정상들이 한반도지역에서 만나 종전을 선언하는 문제를 추진하기 위해 협력해 나가기로 하였다."

o 평화협정을 최대한 빨리 체결할 수 있도록 하되, 관련국들의 모든 관심사가 포괄적으로 담길 수 있도록 노력

- 과거 「9.19 공동성명」에서 합의한 대로, 구체적인 사안은 앞

으로 남·북·미·중 간 다양한 협의를 통해 조율해 나갈
계획

* 9.19 공동성명 제4조: "직접 관련 당사국들은 적절한 별도
  포럼에서 한반도의 항구적 평화체제에 관한 협상을 가질
  것이다."

11 한반도의 완전한 비핵화 목표 확인

남과 북은 완전한 비핵화를 통해 핵 없는 한반도를 실현한다는 공동의 목표를 확
인하였다.
남과 북은 북측이 취하고 있는 주동적인 조치들이 한반도 비핵화를 위해 대단히
의의 있고 중대한 조치라는 데 인식을 같이하고 앞으로 각기 자기의 책임과 역할
을 다하기로 하였다.
남과 북은 한반도 비핵화를 위한 국제사회의 지지와 협력을 위해 적극 노력해 나
가기로 하였다.

o 남북 양 정상이 한반도의'완전한 비핵화', '핵 없는 한반도'에
  대한 의지를 분명하게 확인
  - 남북이 함께 국제사회의 비핵화 노력에 적극 부응하겠다는
    의지 천명
  - 빠른 시일 내에 비핵화를 위한 실천적 조치를 취해 나가기로
    함으로써 한반도 평화와 지속적인 남북관계 발전을 뒷받침
o 아울러 한반도 평화정착의 큰 틀에서 비핵화 과정을 추동하
  고 촉진시킬 수 있는 방안에 대한 검토도 가능
  - 이 과정에서 미국 및 국제사회 등과 긴밀히 협의하고 조율
o 북한이 비핵화 실현을 위한 책임을 다하겠다는 점을 분명히
  함으로써 북미 정상회담의 성공적 개최를 위한 긍정적 여건

조성에 기여

- 이번 남북 정상회담의 성과가 북미 정상회담의 성공으로 이어질 수 있도록, 한반도 비핵화 및 평화정착에 대해 심도 있는 논의 진행

【 남북 정상회담 정례화 】

⑫ 정상회담 정례화, 올해 가을 평양에서 차기 정상회담 개최

> 양 정상은 정기적인 회담과 직통전화를 통하여 민족의 중대사를 수시로 진지하게 논의하고 신뢰를 굳건히 하며, 남북관계의 지속적인 발전과 한반도의 평화와 번영, 통일을 향한 좋은 흐름을 더욱 확대해 나가기 위하여 함께 노력하기로 하였다.
> 당면하여 문재인 대통령은 올해 가을 평양을 방문하기로 하였다.

o 이번 정상회담을 통해 확고하게 형성된 남북 정상 간 신뢰를 토대로, 향후 한반도 평화와 남북관계 발전을 위한 노력 가속화

o 남북 정상 간 직통전화를 통해 수시로 의사교환이 가능해지게 됨으로써, 남북관계를 신속하면서도 안정적으로 발전시켜 나갈 것으로 기대

o 이번 정상회담을 우리 측 지역에서 개최한 만큼, 차기 정상회담은 올해 가을 평양에서 개최하는 데 합의

제3부

평화통일, 새로운 시작

1. 남한의 통일정책

남한의 통일정책 변천사는 곧 남한의 대북한 능력의 성장사라 할수 있다. 남한의 군사력과 경제력이 북한보다 열세였던 1950년대, 1960년대에는 통일정책도 수세적이고 대외 의존적이었다. 이러한 남한의 통일정책은 1970년대에 와서 자체역량에 대한 자신감을 배경으로 재조정되기 시작하였으나, 1970년대만 하더라도 군사적 열세가 현저했으므로 평화정착을 목표의 상한으로 하는 소극적 태도를 견지하였다. 1980년대 이후에는 남한의 경제력이 북한을 압도하게 되었고 군사적 열세도 만회되었으므로, 남한의 통일정책은 보다 적극적인 형태로 바뀌게 되었다. 다시 말하면, 통일주도 역량의 신장이 보다 유리한 통일여건의 조성을 위하여, 보다 전향적인 통일정책을 가능하게 하였던 것이다.

남북한 역대정부의 통일정책은 민족이익이 아닌 정권의 이익을 위해 정략적으로 이용되기도 하였고, 때로는 반통일적이기도 하였다. 또한 통일논의가 금기시되기도 하였고, 정책적 일관성의 부재를 노출하기도 하였다. 그럼에도 불구하고 남북한의 정치 지도자들은 민족통일을 달성하기 위하여 나름대로 힘을 써온 것 또한 사실이다. 특히 자신의 국력이 상대방보다 강하고 국제정세가 유리할 때 그러하였다.

이러한 남북한의 통일정책에서 우리는 하나의 일관성(continuity)을 발견할 수 있는데 그것은 통일 후 한반도에서 상대방의 영향력을 가능한 한 최소화하고 자신의 세력이 지배적인 지위를 유지하도록 하는 것이었다. 남북한은 이러한 목표를 달성하기 위하여 국내외 환경의 변화에 따라 다양한 전략을 사용하였다.

역대정부가 수립한 통일과 관련한 수많은 제안·합의·방안이 있었지만, 6·15 남북공동선언이 나오기까지 우리 민족은 통일의 실마리를 찾지 못했다. 남북 간에는 '7·4 남북공동성명', '남북기본합의서' 등 남북관계를 평화적으로 관리하고 통일로 나아갈 수 있는 훌륭한 틀을 마련해 두었음에도 불구하고 이를 실천하지 못했다. 그동안 남북한은 이념과 체제를 달리하면서 자기 체제를 상대 지역으로 확장하려는 제로섬(zero-sum)적인 적대관계를 유지해 왔다. 남북한은 이른바 '적대적 의존관계'라는 틀 속에서 서로 상대방을 적으로 규정하고 상대로부터의 위협을 강조하면서 내부 권력을 강화하기도 했고, 상대를 부정하는 데서 자기 정체성을 찾는 '자폐적인 정의관'에 사로 잡혀 있었다. 남북한의 과거 정권들은 통일문제를 정치적으로 활용해왔다.

그러나 탈냉전 이후 국제정세를 배경으로 1989년에 '한민족공동체 통일방안'을 제시함으로써 새로운 통일정책을 확립하였다. 또한

1991년 12월 13일의 '남북기본합의서'가 남북관계의 좌표를 규정하였다는 의미를 가진다면, 2000년 6월 15일의 '남북공동선언'은 현재 남북관계 발전의 토대를 구축한 획기적인 분기점이었다.

〈표-10〉 남한 통일방안의 지속과 변화 (1948~현재)

시기별 특징		시기	정부 구분	남한의 통일방안
북한체제 부인기	평화통일정책의 부재	1948년~ 1960년	이승만 정부 (제1공화국)	유엔 감시 하 남북한 자유총선거에 의한 통일론
	평화통일정책의 준비	1960년대	장면 정부 (제2공화국)	남북자유총선거론(유엔 감시 하)
			박정희 정부 (제3공화국)	선건설 후통일론(1964), 실력배양론
북한체제 인정기	기능주의 평화통일접근	1970년대	박정희 정부 (제4공화국)	선평화 후통일론, 평화통일외교정책선언(1973. 6. 23.)
	기능주의와 신기능주의 병행	1980년대	전두환 정부 (제5공화국)	민족화합 민주통일방안(1982)
			노태우 정부 (제6공화국)	한민족공동체 통일방안(1989)
	탈냉전적 평화통일방안의 모색	1990년대	김영삼 정부 (문민정부)	민족공동체 통일방안(1994) 한민족공동체 통일방안 계승
북한체제 지원기	단계적 평화통일의 발전	2000년~ 2002년	김대중 정부 (국민의 정부)	햇볕정책, 화해협력정책(2000) 민족공동체 통일방안 계승
	평화통일정책의 발전	2003년	노무현 정부 (참여 정부)	평화번영정책, 민족공동체 통일방안 계승
		2017년	문재인 정부	평화와 번영의 한반도 민족공동체 통일방안 계승

남한의 통일정책 변천과정은 북한체제에 대한 현실 인정 여부에 근거하여 크게 세 시기로 구분할 수 있다. 첫 번째 시기(분단 이후

1960년대까지)는 남북한 적대적 관계를 전제로 유엔에 의한 통일실현을 모색한 기간이다. 두 번째 시기(1970년대 이후 2000년까지)는 남북한의 경쟁적 관계를 전제로 민족자주적 통일 실현에 주력한 기간이다. 특히 1990년대 들어와서는 체제·국토적 통일에 앞서 민족공동체의 우선 건설이 보다 현실적이라는 인식하에, 교류와 협력을 통한 점진·단계적 통일 실현에 많은 노력을 기울였다. 세 번째 시기(2000년 남북 정상회담 이후 현재까지)는 남북한 협력적 관계를 전제로 민족 자주·점진적 합의통일을 추진한 시기라 할 수 있다.

통일방안의 역사적 관점에서 지속과 변화를 구체적으로 개괄해보면 다음의 <표-10>로 나타낼 수 있다. 북한체제를 부인하던 시기를 넘어 북한체제를 인정하기 시작한 제4공화국에서부터는 기능주의적 방식이 엿보이기 시작한다. 이것은 남한의 경제력이 북한을 앞서기 시작한 것과도 밀접한 연관이 있다. 1970년대에 들어서면서 국제정세의 변화와 경제력의 발전을 바탕으로 박정희 정부는 대북정책에 적극성을 띠게 되었다.

한편 이 시기에 북한뿐만 아니라 남한은 무력에 의한 일방적인 통일(흡수 통합)이 사실상 불가능하다는 것을 깨닫게 된다. 이러한 현실인식이 표현된 것이 7·4 공동성명으로서, 이 성명의 핵심은 남북한이 군사적 해결방식을 포기한다는 것이다.

7·4 남북공동성명은 최초로 남북이 통일과 관련해서 합의를 이루었다는 점에서 남북통일에 있어서 중요한 전기를 마련했으며, 7·4 공동성명에서 합의된 '자주, 평화, 민족적 대단결'의 통일원칙은 이후 남북한 당국의 통일정책뿐 아니라 재야의 통일방안의 기초가 되어 왔다. 결국 7·4 공동성명 이후 '평화적 통일'이라는 합의된

목표를 어떻게 달성할 것인가를 둘러싼 남북한 간의 방법론적 투쟁이 전개되어 왔다. 7·4 공동성명 이후 이제까지의 '대화 없는 대결'에서 '대화 있는 대결'로의 전환이 이루어졌으나 근본적인 대결구조가 타파된 것은 아니었다. 이러한 방법론적 경쟁에서 남한은 기능주의적 접근을 시도하였다.

남한 측이 기능주의적 접근의 타당성을 주장하는 근거는 남북이 지난 70여 년간 독자적인 사회변화를 겪고 사회공동체의 해체과정이 진행되어 이제는 완전한 2개의 독립된 정치공동체로 굳어졌다는 현실인식이었다. 따라서 두 개의 존재에서 하나의 존재로의 도약을 목적으로 하는 연방주의적 접근은 실현성이 희박하며 통일은 비정치적인 분야에서 정치적 분야로의 단계적인 확산과정을 거쳐야 한다는 것이다.

기능주의적 교류의 확산의 필수적인 전제조건은 남북한 간의 평화 정착이다. 남북한 간의 잠정적인 평화공존론과 기능주의적 교류 확산론은 '동전의 양면'의 관계에 있다. 분단 이후 남북은 두 개의 독립된 정치공동체로 굳어져왔을 뿐 아니라, 적대적인 관계가 유지되어 왔기 때문에 평화의 정착 없이 교류는 불가능하였다.

이후 제5공화국에 접어들면서부터는 경제제안뿐만 아니라 정치회담도 먼저 제안하는 등, 기능주의적 방식에 신기능주의적 양상이 오버랩되어 나타나는 양상을 보이기 시작한다. 80년대의 남한 통일정책은 기능주의적 접근의 틀을 벗어나지 않았지만, 전통적 기능주의의 소극성을 벗어나기 위해 제시된 신기능주의 이론을 수용함으로써 방법론적인 진전을 보여준다. 기능주의 이론의 핵심이랄 수 있는 파급효과(spill-over)는 정치적 타결이 따르지 않을 경우 역류효과

(spill-back)의 위험이 있다. 그러므로 신기능주의(neo-functionalism)는 파급효과의 보편성을 부인하고, 정치적 문제의 의식적인 해결을 통한 파급효과의 확산을 주장하고 있다(high politics).

제6공화국에서도 기능주의와 신기능주의적 양상이 나타났으며, 이때의 한민족공동체 통일방안도 기존의 남한 통일정책의 기본 원칙인 인구비례주의를 벗어나지 못하고 있다. 즉 최종단계에서 민주적 방식과 절차에 따라 통일헌법을 확정·공포하고 그 통일헌법에 따라 총선거를 실시하여 통일 민주공화국을 완성한다는 것은 기존의 남한 통일방안의 일관된 입장이라고 할 수 있다.

문민정부 출범 이후 한민족공동체 통일방안을 계승한 민족공동체 통일방안을 주창하여 남북관계는 한때 정상회담을 개최하기로 합의하는 등의 관계개선이 모색되기도 하였으나 전반적으로는 '적대적 긴장관계'를 지속하였다. 김영삼 정부의 민족우선론 제시(1993년 2월 취임사), 대북 쌀지원(1995년 6~7월), 4자회담 제의(1996년 4월) 등의 주요 대북정책은 치밀한 대북전략의 부재와 남한당국의 선의에 대한 북한 당국의 왜곡과 '통미봉남(通美封南)' 정책에 의한 남한 당국 배제정책, 그리고 통일 관련 부처 간의 정책조정 미숙 등으로 실효를 거두지 못했다.

국민의 정부는 이른바 햇볕정책을 표방하였는데 이는 전형적인 기능주의를 바탕으로 한 정책이었다고 평가할 수 있다. 또한 남북 정상회담을 통해 남북관계가 급진적으로 변화하였는데 이는 신기능 주의적인 요소의 전형적 표현이라 할 수 있을 것이다.

참여 정부에서는 대화와 제재의 병행론과 시장평화론이 논의되었다. 병행론이 첨예한 군사적 대치상태 속에서 어떻게 북한에 '접근'

할 것인가를 제시하는 것이라면, 시장평화론은 비군사분야의 교류·협력을 통해 어떻게 북한을 '변화'시킬 것인지를 보여주는 것이다.

병행론은 북한의 핵실험 이후 대북 제재론이 국제적 여론으로 되면서 무조건적인 제재보다는 대화도 병행해야 된다는 인식을 보여준 것이고, 한편으로는 무조건적으로 북한에 끌려가지 않겠다는 의지의 표현이기도 하였다.

시장평화론은 '자유시장이 민주주의보다 평화를 가져올 가능성이 높다.'는 결론을 내리면서, '민주국가끼리는 전쟁하지 않는다.'는 '민주평화론'의 명제를 '높은 수준의 자유시장을 가진 국가끼리는 전쟁하지 않는다.'는 명제로 바꾸어 놓은 것이다. 시장평화론의 전략은 먼저 자유시장의 확산을 통해 평화의 토대를 구축하고, 그 뒤 민주주의를 지원하는 방향으로 자유시장을 활용한다는 접근방식을 취한다.

시장평화론에서는 북한을 국제사회의 일원으로 편입시키는 과정이 한반도에 평화를 정착하고 나아가 평화체제를 구축하는 과정이라고 보고 있다. 특히 안보적 측면은 물론 경제적 측면에서 북한이 국제사회의 규범을 준수하고 국제적으로 통용되는 룰에 따라 행동하도록 유도하는 노력이 평화를 이룩하는 과정과 대체로 일치한다고 본다. 그리하여 북한과 개성공단 추진 등 북한을 개방하기 위한 다양한 정책을 추진하였다. 이 시장평화론도 기능주의적 방식의 일환이라 할 수 있다.

이처럼 참여정부의 평화번영정책은 경제적 교류와 협력을 중시한다는 점에서 기능주의적 요소가 가장 중심이 된다. 하지만 정치회담을 계속하려고 노력했다는 점에서 신기능주의적 요소가, 북한과의 끊이지 않는 사회적 커뮤니케이션을 위해 노력했다는 점에서는 다원주의적 요소가, 그리고 북한의 행위자 속성, 제도 그리고 구조 등을 이해하려는 바탕에서 노력했다는 점에서 구성주의적 요소가 부분적으로 녹아있기 때문에 다양한 통합이론이 혼재된 것으로 평가할 수 있을 것이다.[23] 아울러 문재인 정부의 대북정책도 기본적으로 참여정부의 평화번영정책을 계승하고 있다고 보아야 한다.

1) 남한 역대정부의 통일방안과 연합제[24]

1948년 8월 15일 대한민국 정부가 출범한 이후 정권이 교체될 때마다 새 정부는 통일정책 내지는 통일방안을 발표하였다. 따라서 1972년 북한과 통일원칙에 합의한 제3공화국도 1973년 6월 23일「평화통일외교정책선언」을 발표하였으며, 이어 1974년 8월 15일에는 한반도에 평화를 정착시키기 위하여 상호불가침 협정 체결, 남북 간에 상호문호개방 및 신뢰회복을 위하여 남북대화, 교류·협력을 추진하며, 이 바탕 위에서 공정한 선거관리와 감시에 의한 남북한 자유총선거 등을 내용으로 한「평화통일 3대 기본원칙」을 제안하였으나 연합제는 제기된 바 없다. 이후 1981년 3월 출범한 전두환 정부는 '통일되고 독립된 근대적 민족국가의 건설'이란 통일정책을 제시하고, 1982년 1월 22일 전두환 대통령의 국정연설을 통하여 「민족화합 민주통일방안」을 제시하였다. 민족화합 민주통일방안은 '민족, 민주, 자유, 복지의 이상을 추구하는 통일민주공화국의 실현'을 통일된 민족국가의 미래상으로 제시하면서 그간에 견지하여온 통일정책

---

23) 이 부분은 허문영·오일환·정지웅(2007), pp1.6-14에서 재인용·수정·보완하였음.
24) 강성윤, "6·15 남북공동선언 제2항의 함의",『북한연구학회보』제8권 제2호(2004), pp.35-37.

을 종합한 것이다. 구체적인 내용은 민족통일협의회를 구성하여 통일국가를 실현하기 위한 통일헌법초안을 마련하고, 남북한 전역에 걸쳐 민주방식에 의한 자유로운 국민투표를 실시하여 통일헌법을 확정 공포하고 그 헌법이 정하는 바에 따라 총선거를 실시하여 통일국회와 통일정부를 구성함으로써 통일국가를 완성시킨다는 것으로 전두환 정부의 「민족화합 민주통일방안」에서도 연합제는 제안된 바 없다.

남한의 통일방안에서 연합제가 제기되기 시작한 것은 1988년 2월 출범한 노태우 정부에 이르러서이다. 동년 7월 7일에 「민족자존과 통일번영을 위한 특별선언 (7.7 특별선언)」을 통하여 남북관계와 통일문제에 대한 기본적인 정책방향을 제시하였고, 이어 노태우 대통령은 1989년 9월 11일 국회연설에서 「한민족공동체 통일방안」을 발표하였다.

한민족공동체 통일방안은 자주, 평화, 민주를 통일의 3원칙으로 제시하면서 통일의 과정, 과도적 통일체제의 기구와 역할, 통일국가의 수립절차에 관하여 구체적인 방안을 밝히고 있다. 동 방안의 특징은 통일과정에서 통일의 기반을 다져나갈 과도적인 통일체제로서 「남북연합」의 발족을 제안하고 있다는 점이다. 남북연합체제에서는 최고의사결정기구로 남북의 수뇌가 만나 상의하는 「남북정상회의」가 있고, 정부의 대표로 구성되는 「남북각료회의」와 남북국회의원으로 구성되는 「남북평의회」가 설치되며, 이러한 연합체제에서 통일헌법을 제정하고 헌법에 따라 총선거를 실시하여 통일국회와 통일정부를 구성함으로써 완전한 통일국가를 수립한다는 것이다.

이처럼 완전한 통일국가로 가는 중간과정의 과도적 통일체제로서 제시된 연합제는 1993년 2월 25일 출범한 김영삼 대통령의 문민정부에도 「한민족공동체 건설을 위한 3단계 통일방안(이하 민족공동체 통일방안)」을 통하여 단계적 접근시각을 보다 구체화하여 제시하였다.

김영삼 대통령은 1994년 8월 15일 제49주년 광복절 대통령 경축사를 통하여 통일과정을 남과 북이 「화해·협력 단계」와 「남북연합 단계」를 거쳐 완성된 「통일국가」를 건설한다는 3단계 통일구도의 민족공동체 통일방안을 제시하였다.

제1단계로 설정한 「화해·협력 단계」에서는 남과 북이 각 분야에 걸쳐 교류와 협력을 통하여 상호 적대감과 불신을 해소해 화해적 공존을 추구해 나가는 단계이다. 이러한 1단계 과정을 통하여 교류와 협력이 정착되고 상호 신뢰가 회복되면 평화를 제도화하고 통일을 본격적으로 준비하는 남북연합 단계로 발전한다는 것이다. 따라서 제2단계인 「남북연합 단계」는 통일국가 형태가 아니라 하나의 완전한 통일국가 건설을 목표로 추진해나가는 과정으로서 남북 간의 합의에 따라 법적 제도적 장치가 체계화되며, 남북정상회의, 남북각료회의, 남북평의회 등 남북연합 기구들이 창설 운영되며 통일을 준비하는 단계이다. 마지막 제3단계는 하나의 통일국가를 완성하는 단계로서 남북연합 단계에서 구축된 민족공동의 생활권을 바탕으로 두 체제를 완전히 통합하여 1민족 1국가 1체제 1정부의 단일국가로 통일을 완성한다는 방안이다.

문민정부에 이어 1998년에 출범한 국민의 정부는 김대중 대통령이 취임사에서 "남북관계는 화해와 협력 그리고 평화정착에 토대를 두고 발전시켜 나가야 할 것"임을 밝혔듯이 평화를 통일에 앞서는 선차적 과제로 내세우고 통일방안의 마련을 유보하였다. 따라서 국민의 정부는 2000년 남북 정상회담이 개최되기까지 정부 차원에서 공식적으로 통일방안을 밝힌 바 없다. 예컨대, 국민의 정부 출범 1년 후에 발간된 통일백서를 보면 역대정부의 통일정책에 대하여는 서술하고 있으면서 국민의 정부의 통일방안은 일체의 언급 없이 「대북포용정책의 추진」으로 설명하고 있다. 이러한 현상은 2000년 2월에 발간된 통일백서에서도 지속되었던 것으로 김대중 대통령의 국민의 정부는 남북 정상회담이 개최되기까지 통일방안에 대하여 공식적으로 밝힌 바 없으며 전 정부의 통일방안을 계승한다고 선언한 바도 없다. 그러므로 남북 정상회담을 통하여 합의 발표한 「6·15 남북공동선언」 제2항의 「남측의 연합제」가 논란의 대상이 된 것이다.

(1) 노태우 정부의 『한민족공동체 통일방안』[25]

노태우 대통령은 앞으로 다가오는 10년이야말로 우리의 넘치는 민족적 역량으로 통일의 길을 열 수 있는 역사적 시기라고 전제하는 가운데 정치·경제적으로 그리고 모든 분야에서 조국의 통일을 우리 스스로 이룰 수 있는 당당한 힘을 쌓았고 그것을 실천할 능력을 갖췄다고 자신감을 표명하면서 "헌법이 대통령에게 부과하고 있는 엄숙한 의무에 따라 저는 남북이 자주·평화·민주의 3원칙을 바탕으로 남북연합의 중간과정을 거쳐 통일민주공화국을 실현하는 「한민족공동체 통일방안」을 밝히고자 한다."고 역설하였다.

그는 1988년 10월 4일 국회연설에서 조국의 평화적 통일방안을

---

25) 양영식, 『통일정책론』(서울: 박영사, 1997), pp.266-275 재인용.

밝히겠다고 약속했던 사실을 상기하면서 그동안 정부는 전문가를 포함한 각계 국민들의 광범위한 의견과 지혜를 모으고, 국회공청회를 거쳐 겨레의 소망을 실현할 새로운 통일방안을 마련하였다고 함으로써 통일방안 확정을 위한 여론수렴과정을 밝히기도 하였다.

또한 노태우 대통령은 세계무역 10대국, 서울올림픽의 성공적 개최, 북방정책의 괄목할 만한 추진성과를 언급하면서, 1988년 10월 유엔총회연설을 통해 남북한 간의 화해와 협력을 바탕으로 한반도와 동북아시아에 평화의 구조를 정착시키기 위한 구상을 전 세계에 밝혔던 사실도 상기하였다.

동시에 세계사적 변화에도 불구하고 "변화를 거부하는 장애가 통일의 길목에 가로놓여 있다."고 지적하고 한반도 휴전선을 사이에 둔 세계최고의 군사력 밀집·대치상황과 북한의 적화통일 기본전략이 변화되고 있지 않은 냉엄한 현실을 직시하면서「세계적 변화의 물결이 도달하는 마지막 해안」으로서의 통제·폐쇄사회인 북한을 개방과 협력의 길로 나오도록 이끌 것임을 다짐하였다.

노태우 대통령이 제시한「한민족공동체 통일방안」은 "민족공동체야말로 남북으로 갈라진 민족을 하나로 묶고 있는 바탕이며, 우리 민족의 통합을 이루어야 하는 당위이자 이를 보장하는 근본"이라는 대전제 아래 정립되고 있으며, ① 통일조국의 미래상 ② 통일의 원칙 ③ 통일의 중간과정에 과도적 통일체계 ④ 통일국가의 수립절차 및 정책기조로 구성되고 있다.

□ 통일조국의 미래상

① 통일된 우리의 조국은 민족성원 모두가 주인이 되는 하나의 민족공동체로서 각자의 자유와 인권과 행복이 보장되는 민주국가여야 한다.

② 민족성원 모두의 참여와 기회균등이 보장되고 다양한 주의·주장이 자유로이 표현되고 대변되는 민주공화체제는 온 겨레의 오랜 소망이며 민족의 대단결을 도모할 수 있는 통일된 나라의 유일한 선택일 것이다.

③ 이에 따라 통일된 조국에서 어느 특정인이나 어느 집단, 어느 계급도 특권이나 주도적인 지위를 누리거나 독재로 전횡하는 일은 용인될 수 없을 것이다.

④ 통일된 조국은 민족성원 모두의 복지를 증진하며 민족의 항구적인 안전을 보장하면서 모든 나라의 선린우호관계를 이루어 세계의 평화와 인류의 복리에 기여하는 나라가 되어야 한다.

⑤ 우리 민족은 하나이다. 따라서 우리나라는 단일 국가여야 하며, 이것이 민족의 소망이다. 이념과 체제가 다른 두 개의 나라를 영속시키는 형태는 온전한 통일이라 할 수 없을 것이다.

□ 통일의 원칙

① <자주>: 민족자결의 정신에 따라 자주적으로
② <평화>: 무력행사에 의거하지 않고 평화적으로
③ <민주>: 민족대단결을 도모하고 민주적으로

□ 통일의 중간과정과 과도적 통일체제

㉮ 통일의 중간과정
 · 이질화된 민족사회를 그대로 두고 하나의 국가를 만들 수는
  없다. 그리고 민족공동체를 올바로 회복·발전시키는 일이야
  말로 통일을 앞당기는 길이라는 인식 아래 통일로 가는 중간
  단계로서 먼저 남과 북은 서로 다른 두 체제가 존재하고 있
  다는 현실을 바탕으로 서로가 서로를 인정하고 공존공영하면
  서 민족사회의 동질화와 통합을 촉진해 나가야 한다.
 · 남북 간에 개방과 교류·협력을 넓혀 신뢰를 심어 민족국가
  로 통합할 수 있는 바탕을 만들어가야 한다.
 · 이와 같이하여 사회·문화·경제적 공동체를 이루어 나가면
  서 남북 간에 존재하는 각종 문제를 해결해 간다면 정치적
  통합의 여건은 성숙될 것이다.
㉯ 과도적 통일체제
 · 통일을 촉진할 이 과정을 제도화하기 위해 쌍방이 합의하는 헌
  장에 따라 남북이 연합하는 기구를 설치하는 것이 필요하다.
 · 이러한 연합체제 아래에서 남과 북은 민족공동 생활권을 형
  성하여 공동의 번영을 이룩하고, 민족동질성을 회복토록 하
  여 민족공동체의 발전을 보다 가속화시켜 나가야 할 것이다.
  이것은 완전한 통일국가로 가는 중간과정의 과도적 통일 체
  제라 할 수 있다.
 · 남북연합
  ― 남북연합은 최고결정기구로 「남북정상회의」를 두고, 쌍방

정부대표로 구성되는 「남북각료회의」와 남북국회의원으로 구성되는 「남북평의회」를 설치하는 것이 바람직하다.

— 남북은 각료회의와 평의회의 업무를 지원하고 합의사항 이행 등 실무를 위해 공동사무처를 두고 서울과 평양에 상주 연락대표를 파견할 수 있을 것이다. 공동사무처를 비롯한 남북연합의 기구와 시설을 비무장지대 안에 평화구역을 만들어 설치할 수 있을 것이다.

— 평화구역은 점차 「통일평화시」로 발전시켜 나가는 것이 바람직할 것이다.

· 「남북각료회의」의 구성 및 기능 :

— 남북의 총리를 공동의장으로 하여 각각 10명 내외의 각료급 위원으로 구성하고, 그 안에 인도, 정치·외교, 경제, 군사, 사회·문화 분야 등의 상임위원회를 둘 수 있다.

— 「남북각료회의」는 남북 간의 모든 현안과 민족 문제를 협의·조정하고 그 실행을 보장하되 구체적으로는 각 상임위원회별로 다음과 같은 업무를 수행할 수 있다.

· 인도적으로는 1천만 이산가족의 재결합문제를 해결

· 정치·외교 분야에서는 남북 간에 정치적 대결 상황을 완화시키고 국제사회에서 민족역량의 쓸모없는 낭비를 막으며 해외동포의 권익은 물론 민족적 이익을 함께 신장

· 경제 및 사회·문화 분야에서는 우선 남북사회의 개방과 다각적인 교류·교역·협력을 추진하고 민족문화를 함께 창달, 특히 공동 번영의 경제권을 형성하면 남북 모두의 발전을 이루고 민족성원 모두의 삶의 질을 향상

- 군사 분야에서는 과도한 군비경쟁을 지양하고 무력대치상태를 해소하기 위하여 군사적 신뢰 구축과 군비 통제를 실현, 또한 현재의 휴전협정체제를 평화체제로 바꿔 나가는 것도 가능
- 「남북평의회」의 구성 및 기능 :
  — 100명 내외로 쌍방을 대표하는 동수의 남북국회의원으로 구성하되, 통일헌법의 기초와 통일을 실현할 방법과 구체적 절차를 마련하고, 「남북각료회의」의 자문에 응함.
  — 「남북평의회」는 통일헌법의 기초과정에서 통일국가의 정치이념·국회·국가형태 등을 논의하고, 대내외정책의 기본방향이나 정부형태는 물론 국회구성을 위한 총선거의 방법·시기·절차 등을 토의하여 합의
  — 남북은 각기 구상하는 통일헌법 초안을 「남북평의회」에 내놓고 합리적인 단일안을 만드는 데 노력

□ 통일국가의 수립절차 및 정책기조

㉮ 수립절차 :
- 통일헌법안이 마련되면 민주적 방법과 절차를 거쳐 확정·공포하고, 이 헌법이 정하는 바에 따라 총선거를 실시하여 통일국회와 통일정부를 구성, 통일민주공화국 수립(통일대업 완수)
- 통일조국의 국회는 지역대표성에 입각한 상원과 국민대표성에 입각한 하원으로 구성되는 양원제로 할 수도 있을 것임.
㉯ 정책기조 :

- 자유와 인권의 폭을 넓히며, 다양한 의사를 대표하는 복수정
  당제 인정
- 민족의 화해실현을 위해 북한이 우리의 북한 동포에게 자유
  와 인권을 보장하도록 강력히 촉구

□ 남북 정상회담의 과제

㉮ 민족공동체 헌장 마련: 본격적인 남북협력과 통일의 시대를 열
헌장의 합의 노력
㉯ 민족공동체 헌장의 내용 방향 :
- 평화와 통일을 위한 기본 방안, 상호불가침에 관한 사항, 통
  일의 중간단계로서 남북이 연합하는 기구의 설치와 운영에
  관한 포괄적인 합의 내용 함축

이상과 같은 내용으로 짜여진 「한민족공동체 통일방안」을 일컬어
노 대통령은 "우리 겨레의 의사에 맞고 남북의 현실에 부합되는 가
장 합리적이고 현실적인 방안"이라고 힘주어 말했다.

□ 「한민족공동체 통일방안」의 의의

「한민족공동체 통일방안」은 다음과 같은 세 가지 측면에서 그 의
의를 찾을 수 있다.
첫째, 「한민족공동체 통일방안」은 과거의 통일정책결정과 방안의
입안과정과 비교해 볼 때, 국민의 통일여망과 의지를 최대한 결집하

고 광범한 의견수렴을 통해 창출해 냈다는 점에서 일단 정통성 있는 통일방안이라고 할 수 있다는 점이다.

이미 지적한 바와 같이, 통일방안은 그 내용 자체의 합리성·현실성 못지않게 국민의 염원과 의견을 수렴하는 민주적 과정과 방법이 매우 중요한 의미를 가진다.

노태우 정부는 이러한 인식을 바탕으로 노태우 정부 출범 후 통일논의를 확대 개방하고 통일정책·방안 관련 세미나, 간담회 등을 통해 학계·언론계·종교계·문화계·경제계·여성계 등 각계각층의 의견을 비교적 광범하게 수렴하여 「한민족공동체 통일방안」을 마련하였던 것이다.

한편, 국회차원에서도 통일특별위원회가 주관한 통일공청회 등을 통해 새 통일방안을 마련함에 있어서 제도정치권은 물론 재야의 의견까지도 개진토록 하여 여론을 경청한 것은 주목할 만하다.

물론, 통일과 관련한 각계의 주장과 언론 매체를 통해 발표된 통일론 등 주요 통일정책관련 주장과 해외동포를 포함한 각계각층을 대상으로 한 전문기관의 여론조사결과 등을 정책결정과정에 반영한 것도 전례 없는 일이었다고 할 것이다.

둘째, 「한민족공동체 통일방안」은 분단 종식의 실천적 방향을 제시하였다는 점이다.

그동안 남북 간에는 수시로 새로운 통일방안이나 제의가 있어 왔다. 그러나 거의 전부가 영토적·제도적·정치적 목적의 접근 등 이른바 「냉전적 시각」의 것들이거나 관념론적·감상론적·비현실적인 「통일지상주의적 시각」의 것들이 많았던 것을 부인할 수 없다.

이와 같은 통일론의 갈등과 함께 남과 북은 40여 년간 계속된 냉전시대의 적대와 대결상태로 인하여 이질화가 심화되고 민족공동체는 계속 훼손됨으로써 민족공동체의 균열위기를 우려하게 되었다.

따라서 민족공동체 의식의 퇴조경향과 민족공동체의 훼손심화를 방치함으로써 민족사회가 영원히 분열되는 퇴조경향과 민족공동체의 훼손심화를 방치함으로써 민족사회가 영원히 분열되는 오욕의 역사를 후손들에게 넘겨줄 수 없다는 사명의식에서 분단의 질곡을 종식시키고 민족통일의 대도로 나아가는 실천적 방향을 제시해야 할 긴요성을 절감하게 되었다고 할 것이다.

민족공동체 의식이 메말라 버린 가운데에서는 참된 통일민족국가를 세울 수 없다는 관점에서 민족공동체의 회복·발전을 통한 통일에의 접근을 기초로 하는 새 통일방안을 제시함으로써 이념과 체제의 차이로 인한 남북 간의 대결·적대구조를 극복하고 민족자존과 통일번영으로 나아가는 실천적 방향을 제시한 것이라고 할 수 있다.

특히, 평화공존의 시각에서 상호인정과 군사문제 협상태세를 반영한 것과 과도적 통일체제로서 「남북연합」방안을 제시하고 있는 것은 진일보한 구상이라고 할 만하다.

셋째, 통일민족사 전개에 대한 국민적 자신감을 반영하고 있다는 점이다.

제6공화국 정부는 「6·29 민주화 선언」, 세계 10대 무역국으로서의 성장, 그리고 「88 서울올림픽」의 성공적 개최 등을 통해 스스로의 위상에 대한 자신감과 자긍심을 확인하면서 동포애적 차원에서 북한 동포의 삶의 질을 높이는 데도 관심을 돌림으로써 성숙된 국민적 역량을 민족웅비의 디딤돌로 삼아야 할 것임을 강조했다고 할 것이다.

더욱이 냉전구조 속에서 이념과 체제에 집착해 온 세계 여러 나라가 앞으로 다투어 화해와 협력을 추구하는 상황에서 남북한만이 냉전의 굴레에서 벗어나지 못하고 민족역량을 낭비한다는 것은 민족적 자긍심에 비추어서도 안타까운 일이 아닐 수 없음을 밝히고 있는 것이다.

이에 우리 민족은 스스로의 힘으로 통일문제를 풀어나갈 수 있을 만큼 역량을 갖추었으며, 북한 당국도 세계적인 개방과 화해의 물결을 거역할 수 없는 한계상황을 맞고 있다고 한다면, 북한을 민족공동체의 일원으로 포용하여 공존공영과 평화적 통일의 대열에 동참토록 설득하여 이끌고 돕는 노력은 당위의 일이라 할 것이다.

이러한 견지에서 「한민족공동체 통일방안」은 성숙한 국민역량과 총체적 국력의 대북우위의 자신감과 통일 환경의 긍정적 변화라는 3대 요소를 바탕으로 금세기 안에 반드시 통일민족사의 새 장을 열겠다는 노태우 정부의 의지를 반영한 것이었다고 할 것이다.

(2) 김영삼 정부의 『민족공동체 통일방안』[26]

김영삼 정부는 역대정부 가운데 정통성과 도덕성을 확실하게 겸전한 당당한 문민정부로서 국민의 절대적 지지를 받는 가운데 출범했다.

국내적 통일논의과정에 있어서 기존 정부를 괴롭혔던 '통일·안보문제의 정치적 이용'이라는 국민의 불신풍조와 비판의 굴레로부터 자유로운 입장이었다. 그리고 대북관계에 있어서도 종합 국력의

---

26) 양영식(1997), pp.348-362 재인용.

압도적 우위 속에 "이제 남북한 체제경쟁은 끝났다"라고 공언할 정도로 통일주도권을 확보한 상태였다. 뿐만 아니라 국제적 환경도 비록 탈냉전 이후시대의 강대국 세력균형정책의 향방이 변수이지만, 공산권의 붕괴, 독일·예멘의 자유통일 실현과 자유민주주의의 전 지구적 풍미의 물결 속에서 '한민족 통일시대'를 선도할 수 있는 흐름이 조성되고 있었다.

〈표-11〉 민족공동체 통일방안(김영삼 정부 1994. 8. 15.)

화해·협력단계	적대와 대립관계를 화해·협력관계로 전환 · 상대방의 체제 인정 · 교류·협력 활성화

↓

남북연합단계	공존공영과 평화정착을 통한 경제·사회공동체 형성·발전 · 민족 공동생활권 형성 · 『남북정상회의』 등 남북 연합기구의 구성·운영

↓

통일국가완성단계	1민족 1국가의 통일국가 완성 · 통일 국회, 통일 정부 구성으로 정치통합 실현

※ 민족공동체

동질적인 혈연관계를 바탕으로 공동체 내부 구성원들 간의 다양한 교류와 접촉을 통해 상호의존적인 인간관계가 이루어지고, 동질적인 신념체계와 가치관을 공유하면서 민족의 공동선에 대한 합의가 이루어지는 공동체라고 정의.

① 3단계 통일방안

김영삼 정부는 기존의『한민족공동체 통일방안』의 기본골격을 살리며,『남북 사이의 화해와 불가침 및 교류·협력에 관한 합의서』의 화해·협력정신을 반영하여 통일과정을『화해·협력』,『남북연합』,『통일국가』의 3단계로 설정하였다. 또 이를 추진하는 기조로『민주적 국민합의』,『공존공영』,『민족복리』의 세 가지를 제시하였다.

이는 점진적이고 단계적인 접근으로 남북한의 민족공동체를 회복·발전시켜 궁극적으로 하나의 체제, 하나의 정부, 하나의 국가로의 통일을 실현하자는 것이다. 화해·협력 단계와 남북연합 단계를 거쳐 1민족 1국가의 통일국가를 완성한다는 3단계 통일추진구도는 이미『한민족공동체 통일방안』에서 정립된 내용이었다.

□ 화해·협력 단계

남북한이『남북기본합의서』와『한반도 비핵화 공동선언』에서 합의한 사항들을 성실히 이행·실현해 나감으로써 남북 간의 적대와 반목·불신의 관계를 화해와 협력의 관계로 전환시켜 나가는 단계이다.

이를 위해서는 먼저 남과 북 모두가 한반도에 두 개의 정치체제가 존재함을 인정하고, 상대방을 타도의 대상으로 보지 않고, 오히려 공존공영의 협력자로 보는 새로운 인식이 필요하다. 물론 남과 북은 이미 남북기본합의서에서 이를 약속한 바 있으나 제대로 지켜지지 않고 있다. 김영삼 정부는 이러한 남북관계의 안타까운 현실을 감안하여 화해·협력 단계를 통일 과정의 첫 단계로 부각시켰던 것이다.

화해·협력을 위해서는 상대방의 실체를 인정하는 것만으로 이루어지는 것은 아니며, 여기서 한걸음 더 나아가 다각적인 교류 협력과 군사적 긴장완화 조치 등을 통해 상호신뢰를 구축해 나가야 한다.

또한 이 단계에서는 국민적 합의가 무엇보다 중요하다. 즉, 남북관계가 화해와 협력의 동반자 관계로 나아가기 위해서는 통일에 관한 자발적 국민합의 또는 통일역량의 국내적 결집이 절실히 필요하다. 정통성과 도덕성을 갖춘 김영삼 정부에서 국민적 합의가 이루어질 때 비로소 남북당국 간 혹은 민간차원의 교류·협력도 활발하게 이루어질 수 있다는 것이다.

ㅁ 남북연합 단계

화해·협력 단계에서 이룩된 상호신뢰와 평화정착을 바탕으로 남과 북은 과도적 통일체제인 「남북연합」을 구성하여 통합과정을 안정적으로 관리하면서 민족사회의 통합을 촉진시켜 나가는 단계이다. 이 단계에서 남과 북은 비록 외교·국방·내정에 걸쳐 독립적인 주권을 행사하지만 「남북연합」이라는 한 지붕 아래서 민족의 공동이익을 위한 교류와 협력을 강화함으로써 민족공동 생활권을 형성하고 사회적·문화적·경제적 공동체를 이룩해 나갈 것이다. 또한 이 단계에서 남과 북은 공동으로 구성하는 기구들을 통해 국가통합을 위한 여러 방법을 논의하게 될 것이다. 물론 「남북연합」에 어떤 기구를 두며 어떤 일을 할 것인가는 남북한의 합의에 의해 구체적으로 정하면 된다. 그러나 기본적으로 「남북정상회의」와 「남북각료회의」를 상설화하고 남북 간에 남아있는 이질적 요소들을 제거해 나가자는 것이다.

이와 같은 방식으로 남북 간의 교류와 협력이 일상화되고 민족사회의 통합이 심화되면 남북 간에는 의회대표들이 함께 모여 통일헌법을 마련하는 등 완전한 정치적 통합을 위한 준비를 해 나가게 될 것이다. 이러한 의미에서 남북연합 단계는 완전한 통합의 예비단계라고 할 수 있다.

□ 통일국가 단계

통일국가 단계는 「1민족 1국가」로의 정치적 통합을 실현하고 경제·사회 전반에 걸쳐 민족사회의 완전한 통합과 동질화를 이룩하는 통일의 마지막 단계이다.

「남북연합」의 원활한 운영을 통해 남북 간에 경제적·사회적·문화적 공동체가 형성되고 정치적 결합도가 높아지게 되면 남북관계는 본격적인 정치통합을 논의하는 단계로 발전하게 될 것이다. 또 남북의회대표들은 민주적 절차에 따라 통일헌법안을 마련하게 될 것이며, 이 통일헌법에 따라 민주적인 선거에 의해 통일정부와 통일국회를 구성하고, 남북한 두 체제의 기구와 제도를 통합함으로써 「1민족 1국가」의 통일을 완성할 수 있다는 것이다.

그러나 이러한 통일국가의 수립이 모든 문제의 종결을 의미하지는 않는다. 같은 민족이 하나의 국가를 이룩하였다고 하더라도 분단되어 살았던 당시의 상흔으로 인해 여러 가지 부작용이 생겨날 수 있다. 즉, 정치체제의 외형적 통일이 달성되었다고 하더라도 사회·문화적으로나 경제적으로 민족공동체의 실질적인 통합에 이르지 못할 수도 있다.

② 3대 기조

김영삼 대통령은 그의 임기 안에 남과 북이 「남북연합」 단계에 들어설 수 있도록 최선을 다할 것을 다짐하면서 통일정책추진을 위한 3대 기조를 밝혔다.

「통일정책의 3대 기조」는 문민정부 초기의 강한 민족주의적 호소와 자신감을 바탕으로 한 포용적이고 실천적인 정신자세를 잘 대변해 주고 있다.

김 대통령의 민주평화통일자문회의 개회사에서 밝힌 3대 기조는 다음과 같다.

> "① 첫째로 「민주적 절차의 존중」(민주적 국민합의)입니다. 새 정부는 국민적 합의를 바탕으로 3단계 통일정책을 강력하게 추진해 나갈 것입니다. 새 문민정부는 정통성, 도덕성, 대표성을 가진 민주정부입니다. 이런 정부만이 국민의 자발적 지지를 토대로 통일을 실현할 수 있습니다.
> 새로운 문민정부가 통일정책을 정권유지에 이용하는 일은 절대로 없을 것입니다. 이제 북한 당국도 우리 내부의 불신과 갈등을 조장하겠다는 헛된 생각을 버려야 합니다.
> 정통성을 지닌 정부만이 민족과 국민의 운명을 결정하는 중대한 문제를 해결해 나갈 수 있습니다. 이 점을 북한 당국은 깊이 인식해야 합니다.
> ② 둘째로, 공존공영의 정신입니다.
> 남북 간의 평화공존은 반드시 공동 번영으로 이어져야 합니다.
> 서로 가난하게, 부자유스럽게 공존하는 것이 무슨 의미가 있습니까? 남북이 다 함께 자유와 풍요를 누리면서 공존해야 합니다. 제가 북한을 흡수통일할 뜻이 전혀 없다고 여러 차례 밝힌 것은 바로 이런 정신에서 나온 것입니다.
> ③ 셋째로 민족복리의 정신입니다.

통일은 민족 전체의「삶의 질」을 높이는 방향으로 추진되어야 합니다. 민족구성원 모두에게 자유와 복지와 인간의 존엄성이 보장되는 통일민주국가, 이것이 바로 민족전체의 복리가 구현되는 통일된 조국의 모습입니다. 이 같은 민족복리의 가치는 인류보편의 가치입니다. 세계와 함께 호흡하는「열린 민족주의의 가치」입니다. 우리는 북한이 이처럼 열린 세계로 나올 것을 기대합니다. 우리는 결코 북한의 고립을 원하지 않습니다."

김영삼 정부는 역대정부와의 차별성을 부각시켜 나갔다. 무엇보다도「민주적 국민합의」는 다른 두 기조의 기초로 작용하는 첫 번째 요건이며, 맨 먼저 다져야 할 통일정책의 국내적 기반이라는 것이 김영삼 정부의 통일정책기조였다고 할 것이다.

진정한 국민적 합의 없이는 공존공영과 민족복리는 성취되기 어렵다는 것이었다. 즉 우리에게 필요한 것은 감상적 통일지상주의가 아니라 통일에 대한 합의라는 것이었다.

국민합의라는 정책기조는 한편으로는 국민들의 자발적 지지를 토대로 통일문제를 민주적으로 풀어나간다는 의미를 지니면서도, 다른 한편으로는 북한의 통일전선전략을 포기시키는 효과를 발휘하게 된다고 보는 입장이다.

실제로 정부의 정통성이 부족했던 지난날 우리 사회에서는 통일문제를 둘러싸고 당국과 비당국 사이에 긴장과 반목이 심각했었으며, 이를 기회로 북한은 우리 내부의 소모적 통일논쟁을 유발하기 위한 대남 선전선동 공세를 강화함으로써 남북관계는 답보상태에서 벗어나지 못했고 국내 정국도 불안했었다고 평가했던 것이다.

그러나 김영삼 정부는 정통성과 도덕성을 확보함으로써 이미 국민적 합의의 기틀을 마련했을 뿐만 아니라, 정부가 추진하는 일련의 개혁정치가 국민적 지지를 받고 있다고 확신하는 입장에 있었다. 또 지난날 통일 문제와 관련하여 정부당국과 대결적 자세를 취했던 재야세력도 김영삼 정부의 통일노력을 이해하고 협조하려는 전향적 자세를 보여주고 있다는 사실이 이 같은 국민적 합의를 뒷받침해 주고 있다고 주장할 수 있는 것이었다.

이처럼 새로운 정치상황에서 「합리적 비판세력」과 「합리적 보수세력」의 통일의견을 모두 수렴하는 국민합의를 바탕으로 공존공영과 민족복리의 통일정책을 추진하려는 것이 김영삼 정부의 통일의지라는 논리였다.

다음으로 '공존공영'이란 남과 북이 대립과 반목의 자세를 버리고 함께 자유와 풍요를 누리면서 공존하는 것을 말한다.

1992년 2월 19일 남과 북은 「남북기본합의서」를 발효시켜 공존공영의 기본 틀을 마련했음에도 불구하고 아직까지도 합의서의 정신이 실효를 거두지 못하고 있는데, 이는 일차적으로 남북당국 간의 깊은 불신에 연유한다고 보는 것이다. 그리고 이 불신은 상대적인 차이는 있지만 양쪽 모두의 냉전적 사고와 관행에서 비롯된 것으로 평가하는 냉철한 인식에서 비롯되고 있다.

진정으로 남과 북이 공존공영하기 위해서는 먼저 상대방을 인정·존중함으로써 제도와 사상의 차이를 상호 인정하고 내정에 간섭하지 않음으로써, 신뢰관계를 쌓아나가야 하며 상대를 의미 있는 대화와 협력의 대상으로 존중해야 한다는 입장이었다.

서로 다른 체제와 사상 간에도 평화공존할 수 있다는 것을 우리는 이미 현대사의 경험에서 배웠고, 이 보편적 원칙은 우리 민족에게 있어서 통일로 가는 필수적 과정이라는 것이다.

한편 공존은 공영으로 이어져야 한다. 서로 가난하게 공존하는 것은 아무 소용이 없으며, 서로 대결하며 공존하는 것도 무익한 것임을 깨달아야 한다는 것이다. 공존공영은 말 그대로 함께 번영하기 위해 함께 존재한다는 것이다.

따라서 남북한이 서로 교류·협력하고 서로 필요한 것을 나누려는 자세를 가져야 한다는 입장이었다. 공존공영의 참뜻은 상대방을 고립시키거나 봉쇄하는 정책을 배제하는 데 있는 것이었다.

김영삼 정부가 북한을 흡수통일할 의사가 없음을 기회 있을 때마다 내외에 천명한 것은 우리가 진정으로 바라고 있는 것이 공존공영과 평화적·점진적 방법에 의한 민족의 통일을 지향하기 때문이라는 것이다. 또 김영삼 정부가 북한을 고립시키기보다는 오히려 국제 사회의 당당한 일원으로 참여토록 도와주는「참여정책」을 채택하고 있는 까닭도 바로 이 같은 공존공영의 정신에서 비롯된 것이라는 논리였다.

필경 남북 간의 공존공영은 민족동질성 회복의 촉매 역할을 할 것이며 남북 간의 교류·협력이 제도화되는 남북연합 단계에서도 계속 요청될 것이라고 보는 것이다.

그리고 민족복리는 한민족 전체의 삶의 질이 향상되고 복지가 신장되어 민족 구성원 개개인의 자유·인권과 행복이 보장되는 민족 통일국가를 이룩하기 위한 민족적 차원의 정신이라고 강조되었다.

그동안 우리 사회에는 민족주의에 대한 그릇된 인식이 적지 않게 있어 왔다. 그러나 김영삼 정부의 통일정책 기조인 민족복리는 저항적 민족주의나 팽창적 민족주의와는 아무런 관련이 없으며, 통치이데올로기와 정권안보용으로 포장된 민족주의와도 본질적으로 구별

된다는 것이었다.

김영삼 정부가 내세우고 있는 민족복리는 오늘날 분단된 우리 상황에서 이념·사상·체제의 차이에서 오는 갈등과 반목을 뛰어넘을 수 있는 보편적 성격을 지니고 있는 것으로서 민족구성원 모두의 존엄성이 구현될 수 있도록 개인의 자유와 인권이 보장되고, 복지화되어 미래의 민족통일국가를 만들어 나가는 것이라는 입장이었다.

이 같은 민족복리의 기조는 인류보편의 가치이며 통일정부가 가장 소중히 추구해야 할 목표의 가치이기도 한 것이었다.

요컨대 김영삼 정부의 통일정책추진 3대 기조는 특정이념과 체제보다는 민족구성원의 자유와 복지와 인간존엄성이 구현되는 보편적 가치로서 한민족 전체의 삶의 질을 향상시키는 민족복리를 우선하고 꾸준한 교류협력을 통해 공존공영의 열매를 거두어들이고 그 결과 1민족 1국가라는 통일체제를 세우자는 것이었다.

이 같은 통일정책 추진 3대 기조는 시간적으로 순차적인 관계를 형성하고 있다. 먼저 우리 내부의 자발적인 국민합의가 이루어지면 이를 기반으로 북한체제와 공존공영을 추구하는 구체적인 정책을 펼쳐나갈 수 있고, 또 공존공영의 결실이 쌓일 때 비로소 민족복리가 달성될 수 있다는 논리구조라고 할 수 있다.

당시 한완상 부총리는 "그전 정부의 통일정책과 다른 점은 단계론에 있는 것이 아니고, 과정·구도에 있는 것도 아니다. 바로 그 기조와 정신에 있다."고 문민정부 통일정책의 발상법의 차이를 강조하였다.

「냉전체제의 종식은 남북통일의 신호탄」이라고 주장한 그는 김영삼 정부하에서 "통일정책 실현을 가능케 하는 국내정치기반이 마련되고 있다고 생각한다. 다만 두 가지가 우리를 괴롭히고 있다. 하나는 핵문제이다. 이것은 국제화되었기 때문에 우리끼리 해결할 수 있는 문제가 아니다. 또 하나는 남북 두 체제 안에 깊이 뿌리내리고 있는 냉전체제이다. 이것을 해체하지 않고서는 개혁도 안 되고 통일도 안 된다. 왜냐하면 과거의 냉전적 법제·제도·의식·관행이 민주개혁을 억압한 하나의 구실이었기 때문이다"고 밝혔다.

2) 남한의 연합제 변천과정[27]

앞서 검토한 바와 같이 6·15 남북공동선언이 발표된 시점까지 남한의 통일방안에서 연합제는 노태우 정부의 「한민족공동체 통일방안」과 김영삼 정부의 「민족공동체 통일방안」에서 제안되었을 뿐 국민의 정부는 통일방안으로 연합제를 공식적으로 채택 제안한 바 없다. 물론 김대중 대통령이 대통령이 되기 이전에 정치인 김대중으로서 3단계 통일론에서 연합단계를 주장한 바는 있지만, 그것이 국민의 정부의 통일방안은 아니다. 따라서 제2항의 「남측의 연합제」안에 대한 논란은 필연적일 수밖에 없었으며, 특히 각각의 연방제안에는 방법과 단계의 차이가 있기 때문이기도 하다.

그러므로 공동선언 제2항의 남측의 연합제 안에 대하여 문민정부의 「민족공동체 통일방안」에서의 남북연합으로 보는 견해와 노태우 정부의 「한민족공동체 통일방안」과 김대중의 「3단계 통일론」이 반영된 것으로도 해석하고 있으며, 김대중의 3단계 통일방안에 초점을 두고도 있다. 뿐만 아니라 김대중의 3단계 통일론을 비롯하여 한민

---

27) 강성윤(2004), pp.37-40.

족공동체 통일방안과 민족공동체 통일방안 등 연합제를 수용하고 있는 모든 방안을 포괄한 개념으로 해석하고도 있다.

이러한 혼란은 북한과 합의한 남의 연합제에 대한 국민의 정부의 모호한 태도에서 비롯되었다고 하겠다. 물론 정상회담 직후 '「남북공동선언」 쟁점과 설명관점'이란 자료는 다음과 같이 문답하고 있다.

③ 김 대통령은 「3단계 통일방안」에 기초해서 협상했는가, 「민족공동체 통일방안」에 기초해서 협상했는가? 김대중 대통령은 대한민국의 대통령이고, 대한민국의 통일방안은 '89년도 국회공청회와 국민적 합의하에 마련된 「민족공동체 통일방안」이며, 현 정부도 이를 계승했다. 의심의 여지없이 「민족공동체 통일방안」에 있는 「남북연합」 구성방안을 제안했다.

이처럼 국민의 정부는 민족공동체 통일방안을 계승했음을 최초로 밝히면서 동 안의 연합제가 북한과 합의한 2항의 연합제라고 하였다. 이후 국민의 정부는 「6 · 15 남북공동선언」을 발표한 8개월 후에 발간한 『2001 통일백서』를 통해 "우리의 통일방안은 1980년대 말 국회공청회와 폭넓은 국민의견 수렴을 거쳐 마련된 「민족공동체 통일방안」으로 …… 「남북연합」을 이루어 평화적으로 공존하면서 완전한 통일국가를 이루어 나가자는 방안이다"라고 했을 뿐 제2항의 남측의 연합제에 대하여 구체적으로 적시하지는 않았지만 노태우 정부의 「한민족공동체 통일방안」에서 제안된 남북연합임을 은연중에 시사한 것이라고 해석할 수 있다. 그러나 동 통일백서는 "이번 정상회담에서 김대중 대통령의 「연합제」안 설명에 대해 김정일 국방위원장은 그 현실성을 인정하고, 「낮은 단계의 연방제」는 남북이 현존하는 2체제 2정부를 유지하면서 상호 협력하여 단계적으로 통일을 지향한다는 것으로서, 남북연합과 사실상 같음을 인정하였다."라고 남북통일방안의 공통성을 인정한 제2항의 합의과정에 대하여 밝히고 있다. 이러한 합의과정에 대한 기록이『2002 통일백서』에서는 무슨 이유에서인지 삭제되었다. 그러나『2001 통일백서』에서 밝혔듯이 김대중 대통령이 당시 설명한 연합제가「남측의 연합제 안」실체라고 보아야 할 것이다.

이와 관련하여 김대중 대통령은 6·15 공동선언을 평양에서 발표한 다음날인 2000년 6월 16일 청와대의 국무회의에서 남북 정상회담의 경과를 설명하면서 "(통일방안이 합의된 경위에 대해) 계속 그쪽에서 통일, 통일 얘기를 하면서 연방제를 주장하는데 연방제는 군사와 외교권을 중앙정부가 갖고 내정은 지방정부가 갖는 것이다. 그런데 현실적으로 남북관계에서는 이것이 불가능하다. 그래서 내가 오랫동안 구상해 온 통일방안에 대하여 설명했다. 1단계 남북연합, 2단계 연방, 3번째가 통일인데 1단계는 현재대로 가는 것이다 …… 이런 방안에 서로 의견을 맞출 필요가 있다고 말했다. 김정일 위원장이 배석한 김용순 비서와 한참 얘기 끝에 낮은 수준의 연방 얘기가 나왔다. 그것은 보면 내용적으로 연합제와 같은 얘기다. 그래서 접점이 나오기 시작했다."라고 밝혔듯이 김대중 대통령이 정상회담에서 설명한 연합제는 자신의 3단계 통일론의 연합제인 것이다. 따라서 북한과 합의한 남의 연합제 안은 김대중의 연합제로 보아야 할 것이다. 남북 정상회담이 개최된 시기까지 공식적으로 국민의 정부의 통일방안을 밝힌 바도 없고 과거 정부의 통일방안을 계승한다고 선언한 바도 없는 입장에서 북한과 정상회담에서 국민적 합의를 거치지 않은 정치인 김대중의 연합제 안을 남측의 연합제 안으로 북과 합의하였기 때문에 모호한 태도를 취하였다고 판단된다.

북한도 제2항을 "북조선의 낮은 단계의 련방제 안과 ≪남한≫의 련합제 안(김대중 씨의 <공화국련합제 안)의 공통성을 인정하는 방향에서 통일해 나가자는 합의사항에 대해……"라고 김대중의 연합제와 합의한 것이라는 설명이다.[28]

그러나 국민의 정부는 『2002년 통일백서』에서 "현 정부의 통일방안은 「한민족공동체 통일방안(1989년)」을 보완한 「민족공동체 통일방안(1994년)」을 계승하고 있다"라고 밝히면서 "우리 측의 '연합제' 안은 '민족공동체 통일방안'에서 제시하고 있는 남북연합 단계를 의미한다."고 설명하고 있다. 이는 김대중 대통령의 국민의 정부가 김영삼 대통령의 문민정부의 통일방안을 계승하고 있고 제2단계의 남북연합 단계가 제2항의 「남측의 연합제 안」이라는 것이지만, 이는 2001년의 통일백서나 정상회담 다음날 청와대 국무회의에서 설명과는 다른 내용이다.

---

28) 장석, 『김정일 장군 조국통일론 연구』(평양: 평양출판사, 2002), p.379.

<표-12> 남한의 연합제 변천과정

항목	제6공화국 <한민족공동체 통일방안>	문민정부 <민족공동체 통일방안>	김대중의 <3단계 통일방안>	국민의 정부
통일원칙	자주·평화·민주	자주·평화·민주	자주·평화·민주	·1998년 출범 이후 2000년 6·15 공동선언 발표까지는 통일방안에 대해 언급하지 않음. ·공동선언 2항을 합의한 이후 국민의 정부는 '한민족공동체 통일방안'을 계승했다고 언급하면서 동 방안의 연합제를 설명함. ·2001년부터 '한민족공동체 통일방안'을 계승한 '민족공동체 통일방안'을 계승한다고 발표함.
통일과정 (단계구분)	구분 없음	1단계: 화해협력 2단계: 남북연합 3단계: 통일국가	1단계: 남북연합 2단계: 연방 3단계: 완전통일	
연합의 내용	1민족 2국가 2체제 2정부(외교·군사권 남북정부 각각 보유)	1민족 2국가 2체제 2정부(외교·국방 남북정부 각각 보유)	1민족 2국가 1체제 2정부(외교·국방 남북정부 각각 보유)	
연방 단계	없음	없음	1민족 1국가 1체제 2자치정부(외교, 국방 연방정부 보유)	
연합(연방) 의 근거	연합: 민족공동체 헌장	연합: 남북연합헌장	연합: 남북연합헌장 연방: 연방헌법	
연합의 성격	과도적 통일체제	과도적 통일체제	중간단계	
정책 결정기구	남북정상회의-남북 각료회의-남북평의 회-(공동사무처)	남북정상회의-남북각 료회의-(남북평의회)	연합단계: 남북연합 정상회의-남북연합 각료회의-남북연합 회의 및 사무국-분 야별 남북 연합위 원회 연방 단계: 연방정부~ 연방의회(양원제)	
통일국가 수립절차	통일헌법제정과 총선거 실시	통일헌법안제정과 민주적 선거	연방헌법	
최종 통일국가	통일민주공화국 수립 (1민족 1국가 1체제 1정부)	통일정부구성→통일 국가 수립(1민족 1 국가 1체제 1정부)	완전통일(1민족 1 국가 1체제 1중앙 정부): 중앙집권적 체제 또는 세분화 된 연방체제	

2. 북한의 통일정책

1) 북한의 통일정책 전개과정[29]

(1) 연방제 통일정책

김일성은 1960년 8월 14일 해방 15주년 경축식 개회연설을 통해서 남북한 총선거를 통한 통일을 전제로 과도적 대책으로서 연방제를 실시할 것을 최초로 제의하였다.

> 조선인민의 민족적 명절 8·15 해방 15돐 경축대회에서 한 보고
> <1960년 8월 14일>
>
> "...어떠한 외국의 간섭도 없이 민주주의적 기초 위에서 자유로운 남북총선거를 실시하는 것이 평화적 조국통일의 가장 합리적이고 현실적인 길이라는 것은 론박할 여지가 없습니다. 우리는 남조선의 모든 정당, 사회단체들과 각계각층 인민들에게 이러한 선거의 실시를 위하여 나설 것을 호소합니다. 만일 그래도 남조선당국이 남조선이 다 공산주의화 될까 두려워서 아직은 자유로운 남북총선거를 받아들일 수 없다고 하면 먼저 민족적으로 긴급하게 나서는 문제부터 해결하기 위하여 과도적인 대책이라도 세워야 할 것입니다. 우리는 이러한 대책으로서 남북조선의 련방제를 실시할 것을 제의합니다. 우리가 말하는 련방제는 당분간 남북조선의 현재 정치제도를 그대로 두고 조선민주주의인민공화국 정부와 ≪대한민국≫ 정부의 독자적인 활동을 보존하면서 동시에 두 정부의 대표들로 구성되는 최고민족위원회를 조직하여 주로 남북조선의 경제문화발전을 통일적으로 조절하는 방법으로 실시하자는 것입니다. 이러한 련방제의 실시는 남북의 접촉과 협상을 보장함으로써 호상 리해와 협조를 가능하게 할 것이며 호상 간의 불신임도 없애게 될 것입니다. 그렇게 되었을 때에 자유로운 남북총선거를

---

29) 이 부분은 필자의 석사학위논문, 『북한의 '낮은 단계의 연방제'』(서울: 동국대학교, 2002)에서 재인용·수정·보완하였음.

실시한다면 조국의 완전한 평화적 통일을 실현할 수 있으리라고
우리는 인정합니다.
특히 이러한 련방제의 실시는 비록 각계각층을 망라하는 통일적
인 련합정부가 못되여서 국가적 지도는 못하더라도 이 련방의 최
고민족위원회에서 전 민족에 리로운 경제문화적 문제들을 협의하
며 남북조선의 경제문화교류와 호상 협조를 보장함으로써…"[30]

즉, 김일성은 「당분간 남북조선의 현재 정치제도를 그대로 두고
조선민주주의인민공화국 정부와 대한민국 정부의 독자적인 활동을
보장하면서 두 정부의 대표들로 구성되는 최고민족위원회를 조직하
여 남북 간의 경제문화 발전을 모색할 것」을 제의했다. 그에 따르면
'연방제의 실시는 남북 간의 접촉과 협상을 보장함으로써 상호이해
나 협조를 가능하게 하고 상호 간의 불신임도 제거하며, 그렇게 되
었을 때 자유로운 남북 총선거를 실시한다면 조국의 완전한 평화적
통일을 실현할 수 있다'는 점진적·단계적 접근을 시사한 것이다.

김일성 제안의 골자를 추려보면 다음과 같다.

① 외국의 간섭 없는 민주주의적 기초 위에서 자유로운 남북총선
거를 실시한다. ② 남한이 이를 받아들일 수 없다면 과도적 조치로
서 남북한 연방제를 제의한다. ③ 상기 제안 등을 남한이 동의치 않
는다면, 남북한 실업계 대표로 구성되는 순전한 경제위원회라도 조
직한다. ④ 남북한 문화사절 외래와 과학, 문화, 예술, 체육 등 모든
분야에서의 교류를 다시 한 번 제의한다. ⑤ 남한에서의 미군의 즉시
철퇴를 요구하며, 남북한 군대를 각각 10만 또는 그 이하로 축소할
것을 제의한다. ⑥ 이상의 제 문제를 협의하기 위해 남북한 대표들이

---

30) 『김일성 저작집』 제14권 (평양: 조선로동당출판사, 1968), pp.214-254.

합의할 것을 당국과 정당, 사회단체 및 개인 인사에게 제의한다.

이어 북한은 그해 11월 19일 최고인민회의 제8기 8차 회의에서 최용건의 보고를 통해 "연방제가 실시되어 최고민족회의가 조직되거나 남북한 경제위원회가 구성되면 수행할 과업"으로 과학·문화·예술·체육 등 7개 분야의 남북교류협력 방안을 제시하였다.

이 시기 북한의 연방제 주장에는 다음과 같은 몇 가지 특기할 만한 사항이 있다. 첫째, 남북한 자유총선거 방안이 가장 합리적이고 현실적인 평화통일의 길이라고 인정하고 있다. 둘째, 남북연방제는 분명 과도적 대책이며, 당분간 두 정치제도를 인정하고 있다. 셋째, 남북한 정부당국의 대표들로 일종의 협의조정기구인 '최고민족위원회'를 구성하자고 함으로써 국가연합적 성격을 시사한 듯한 인상을 주고 있다. 넷째, 특수한 형태의 과도적 중앙정부격인 최고민족위원회의 주요기능은 내정권·외교권·군사권(군 통수권)의 영역을 전혀 침해하지 않는 것으로 되어 있다.

김일성은 1961년 9월 노동당 제4차 대회에서 4·19 이후 5·16 전야까지의 남한정세를 가리켜 혁명을 수행할 수 있게 정세가 전개되었다고 말했다. 그러나 김일성은 「혁명적 당이 없었고 뚜렷한 투쟁 강령이 없었으며 따라서 기본 군중인 노동자·농민이 항쟁에 널리 참가하지 못했기 때문에 4월 민중봉기는 철저히 조직적으로 전개되지 못했으며 실패하고 말았다」고 개탄했다. 이렇게 볼 때 1960. 8. 14.의 「남북연방제」 제안은 남북정부 간의 협상에 의해서 「최고민족회의」를 구성하고자 한 것이 아니라 4·19 이후의 민주주의를 지향하는 대중운동을 연공운동 및 반미운동으로 발전시킴으로써 한국의 반공태세를 붕괴시키는 동시에 한미공동방위체제를 무력화시킴으로써 일거에 남조선 혁명(연방정권의 수립)을 수행하고자 노린 것이라고 보겠다. 당시 북한공산집단은 한국의 민주당 정권을 자유당 정권과 본질적으로 다름이 없는 반공정권이라고 규정했던 만큼「완전합작」의 가능성이 있다고 보지 않은 것이 분명하며, 따라서 민주당 정권은 타도대상이라고 보았고 그 공격세력을 하층 통일전선 위주로 규합하려고 꾀했다고 보겠다.

북한의 이러한 제의는 당시 이상적·급진적 접근을 구사했던 남한의 장면 정부에 의해서 즉각 거부되었으나, 남한 내 북한과의 협상을 주장한 민통과「혁신」계의 지지를 받았다. 1972년 9월 17일 김일성은 일본「매일신문」과 장시간 회견을 했는데, 그 회견 내용의 골자는, '① 남북의 현 정치제도를 그대로 두고 각 정부 대표로 구성되는 최고민족회의를 조직한다. ② 최고민족회의는 남북 사이에 제기되는 정치, 경제, 군사, 문화적 문제들을 해결한다. ③ 쌍방이 서로 자기의 사회제도를 상대방에게 강요하지 않는다. ④ 남북연방제가 실시되면 남북 간에 보다 광범한 접촉과 내왕이 실현되고, 불신과 냉대가 없어지며, 이해와 신뢰가 조성되어 민족적 단합이 이루어질 것이다. ⑤ 이런 기초 위에 민주적 남북총선거로 전 조선적인 통일정부를 수립한다.'로 되어있다. 이는 당시 북한의 통일정책이 이상적·급진적 접근에 근거를 두고 있으면서 명분보다 남한혁명이라는 현실에 역점을 두고 점진적 접근을 따르고 있음을 시사하는 것이었다.

한편 김일성은 1973년 우리 정부의 6.23「평화통일외교정책」선언에 대응하는 조치로서 또다시 남북연방제를 주장했는데, 그 요지는 ① 군사적 대치상태 해소와 긴장상태의 완화, ② 정치, 군사, 외교, 경제, 문화 등 다방면의 합작과 교류의 실현, ③ 광범한 각계각층 인민들과 정당, 사회단체 대표들로 구성되는 대민족회의의 소집, ④ 단일국호에 의한 남북연방제 실시 - 고려연방공화국, ⑤ 단독 UN가입 반대 및 고려연방국 국호에 의한 유엔 가입으로 나라의 분열을 막고 남북 간의 연계와 합작을 전면적으로 실현하여 완전한 통일을 앞당긴다는 것이다.

북한이 주장한 '고려연방공화국' 안은 1960년의 연방제 안과 마찬가지로 남북의 상이한 제도를 인정하며, 완결된 통일형태가 아니라 과도적 조치로 제의되었다.

그러나 '고려연방공화국' 안은 몇 가지 점에서 1960년의 연방제 안과 차이가 있다. 1960년 연방제 안에 따르면, 남북 정부의 동수 대표로 구성되는 '최고민족회의'는 경제, 문화 문제만 통일적으로 다루고 남북 정부는 군사, 외교 분야에서 독자적 활동을 보장받는 데 반해, '고려연방공화국' 안에 의하면, 경제, 문화 문제뿐만 아니라 정치, 군사, 외교, 문제까지 각계각층 인민들과 각 정당, 사회단체 대표들로 구성되는 '대민족회의'에서 통일적으로 다루어진다. 또한 1960년의 연방제 안이 남북총선거를 통한 통일정부 수립이 불가능할 경우 대안으로 제시되었던 데 반해, '고려연방공화국' 안은 '통일을 실현하기 위한 가장 합리적인 방도'로 제시되고 있다. 즉 1960년의 연방제 안이 정치 문제보다는 경제, 문화 분야에서 남북 간의 교류를 강조하는 기능주의적 성격이 강하였던 데 반해, '고려연방공화국' 안은 정치, 군사 문제의 일괄타결을 먼저 이룬 후 경제, 문화교류를 한다는 연방주의식 통일방안이라고 할 수 있다.

1960년 연방제 안이 분명히 연합적 성격(confederation)이었다면, '고려연방공화국' 안은 완전한 연방제(federation)의 형태라고는 할 수 없을지라도 적어도 1960년의 연방제와 비교하면 연방제의 성격을 보다 많이 띠고 있다고 할 수 있다.

1978년 4월 24일 북한은 '조국통일 민주주의 전선 중앙위' 이름으로 또 다시 제안한 연방제에서 연방정부의 기능을 상당히 강화시킴으로써 연방제의 면모를 분명히 했다. 이 제안에서 밝힌 연방정부의 기능은 ① 민족경제와 문화를 통일적으로 발전시키고 ② 국방을 단일화하며 ③ 대외활동을 유일적으로 전개하며 ④ 나라의 완전한 통일을 크게 촉진시킨다는 것이다. 즉 연방정부는 민족경제, 문화, 국방 및 대외활동을 통일적으로 전개하는 강력한 권한을 가지는 등 온전한 연방정부의 기능을 행사하는 한편, 남북한 구성정부는 독자적인 외교, 국방권을 갖지 못하므로 국제법상 국가적 인격을 인정받지 못하는 명실공히 연방제를 제시한 것이다. 이러한 제의는 한국의 민주화운동을 의식하고 실현성보다는 명분을 내세워 진보적인 남한 국민들의 동조를 목표로 하는 이상적·급진적 접근의 표본적인 것이었다.

북한은 1980년 10월 10일 제6차 당대회에서 기존 연방제 통일방안을 보다 구체화하여 '고려민주연방공화국 창립방안'을 제시하였다. 김일성은 "통일을 위한 가장 현실적이며 합리적인 방도는 북과 남에 있는 사상과 제도를 그대로 두고 북과 남이 련합하여 하나의 련방국가를 형성하는 것"이라고 주장하면서 남과 북에 두 개의 지역자치정부를 수립하고 그 위에 통일연방정부로서 '최고민족연방회의'를 구성하자고 제의하였다.

조선로동당 제6차 대회보고 <1980년 10월 10일>

"...우리는 나라의 통일이 반드시 자주, 평화통일, 민족대단결의 3대 원칙에 기초하여 실현 되어야 한다고 주장합니다.

조선의 통일문제는 외세의 지배와 간섭을 종식시키고 조선민족의 자주권을 완전히 실현하며 북과 남 사이의 불신과 대립을 없애고 민족적 단합을 이룩하는 문제입니다. 우리나라의 통일은 그 어떤 외세의 간섭도 없이 우리 민족자체의 힘에 의하여 자주적으로 실현되어야 하며 북과 남 사이의 무력행사에 의해서가 아니라 접촉과 대화를 통하여 평화적으로 실현되어야 하며 북과 남, 해외에 있는 모든 조선동포들이 사상과 제도의 차이를 초월하여 한민족으로서 대단결을 이룩하는 원칙에서 실현 되어야 합니다.

우리는 7.4 남북공동성명에서 북과 남이 공동으로 천명한 숭고한 리념과 원칙에 기초하여 그리고 나라의 북과 남에 서로 다른 사상과 제도가 있는 우리나라의 구체적 현실로부터 출발하여 가장 빠르고 확신성 있는 조국통일방도를 찾아야 하며 적극적인 노력으로써 그것을 실현하여야 합니다.

우리 당은 조국을 자주적으로, 평화적으로, 민족대단결의 원칙에서 통일하는 가장 현실적이며 합리적인 방도는 북과 남에 있는 사상과 제도를 그대로 두고 북과 남이 련합하여 하나의 련방국가를 형성하는 것이라고 인정합니다.

해방 후 오늘까지 북과 남에는 오랜 기간 서로 다른 제도가 존재하여왔으며 거기에서는 서로 다른 사상이 지배하고 있습니다. 이러한 조건에서 민족적 단합을 이룩하고 조국통일을 실현하려면 어느 한쪽의 사상과 제도를 절대화하지 말아야 합니다. 만일 북과 남이 제각기 자기의 사상과 제도를 절대화하거나 그것을 상대방에 강요하려 한다면 불가피적으로 대결과 충돌을 가져오게 되며 그렇게 되면 도리어 분렬을 심화시키는 결과를 낳게 될 것입니다. 전 민족이 한결같이 조국통일을 지상의 과제로 인정하고 있는 이상, 사상과 제도의 차이가 통일을 불가능하게 하는 조건으로는 될 수 없습니다. 한나라 안에서 서로 다른 사상을 가진 사람들이 같이 살 수 있으며 하나의 통일국가 안에 서로 다른 사회제도가 함께 존재할 수 있습니다. 우리는 우리의 사상과 제도를 결코 남조선에 강요하지 않을 것이며 오직 민족의 단합과 조국통일을 위하여 모든 것을 복종시킬 것입니다.

우리 당은 북과 남이 서로 상대방에 존재하는 사상과 제도를 그대로 인정하고 용납하는 기초 위에서 북과 남이 동등하게 참가하는 민족통일정부를 내오고 그 밑에서 북과 남이 같은 권한과 의무를 지니고 각각 지역자치제를 실시하는 련방공화국을 창립하여 조국을 통일할 것을 주장합니다.

련방형식의 통일국가에서는 북과 남의 같은 수의 대표들과 적당한 수의 해외동포 대표들로 최고민족련방회의를 구성하고 거기에서 련방상설위원회를 조직하여 북과 남의 지역정부들을 지도하며 련방국가의 전반적인 사업을 관할하도록 하는 것이 합리적일 것입니다....”31)

이와 관련하여 김일성은 우선 ‘자주적 평화통일’을 위한 선결조건으로 ① 남한에서 군사파쇼 정권의 청산과 사회민주화 실현, ② 평화협정 체결과 미군철수, ③ 자주, 평화통일, 민족대단결의 3대 원칙에 기초한 통일실현 등을 제시하였다. 연방공화국 창립과 관련해서는, 남북한 동수의 대표들과 해외동포 대표들로 구성되는 ‘최고민족연방회의’와 그 상임기구인 ‘연방상설위원회’를 조직하여 남북지역 정부들을 지도하고 연방국가의 전반적인 사업을 관할하도록 하며, 남북한 군대를 축소하여 ‘민족연합군’을 창설할 것을 제안하였다. 연방국가의 대외정책노선과 관련해서는 “어떠한 정치·군사적 동맹이나 블럭에도 가담하지 않는 중립국가로 되어야 한다.”고 주장하였다. 이와 함께 북한은 ‘고려민주연방공화국’이 실천에 옮겨야 할 정책방향을 ‘10대 시정방침’32)으로 제시하였다.

---

31) 『김일성저작집』 제35권 (평양: 조선로동당출판사, 1987), pp.338-356.

32) 북한은 ‘10대 시정방침’으로 ① 모든 분야에서 자주성 견지와 자주적 정책 실시, ② 모든 분야에서 민주주의 실시 및 민족적 대단결 도모, ③ 경제적 합작교류 실시 및 민족경제의 자립적

북한이 1980년에 제시한 '고려민주연방공화국 창립방안'은 과거 1960년대와 1970년대의 연방제와 비교할 때 다음과 같은 몇 가지 특징과 함께 문제점을 내포하고 있다.

첫째, 통일방안의 명칭을 '고려연방공화국'이라는 국호에 '민주'라는 용어를 삽입하여 '고려민주연방공화국 창립방안'이라 함으로써 민주국가를 표방하는 선전효과를 극대화하려 하고 있다. 또한 방안 구성의 형식과 내용에 있어 연방형성의 원칙과 연방기구의 임무 및 기능 등을 비교적 구체적으로 제시하고 있다는 점이다.

둘째, 북한은 종래에는 과도적 대책으로서 연방제를 주장하였으나 '과도적 대책'이라든지 '당분간'이라든지 이른바 통일의 중간과정의 단계적 조치를 상정해 온 어휘들을 완전 배제시킴으로써 '고려민주연방공화국'을 완성형 통일국가로 상정하고 있다.

셋째, 사상과 제도의 차이를 용납하는 원칙 위에서 연방정부를 수립한다고 전제하면서도, 연방상설위원회가 정치·외교·군사권을 통일적으로 행사한다고 함으로써 사실상 지역정부의 독립적 제도와 주권을 무의미하게 하고 있을 뿐만 아니라, 남한의 반공 자유민주주의정권의 퇴진, 주한미군철수 등을 선결조건으로 제시함으로써 사상과 제도 인정이라는 연방국가 창설원칙과도 모순되는 내용을 담고 있다.

다섯째, 북한은 10대 시정방침을 연방제로 통일된 이후에 실시할

발전 보장, ④ 과학, 문화, 교육 분야에서 교류협조 실현과 민족문화예술, 민족교육의 발전, ⑤ 교통·체신 연결과 자유로운 이용보장, ⑥ 근로대중과 전체 인민들의 생활안정 도모 및 복지의 계통적 증진, ⑦ 군사적 대치상태 해소와 민족연합군 조직 및 외래침략으로부터 민족보위, ⑧ 해외동포들의 민족적 권리와 이익의 옹호 및 보호, ⑨ 통일이전의 대외관계의 처리 및 두 지역정부의 대외활동 조절, ⑩ 통일국가로서 모든 나라들과 우호관계 발전 및 평화 애호적 대외정책 실시 등을 제시하였다.

방침임을 분명히 하면서도 이를 통일방안과 함께 제시함으로써 연방제 방안이 구체적이고 통일의 미래상을 제시하고 있는 것으로 선전함과 동시에 국내 통일논의 과정에 논쟁거리를 제공하려는 의도를 담고 있다.

여섯째, '연방'이라는 용어를 국문과 외국어로 표기할 때 차이가 나는 것도 '고려민주연방공화국 창립방안'의 이중성을 입증하는 것이라고 할 수 있다. 국문으로 표기할 때는 분명히 '연방'으로 표기하고 내용면에서도 연방정부가 군사·외교권을 포함한 대외주권을 행사하는 연방형 통합형태를 제시하고 있다. 그러나 영어를 비롯한 외국어로 표기할 때는 'Democratic Confederal Republic of Koryo'이라고 함으로써 '국가연합'의 개념을 사용하고 있다.

따라서 '고려민주연방공화국 창립방안' 주장에 숨겨져 있는 전략적 관심은 '선 선결조건의 관철, 후 합작공산화의 실현'에 있으며 이는 북한이 여전히 '남조선혁명전략'을 고수하고 있음을 보여주고 있다고 할 수 있다.

1983년 9월 9일 김일성은 북한정권수립 35주년 기념행사 경축 연회연설을 통해 「고려연방」 안의 「연방통일정부」 구성문제와 관련, 연방국가의 통일정부인 「최고민족연방회의」와 「연방상설위원회」의 구성이 첨예하게 대립하고 있는 남북한의 현실에서 실현 불가능함을 깨닫고, 남북이 공동의장과 공동위원장을 각각 선출하여 그들이 윤번제로 운영하자는 제안을 했다.

북한 김일성 주석 '최고민족연방회의 의장·위원장의 남북 윤번제 운영' 제의 <9·9절 경축연설>

"...고려민주연방공화국 창립방안은 북과 남에 있는 사상과 제도를 그대로 두는 기초 위에서 북과 남이 동등하게 참가하는 최고민족연방회의와 그 상설기관인 연방상설위원회를 내오고 그 밑에서 북과 남이 각각 지역자치제를 실시할 것을 예견하고 있습니다. 연방국가의 통일정부인 최고민족연방회의와 연방상설위원회는 북과 남의 공동의장과 공동위원장을 각각 선출하여 그들이 윤번제로 운영하도록 하는 것이 합리적일 것입니다...."[33]

1980년대의 「고려민주연방제」 통일방안은 명칭의 어휘, 방안내용의 구체성 및 국가 연합적·연방제적 인상을 풍기는 사이비 구성원칙과 기구의 제시 그리고 통일국가로서의 미래상과 중립주의, 한반도의 비핵평화지대화, 근로대중이익 등 시정방침의 부각으로 선전·선동의 효과라는 측면에서는 상당히 호소력을 보여 왔던 점을 부인할 수 없다.

그러나 그 내용을 꿰뚫어 보면, 논리적 모순점과 방안 자체의 혁명전략적 위협 요인 및 사실상의 협상대상의 부인 등으로 연방제 통일방안의 허구성이 발견되고 있으며, 협상 추진자세의 위계성이 노출되고 있다. 더 나아가서는 「선결조건」의 집착이라는 점에서 국제적으로 통용되고 있는 광의의 개념으로서의 연방제(연방국가와 국가연합의 의미를 포용하는 총괄개념)는 사실상 원칙적으로 거부하고 있다고 할 수 있다.

왜냐하면, 「선결조건」이 충족되어야 「고려민주연방공화국」을 창립할 수 있으며 일단 통일정부가 성립되면 그 때에 비로소 본격적인 남북교류협력을 실시한다는 점에서 북한의 「연방제」 통일방안은 사실상 단계론적 발상을 깔고 있다. 또 민족친화력을 소생시키기 위한

---

33) 노중선, 『남북한 통일정책과 통일운동 50년』(서울: 사계절출판사, 1996), p.236.

민족화합차원의 교류협력의 실시 자체도 조건부실시를 전제로 하고 있다. 다시 말하면, 북한은 「선남조선혁명 후조국통일」이라는 혁명주의적 적화통일노선을 고수하고 있다. 이는, 북한의 입장에서 보면, 「고려민주연방공화국」 창립이 곧 통일정부의 수립이요 통일국가의 완성이라는 등식에 하등 모순을 느낄 수 없는 것이다. 왜냐하면, 누차 지적한 바와 같이 「선결조건」이 해결되는 과정에서 이미 남한의 반공자유민주주의 정권은 친공 정권으로 교체됨으로써 사실상 제2의 월남판 적화의 상황으로 돌입하게 될 것이므로 자연히 합작통일의 형식만 빌어 곧바로 북한주도의 흡수통일을 실현할 수 있기 때문이다. 우리식의 평화공존적 발상과 중간과정의 설정과는 본질적으로 그 맥을 달리한다고 할 수 있다.

「고려민주연방공화국」 방안에 숨겨져 있는 전략적 관점은 「선선결조건의 관철, 후합작공산화」에 있다. 다시 말해서 연방제는 표피적인 형태이고 전 한반도의 공산화가 실체라는 뜻이다. 그들이 다방면적 합작·교류를 위한 「10대 방침」을 연방제수립 이후의 단계로 미룬 것은 선결조건을 먼저 관철시키기 위한 것이다.

(2) 연방제 통일정책의 전략 및 평가

오늘날 북한 통일방안의 대명사처럼 되어 버린 연방제는 쿠츠네초프 전 소련 외무차관의 아이디어였던 것으로 전해진다. 1960년 5월 평양을 방문한 쿠츠네초프 전 차관은 김일성과 만난 자리에서 남한에서는 남침과 공산주의에 대한 위구(危懼)가 만연돼 있으므로 평화적인 통일과 혁명 실현은 기대하기 어려울 것이라면서 대안으로 기존의 남북한 제도와 정부를 그대로 둔 채 통일정부를 수립하는 연방제 안을 권유했다. 이에 대해 김일성은 『연방제는 이민족·다민족 체제 하에서나 가능하고 존재하는 것이지 한 핏줄로 유구한 역사를 지닌 단일한 민족 밑에서는 불가능하다. …세계사 어디를 보아도 단일민족 내부의 연방제란 존재하지 않는다.』며 거부의사를 표명했다. 그러나 쿠츠네초프가 돌아간 후 그의 제안을 다시 검토해 본 김일성은 연방제가 나름대로 「효용」이 있다고 보고 1960년 5월 20일 당중앙위원회 정치위원회를 열어 이 문제를 진지하게 토의했다. 회의에서는 연방제가 「제안」 자체로 의미가 있고, 남한에 팽배해 있는 남침과 공산주의에 대한 위구를 해소할 수 있으며, 당장은 아니더라도 실현만 되면 북한이 남한을 녹여낼 수 있는 좋은 방안이라는 결론에 이르게 됐다. 8월 14일 광복 15주년 경축사에서 처음 선보인 연방제는 이런 과정을 거쳐 나온 것이었다. 김일성은 1960년 8월 14일 광복 15주년 경축대회에서 남북한 자유총선거와 「과도적 대책」으로서 남북연방제를 주장했다. 1973년 6월에는 「조국통일 5대 방침」을 내놓으면서 「고려연방공화국」이라는 단일국호로 연방제를 실시할 것을 제의했다. 남북연방제가 고려연방제로, 다시 고려민주연방공화국 창립방안으로 발전해온 것이다. 창립방안은 크게 3부분으로 구성돼 있다. 자주적 평화통일을 위한 선결조건과 연방제의 구성·운영 원칙, 그리고 통일 후 연방정부가 실시할 10대 시정방침이 그것이다. 창립방안은 소련 해체와 동유럽 사회주의 붕괴라는 세계사적 격변의 소용돌이 속에서 1991년 「지역정부강화론」으로 수정·보완되며, 이는 2000년 6월 남북 공동선언에서 「낮은 단계의 연방제」라는 이름으로 재현된다.

북한 통일정책의 기본원칙은 "고려민주인민공화국" 창립에 의한 통일을 내세워 주한미군을 철수시키고 북한 주도하에 통일을 이루는 것이다. 따라서 주한미군 철수가 북한 통일전략의 제1목표가 되어 온 것이다. 북한의 주장에 의하면 통일이란 매우 복잡한 사회·정치적인 문제이기 때문에 남한에서 추구하는 단계적인 접근으로서는 해결될 수 없고, 정치와 군사문제를 우선 해결해야 하며, 이의 해결이 없는 남북한 간의 교류와 접촉은 있을 수도 없고, 있다하더라도 큰 의미가 없다는 것이다. 북한은 통일정책에 있어서 매우 급진적이고도 비현실적인 입장을 취하여, '모든 일을 한꺼번에'라든지, '어려운 문제부터 해결하자'라고 고집하고 있다.

이런 맥락에서 볼 때 북한의 통일정책은 매우 저돌적이며 일괄타결방식에 의해서 당장에 통일을 성취해야 한다는 것이다. 남북한은 해가 지남에 따라 이질화가 심화되는 고로 주한미군이 즉각 철수하고 남북한 간에 통일을 위한 정치협상회의를 개최하여 지체 없이 군사적인 '합작'의 방식으로 공산화통일을 해야 한다는 것이다. 김일성은 1990년 신년사에서 남북분단의 원인이 외세로부터 온 것이기 때문에 미군부터 철수하고 긴장을 풀면, 남한이 민주화되고 따라서 이미 민주화된 북한과 합쳐 간단히 통일이 될 수 있다고 주장했다.

북한의 이러한 주장은 남북한 간에 진정한 평화통일을 성취하는데 있는 것이 아니라, 통일 지향적이라는 명분을 내세워 통일 이미지를 구축하고 동조세력을 규합하여 북한의 공산화 통일여건을 조성하려는데 있는 것이다. 김일성이 원하는 통일은 최대한으로 북한의 체제가 한반도 전체를 지배하는 패권적 통합이고, 최소한 북한체제가 동등한 구성원으로 유지될 수 있는 형태의 통합이라는 것이다.

북한이 주장하는 연방제는 그동안 내용이 조금씩 수정되기도 하고 또 구체화된 부분도 있지만 오늘날 연방제 내용의 골격을 이루는 것은 1980년 6차 당 대회 시 제시한 "고려민주연방공화국 창립방안"이다.

북한이 1980년의 시점에서 '고려민주연방공화국' 통일방안을 제안한 배경은 무엇일까? 먼저 북한이 남북한 간에 심화되고 있는 사회성격의 차이를 있는 그대로 인정하기 시작했다는 점을 들어야 할 것 같다. 남북한 간에 심화되고 있는 사회성격의 차이는 '사회주의 제도의 가일층 발전(북한)과 식민지 반봉건적 상태(남한) 사이의 심화'라는 전 시대적 인식에서가 아니라, 명백히 사회주의와 자본주의 제도 사이의 차이를 의미하는 것으로 볼 수 있다. 이러한 맥락에서 북한은 1980년대에 들어서면서 이른바 '남조선혁명의 장기적 성격'을 인식하고 있었다고 판단된다. 따라서 남북 간의 통일은 과도체제의 수준을 넘어서 공존이 가능한 통일된 연방제 틀로 귀결되었다고 볼 수 있다.

또한 북한은 과도기로서의 연방제 논의가 지니고 있는 논리적 함정을 우회돌파하기 위한 방법으로 '고려민주연방공화국' 안을 제안했다고도 볼 수 있다. 북한이 1960년 이래 제안해온 연방제는 어느 것이나 기본적으로 상이한 두 개의 제도와 사상이 공존할 수 있음을 전제로 하고 있다. 그러나 연방제가 과도적 형태로 제기될 때는 문제가 간단치 않다. 이 경우 연방제 이후의 통일국가의 형태와 성격이 당연히 상정될 것이며, 그 통일국가의 요체는 사상과 제도가 일원화된 국가를 의미할 수밖에 없게 된다. 그렇다면 과연 통일국가는 어떠한 사상과 제도로 일원화되어야 하는가? 북한의 입장에서는 당연히 주체사상과 사회주의 제도라고 대답해야 할 것이다. 그러나 이러한 결론은 앞에서 인용한 김일성의 보고연설에서도 지적되고 있듯이 남북한이 '통일하지 말자'는 것에 다름 아니다. 그렇기 때문에 북한은 남북의 사상과 제도가 항구적으로 공존할 수 있다고 본 통일국가 형태로서의 '고려민주연방공화국' 안을 제시한 것으로 보인다. 다시 말해서 연방제가 과도적 형태로 상정될 때 필연적으로 제기되는 통일의 최종단계(즉 1민족 1국가 1체제)에 대한 체제선택의 문제를 우회 돌파하면서 통일 문제에 실질적으로 접근하기 위해서 '고려민주연방공화국' 안을 제시했다고 볼 수 있다.

북한이 '고려민주연방국' 통일방안을 제시한 또 다른 배경에는 인민경제생활을 압박해오는 남북한 간의 군비경쟁과 핵위협의 공포 속에서 전개되고 있는 국제정세에 대한 새로운 이해도 깔려 있는 것으로 보인다. 먼저 남북한 간의 상호 불인정과 상승해온 적대감은 그동안 양측으로 하여금 무모한 군비경쟁을 부추겨온 것이 주지의 사실이었다. 특히 북한의 경우 1960년대 중반 이후 경제발전 지체현상이 장기화되면서 엄청난 군비부담을 안았다. 그리고 북한은 남북한 간의 무력충돌이 장기화되면서 엄청난 군비부담을 안았다. 그리고 북한은 남북한 간의 무력충돌이 핵전쟁으로 확산될 가능성이 농후하게 되면서 양 체제의 장기 공존을 더욱 불가피한 것으로 파악한 것으로 판단되며, 이러한 인식변화가 '고려민주연방공화국' 통일방안 제시로 나타난 것으로 보인다.

'고려민주연방공화국' 통일방안은 확실히 그동안 북한이 내놓은 통일방안 중 가장 정교한 것이었다. 이 방안은 1980년 당시에는 공세적인 성격을 가지고 제안되었으나 최근 사회주의권의 몰락과 김정일 후계체제의 확립 등이 맞물리면서 조성된 북한에 지극히 불리한 내외적 상황에 대응해서 거꾸로 북한사회주의의 보호유지를 위한 방파제 역할에 더 위력을 발휘할 정도로 탄력성을 지니고 있는 것이 사실이다. 이는 '고려민주연방공화국' 통일방안이 사실상 분단국가 내의 두 체제의 평화공존 방식과 일맥상통한다는 점으로 설명이 가능하다.

그러나 최근 '고려민주연방공화국' 통일방안은 그 실효성에 대해서 의문이 제기되고 있다. 무엇보다도 이 방안은 지나치게 남북한 간의 관계정립의 측면에 초점이 맞추어져 있다는 비판이 제기되고 있다. 즉 남북한 양 체제의 민주적 개혁의 문제가 통일방안 내에서 사실상 사상(捨象)되고 있다는 것이다. 사실 이 방안은 상반되는 양 체제의 장기적 공존의 가능성에 초점이 맞추어지면서 상호침투를 통한 두 체제의 한 체제로의 변증법적인 해소 문제에 대한 고민을 '후대의 일'이라는 추상적인 언명 뒤로 흘려보내는 감이 있다. 이와 함께 '고려민주연방공화국' 통일방안에 제기되고 있는 또 다른 문제는 비록 사상과 제도는 다르지만 생산력과 민주적인 삶에서 비교우위가 명확하게 드러나는 현대세계에서 과연 일방적인 흡수통합을 배제한 연방제가 가능하냐 하는 문제이다. 하나의 민족이라는 절대 테제 하에서 만들어진 연방이라면 당연히 양 체제의 상호 비교 속에서 빠른 속도로 단일 사회구성체를 갖는 단일민족국가로 전환될 가능성이 높은 것이 필지(必知)의 사실이기 때문이다.

북한의 연방제 주장은 직·간접적으로 한반도를 북한식으로 통일하기 위한 기반을 조성하는데 그 목표를 두고 있다.

연방제가 최초로 제안되었던 시기는 1960년 4·19 학생 혁명이 일어난 이후, 남한사회가 극도로 혼란스러웠던 때였다. 이런 상황에서 북한이 연방제를 남한에 제안한 기본 저의가 무엇이라는 것은 쉽게 짐작할 수 있다. 1960년 8월 14일 김일성은 남북연방제를 최초로 제안하면서 "남북 두 정부의 독자적 활동을 보장한다."고 했으나 그 후 그 같은 발언은 차차 빈도를 줄였고, 그 대신 연방제 구성의 전제조건을 내세워 한국의 내외정책을 간섭하고 시비할 수 있는 근거를 마련하는데 급급했다.

북한은 연방제 실시의 전제 조건으로 "남조선에서 민주화 운동이 승리하고 민주주의적 인사가 정권에 올라앉아야 한다."고 말함으로써 한국의 반공정부를 전복시키고 좌경정권을 수립하는 것이 무엇보다 선행되어야 한다는 것을 분명히 했다. 또한 북한은 남북연방제를 실시하는 것은 민족 대단결을 도모하고 조국통일을 앞당기는 것이라고 주장하고, "진정으로 단결을 원하고 통일을 원하는 사람이라면 반공을 버리고 연공의 길에 나서야 하며 공산주의자들과 혼연히 손잡고 합작해야 한다."고 주장함으로써 연방제에 앞서 한국이 연공정책을 먼저 채택해야 한다는 것이다. 따라서 연공을 위해서는 한국정부가 현재 공산세력의 침투를 저지시키고 사회혼란이나 국론분열을 막고 있는 반공법과 국가보안법 등을 먼저 폐기시켜야 한다는 것이다. 그리하여 어떠한 제약도 받지 않는 자유로운 분위기 속에서 각 정당, 사회단체 및 각계각층의 인사들 간에 통일 성취를 위한 연방제를 논의함으로써 사회의 혼란은 물론 국론의 분열도 획책해 보자는 것이다. 만약 남한이 연방제를 받아들여 연방제가 구성이 된다면, 북한은 이를 남한에서 '민족해방'을 실현시키기 위한 도구로 사용할 수 있을 것이라는 계략이다.

과거 북한의 대남전략은 매우 공세적이었으며, 남한사회의 공산화에 그 목표가 맞추어져 있었다. 그러다 보니 1980년대 중반까지만 해도 남북관계 개선에 대해서 북한이 더 적극적인 측면이 있었다. 그러나 이제 북한의 자체 역량의 감소와 객관적인 환경은 대남접촉이 오히려 체제위협이 되는 새로운 상황을 만들어놓았다. 따라서 이제 우리는 북한이 '체제에 부담을 느끼지 않으면서' 남북관계개선으로 나올 수 있는 방법을 찾느라고 부심하는 실정이다.

냉전시기였던 1980년대까지만 해도 세계는 사회주의권과 자본주의권이 분립되어 있었으며, 북한의 경제위기도 현상적으로 크게 드러나지 않았다. 당시 북한의 대남정책은 이러한 대내외 환경 속에서 '남조선혁명론'이라는 공세적인 적화 전략적 관점에 기초해서 전개되었다. 따라서 대남정책은 북한지도부의 주관적 정책의지에 강하게 영향을 받았으며, 덕분에 예측도 쉽지 않았고, 위장적 성격도 그만큼 높았다.

그러나 1990년대 들어서 발생한 사회주의권의 붕괴와 외교적 고립, 내부 경제자원의 고갈이라는 총체적 위기는, 미국을 비롯한 구서방권으로부터의 경제지원과 외교관계 정상화를 북한의 생존조건으로 만들어놓았다. 북한의 생존조건이 내부가 아니라 외부에 있으며, 그것도 과거의 적이었던 구서방에 상당 부분 의존하게 된 것이다. 바로 이러한 환경변화는 오늘날 북한의 대남전략에 근본적인 변화를 초래하고 있다.

북한은 지금도 '남조선혁명론'에 기초해서 대남정책을 구사하고 싶어 하나, 내부자원의 고갈과 사회주의권의 몰락이 초래한 경제위기와 외교적 고립으로 인해서, 체제유지와 발전이라는 생존 전략적 차원에서 대남정책을 추진할 수밖에 없게 되었다. 따라서 북한의 대남전략은 냉전기와는 달리 방어적인 성격을 띠며 추진되고 있다. 이제 북한은 체제생존이라는 기본목표를 성취하기 위해서, 과거보다 훨씬 주관적 결정영역이 협소해지고 방어적인 입장에서 대남전략을 구사하고 있다. 즉 북한은 체제생존의 조건을 외부적 요인에서 찾아야 하는 상황으로 인해서, 대남전략을 포함한 모든 대외전략의 운용에 제한을 받고 있는 것이다.

1990년대 들어 북한은 동구사회주의의 몰락과 소련의 해체에 따른 체제위기 극복을 위해 체제유지에 역점을 두어왔다. 이러한 상황변화와 관련 연방제 주장의 목적을 체제수호와 함께 대남혁명여건 조성에 두었던 것으로 보인다.

그리하여 북한은 1995년까지 1민족, 1국가, 2제도, 2정부에 의한 연방제통일을 성취한다는 목표를 두고 이를 추진하고 있는 것으로 알려졌다.

북한은 연방제 형식에 따라 남북한의 정치적 사상과 제도를 상호인정하고 「최고민족연방회의」 역할을 할 「민족통일정치협상회의」를 소집하는 한편, 남북고위급 회담은 「연방상설위원회의」 기능을 가지고 남북합의서의 실천을 통하여 남북지역 정부를 지도하며 전 민족의 단결, 합작, 통일을 실현하려 했던 것으로 분석된다.

북한은 연방제의 1민족 1국가의 개념을 내세우면서 남북화해 부문의 「부기」에서 남북한의 국제기구 및 회의에 단일대표단 파견 등 「하나의 조선」을 주장했고, 남북화해 및 불가침부문 부속합의서 채택으로 국가보안법 철폐, 주한미군 철수 등 연방제 전제조건을 맞추려 했으며, 남북교류협력부문 부속합의서 채택을 통하여 연방정부

설립 후에 있을 10대 시정방침을 구현시키려 한 것으로 분석될 수 있다.

결국 북한은 한국사회에서 「남한조선노동당」 조직 등의 방법으로 인민민주주의 혁명여건을 조성하여 반공정권을 연공정부로 대체시키고 합작통일의 목표를 달성하거나 적어도 남한 내에 좌경세력 강화, 사회혼란 및 국론분열을 획책코자 하는 것이다.

1991년 김일성은 신년사를 통하여 전례 없이 "고려민주연방공화국 창립방안에 대한 민족적 합의를 보다 쉽게 이루기 위해 잠정적으로 연방공화국의 지역적 자치정부에 더 많은 권한을 부여하며, 장차로는 중앙정부의 기능을 더욱 높여 가는 방향에서 연방제 통일을 점차적으로 완성시켜 가는 문제를 합의할 용의가 있다."고 하며 고려민주연방공화국 창립방안의 틀 속에서 '단계적'인 연방제 통일이 가능하다는 자세의 변화를 보였다. 이는 1989년 9월 한국이 제시한 「한민족공동체 통일방안」이 현실적 입장에서 단계적 접근을 취하고 있고 국내외적으로 지지를 얻고 있음에 대응한 것이며, 또 한국 내 일각에서 여러 형태의 단계적 연방제 통일방안이 논의되고 있음을 의식했던 것으로 보인다.

또 김일성은 국제정세의 변화에 따른 한국의 적극적인 통일정책에 민감한 반응을 보이면서 남한당국이 진정으로 통일을 원한다면 승공통일이나 흡수통합 방식을 버리고 연방 통일방안을 받아들여야 하고 하나의 국가 하나의 제도에 의한 「제도통일론」은 후대에나 맡기자고 주장했다. 이 주장도 한국의 통일정책이 연방제에 의한 미완성의 통일이 아니라 완전한 통일을 추진하고 있기 때문에 이에 대응한 것으로 분석된다.

북한이 '1민족, 1국가, 2제도, 2정부'에 의한 고려연방제 실현을 적극 주장하고 나서는 것은 연방제 실시로 남북한 간 2개 정부의 '공존의 틀'을 마련함으로써 남한에 '흡수통일'되는 것을 방지하면서 사회주의 체제를 유지해 나가려는 데 그 목적이 있는 것으로 분석된다.

따라서 북한은 국제적인 화해와 협력의 분위기에 맞춰 대남혁명 전략을 당분간 약화시키고 공존 속에서 경쟁과 대결을 지속시키면서 체제유지에 역점을 두는 통일방안을 추구할 것으로 보인다.

북한의 연방제 통일방안은 처음부터 노동당(김일성·김정일)의 영도와 주체사상의 기치아래 「완전한 통일」(적화통일)을 이룩하기 위한 과도적 통일, 전술적 목표로 제시된 것이며, 이 목표는 70여 년이 지난 오늘까지 변하지 않고 있다.

2) 북한의 낮은 단계의 연방제[34]

2000년 남북 정상회담에서 북한의 통일방안으로 제시된 「낮은 단계의 연방제 안」은 6·15 남북공동선언 제2항에서 최초로 등장한 용어이기 때문에 구체적으로 무엇을 의미하는지 불분명하였다. 특히 북한이 「낮은 단계의 연방제 안」에 대한 명쾌한 설명이 없었기 때문에 이에 대한 해석이 제2항과 관련된 논쟁의 하나가 되기도 했다.

북한이 낮은 단계의 연방제 안에 대한 개념과 내용을 공식적으로 밝힌 것은 공동선언발표 후 4개월만인 2000년 10월 6일 개최된 고려민주연방공화국 창립방안을 제시한 20돌 기념 평양시 보고회에서 조국평화통일위원회 서기국 안경호 국장의 다음과 같은 보고였다.

---

34) 강성윤(2004), pp.37-40.

고려민주련방공화국 창립방안은 남조선과 해외의 광범한 동포들과 세계 진보적 인민들의 적극적인 지지와 찬동을 받았습니다. 그러나 우리나라의 통일을 달가와 하지 않은 외세의 조종 밑에 남조선 당국자들이 이 합리적 통일방안을 받아들이지 않는 실정에서 위대한 수령님께서는 1991년 신년사에서 련방공화국 창립방안에 대한 민족적 합의를 보다 쉽게 이루기 위하여 잠정적으로는 련방공화국의 지역자치정부에 더 많은 권한을 부여하며 한편으로는 중앙정부의 기능을 더욱 더 높여 나가는 방향에서 련방제 통일을 점차적으로 완성할 데 대한 방안도 천명하시었습니다. 이 방안은 결국 낮은 형태의 련방제 안입니다.[35]

이러한 안경호의 보고를 시발로 북한은 '낮은 단계의 연방제 안'을 거론하면서 내용을 구체적으로 밝히기 시작하였다. 로동신문 2000년 10월 9일자에서 "북과 남은 공동선언에서 나라의 통일을 위한 북측의 낮은 단계의 련방제 안과 남측의 연합제 안이 서로 공통성이 있다고 인정하고 앞으로 이 방향에서 통일을 지향시켜 나가기로 하였다. 이것은 나라와 민족이 갈라진 이래 북과 남이 처음으로 공동의 통일방도와 목표를 확정하고 통일을 위해 함께 노력할 수 있는 토대를 마련한 것으로 된다. 우리의 낮은 단계의 련방제 안은 하나의 민족, 하나의 국가, 두 개 제도, 두 개 정부의 대원칙에 기초하되 북과 남에 존재하는 두 정부가 정치, 군사, 외교권을 비롯한 현재의 기능과 권한을 그대로 가지게 하고 그 위에 민족통일 기구를 내오는 방법으로 민족공동의 리익에 맞게 북남관계를 통일적으로 조정해 나가는 것을 기본내용으로 하고 있다."[36]

이처럼 북한이 6·15 남북공동선언 제2항에서 자신들의 통일방안

---

35) 『로동신문』, 2000. 10. 7.

36) 『로동신문』, 2000. 10. 9.

으로 내세운 '낮은 단계의 련방제 안'은 김일성이 1991년 신년사를 통하여 제시한 잠정적으로 지역정부의 권한을 강화하자는 연방제임을 공동선언을 발표한 지 4개월이 지나서 밝혔다.

이러한 낮은 단계의 연방제 안에 대하여 일부에서는 기존의 연방제 안과는 다른 것으로 남측의 국가연합제와 근접하게 내용이 수정된 것으로도 평가하고 있다. 뿐만 아니라 남측의 정부당국도 "「낮은 단계의 연방」은 과거 「고려연방제」와 달리 내정·군사·외교권을 독자적으로 행사하는 2체제 2정부를 유지하면서 협력하는 기간이 상당히 필요하다는 것으로서 우리의 「남북연합」에 근접해 왔다. 이미 연방이 아니며, 사실상 국가연합의 형태임에도 불구하고 굳이 '낮은 단계'라는 표현을 붙여 연방이라는 말을 쓰고 있을 뿐이다"라고 남측의 연합제와 사실상 같다고 설명하고 있다.

물론 낮은 단계의 연방의 내용만을 보면 남북연합제와 유사성을 지니고 있지만 이러한 해석은 목표와 과정을 간과한 분석이다. 김일성이 1991년 신년사를 통하여 지역정부에 권한을 강화하자는 제안은 앞서 검토되었듯이 1980년에 주장한 고려민주련방공화국을 창설할 때까지 잠정적으로 하자는 일종의 단계론이다. 따라서 제2항에 나타난 북의 낮은 단계의 연방제 안이 1991년 김일성이 신년사에서 제시한 잠정적인 연방제 안이라는 북한의 설명은 결국 낮은 단계의 연방제 안도 고려연방공화국을 창설하기 위한 단계론의 성격을 지닌 연방제 안이라고 하겠다. 따라서 낮은 단계의 연방제 안이 기존 연방제 안을 포기했다던가 또는 수정한 것이 아니라 단지 낮은 단계의 연방제를 거쳐 높은 단계의 연방제로 가는 과도적으로 실시하자는 방안으로 보아야 할 것이다. 이에 대하여 북한도 "낮은 단계의 련방제 안은 련방제로 가기 위한 잠정적 조치"[37]임을 분명히 밝히고 있다.

뿐만 아니라 북한은 2항에 합의한 이후 낮은 단계의 연방제에 의한 통일을 거론하기보다는 기존의 연방제 통일방안을 계속 주장하고 있다. 이러한 북한의 주장에는 제2항을 남한 정부의 해석과는 정반대로 자신들의 연방제통일에 합의한 것으로 해석하고 있음[38]을 반증하는 것이다.

요컨대, 북한의 낮은 단계의 연방제 안은 남의 연합제를 수용한 것이 아니라 통일단계(높은 단계)로 가는 잠정적인 조치로 2단계 연방제론으로 보아야 할 것이며, 오히려 1991년 신년사에서 언급된 "제도통일 후대위임"론까지 고려한다면 연방제 통일론을 3단계로 해석할 수도 있다.

---

37) 『로동신문』, 2000. 10. 9.

38) 『로동신문』, 2003. 12. 28.

〈표-13〉 북한의 연방제 변천과정

항목	1960년 8 · 15 경축사 중 '연방제 안'	1973년 6 · 23 조국통일 5대 강령 중 <고려연방공화국>	1980년 10 · 10 <고려민주연방공화국 창립방안>	1991년 신년사 <잠정적으로 지방정부 권한 강화의 연방제*>
통일원칙	자주 · 평화 · 민족 대단결	동일	동일	동일
통일과정 (단계 구분)	연방제 총선거통일국가	연방제	없음	1단계: 느슨한 연방제 2단계: 연방제 통일(제도 통일 후대 위임)
연방의 성격	과도적 성격	당분간	완성형 통일국가 형태	완성형 통일국가 형태
연방의 내용	남북정부의 독자적 활동 보장 (외교 · 군사 · 내정 남북정부 보유)	남북의 현 정치제제 '당분간' 존속 (정치 · 군사 · 외교 남북 합작 언급)	1민족 1국가 2체제 2자치정부(정치 · 군사 · 외교 연방정부 보유)	1민족 1국가 2제도 2정부(잠정적으로 외교 · 국방권 지역정부 보유)
연방의 근거	언급 없음	언급 없음	연방헌장	언급 없음
정책 결정기구	최고민족위원회- (경제위원회)	대민족회의	최고민족연방회의- 연방상설위원회	(민족통일기구)
통일국가 수립절차	남북총선거 실시	통일 실현의 여러 방도가 있을 수 있음을 인정	민족통일정부와 지역자치제 실시 (정치 · 국방 · 외교 연방정부 보유)	통일의 과도기적 단계설정(지역 정부에 더 많은 권한부여)
최종 통일국가	언급 없음	단일국호에 의한 남북연방제	연방제국가 비동맹 중립국가	연방제국가 중립적 통일국가
특징	총선거의 대안으로서의 연방제 제안	고려연방공화국 국호 사용	고려민주연방공화국 국호 사용 선결조건 및 10대 시정방침 제시	낮은 단계와 높은 단계의 상정 (제도통일 후대론)

* 주: 2000년 6 · 15 공동선언의 '낮은 단계의 연방제'는 이것을 기초로 함.

3. 연합제와 「낮은 단계의 연방제」의 접근가능성[39]

남북공동선언 제2항은 남한의 연합제 안과 북한의 낮은 단계의 연방제 안의 공통점을 인정하고 이 방향에서 통일을 지향하기로 하였다. 남북기본합의서는 남북관계의 특수성을 인정하고 그 토대 위에서 각 분야의 화해·협력을 지향하였으나 통일방안에 대해서는 언급하지 않음으로써 남북관계의 방향성과 목표가 설정되지 않았다. 그런데 남북공동선언은 남북관계 진전의 목표를 설정하였다는 점에서 대비된다.

우선 남북한이 통일의 중간단계 설정에 합의하였다는 점이 주목된다. 남북한이 최종목표로서 통일보다는 남북한의 이질성을 감안하여 현실적으로 중간단계가 필요하다는 점을 공식적으로 인정한 것이다. 남한은 남북한 간 대립과 불신의 골이 깊으며 조기통일에는 막대한 통일비용이 소요될 것이라는 점을 고려하여 단계적 통일과정을 거쳐야 한다는 입장을 지녀왔다. 북한도 1980년대 말 이후 북한 주도의 통일이 불가능하다는 점을 인식하고 제도적 통일은 후대에 미루고 느슨한 형태의 체제공존이 필요하다는 점을 인정했다. 더욱이 사회주의권의 붕괴로 인해 체제붕괴의 위협에 시달린 북한은 북한체제의 생존을 보장하기 위해 남북한의 공존을 제도화할 수 있는 방안을 모색해 왔다. 남북공동선언에서 남북한은 체제공존의 필요성에 대한 공감대를 형성하고 이를 명문화한 것이다. 이것은 독일 통일이나 베트남 통일, 예멘의 통일방식과 다른 한반도 통일방안이

---

39) 이 부분은 필자의 석사학위논문, 『북한의 '낮은 단계의 연방제'』(서울: 동국대학교, 2002)에서 재인용·수정·보완하였음.

될 수 있다.

따라서 공동선언 제2항의 통일방안은 남북한의 장기적인 협상과 제가 되었다. 두 정상이 "남한의 연합제와 북한의 낮은 단계의 연방제 안이 서로 공통성이 있다"고 인정했으나 양자를 어떻게 결합시켜 나갈지는 미지수이다. 그동안 연합제와 낮은 단계의 연방제 간에는 공통성보다 상이성이 많지 않은가, 연합-연방제를 묶어 하나의 통일방안을 마련할 수 있는가, 북한이 하나의 조선정책을 포기한 것인가, 남한이 북한의 통일전선 전략에 넘어간 것이 아닌가, 남한 국민들이 연합제 통일 방안에 합의한 적이 있는가, 김정일이 통일지도자의 이미지를 부각시키거나 향후 남북한 평화공존에 대비하여 북한 주민들을 회유하기 위한 것인가 등 수많은 의문이 제기되었다. 향후 대북 협상을 통일협상으로 끌고 가는 경우 남한사회 내 국론 분열이 일어나 남북한 교류협력이나 한반도 안정에 오히려 나쁜 영향을 미칠 것이다. 따라서 우리 정부는 앞으로 대북 협상의 기본 목표를 교류협력을 통한 남북한 평화공존에 두고, 6·15 선언의 제2항에 대해서는 북한이 즉각적인 통일을 추진하는 것이 아니라 연합제이든 연방제이든 중간 단계를 거쳐 점진적으로 통일국가를 건설하는 것이 바람직하다는 점에 동의했다는 것을 강조해야 할 것이다.

남한은 그동안 「한민족공동체 통일방안」과 「민족공동체 통일방안」에서 통일과정을 화해·협력 단계, 남북연합 단계, 통일국가 단계로 설정해왔다. 화해·협력 단계에서는 남북한이 기본합의서의 이행에 의해서 화해를 증진하고 각 분야에서 협력을 확대한다. 그리고 남북연합 단계에서는 「남북연합헌장」을 채택하여 남북한이 대외적 주권을 유지하되 정상회의, 연합의회, 연합각료회의, 연합회의사무처 등 제도적 장치를 마련하여 남북관계를 제도화한다. 「1민족 2국가 2정부」인 남북연합 단계에서 남한과 북한은 국제사회에서 독립된 개별적 주권국가로 존재하되 민족내부관계에서는 기능적으로 결합된 느슨한 형태의 공동의 집을 마련하게 되는 것이다.

김대중 정부는 기존의 통일방안을 세련화하기보다는 남북관계를 현실적으로 진전시킬 수 있는 정책적 기본방향을 마련하는데 중점을 두었다. 대북포용정책은 대북정책의 3원칙(무력불용, 흡수통일배제, 교류·협력 확대)과 정경분리 원칙, 신축적 상호주의, 접촉창구의 다원화 등 정책지침을 실천하는데 역점을 두었다. 대북포용정책은 가공적 통일단계에 대한 논의를 하는 것보다 현실적으로 남북연합과 비슷한 상황을 조성함으로써 사실상의 통일(defacto unification)을 달성하고자 했다. 그런데 김대중 대통령의 대통령 당선 전 발표된 3단계 통일론은 통일단계를 남북연합 단계, 연방 단계, 완전통일 단계로 설정하였다. 남북연합 단계는 기존의 통일방안의 남북연합 단계와 기본적으로 유사하다. 그리고 연방 단계는 통일된 상태이지만 남북한의 분야별 통합에서 발생할 수 있는 부작용을 방지하고 북한지역의 특수성을 과도적으로 인정하기 위해서 남한지역과 북한지역의 지역정부로 구성된 연방국가가 상정되었다.

한편 북한은 1980년 기존의 통일방안을 종합적으로 정리하여 「고려연방제 창립방안」을 제시하였다. 고려연방제는 「1민족 1국가 2체제 2정부」로 남한과 북한의 사상, 제도의 차이를 인정하는 기초 위에서 남한과 북한의 지역정부로 구성된 연방제의 통일국가를 형성한다는 것이다. 고려연방제는 남한과 북한의 체제적 이질성을 전제로 연방제를 상정함으로써 연방정부의 구성과 운영에 대한 전제가 비현실적이라는 문제를 지니고 있었다. 체제가 다른 두 지역을 대상으로 한 통일방식이 실제로 작동되기 어렵다는 것은 예멘의 통일과정에서 실증적으로 입증되었다. 더욱이 북한은 고려연방제의 전제조건으로 국가보안법 폐지, 모든 정당 사회활동의 허용, 군사파쇼 정권의 민주 정권으로의 대체, 대미협상을 통한 평화협정 체결, 주한미군 철수, 미국의 한반도문제 불간섭 등을 주장하였다. 이것은 사상과 제도의 차이를 인정한다고 표명하면서도 실질적으로는 남한체제의 사회주의화를 통해서 남북한의 사상·제도적 차이를 없애고 통일을 하겠다는 북한주도의 통일방안이었다.

그런데 북한은 1991년 김일성의 신년사를 통해 약간 느슨한 형태의 고려연방제를 제시하였다. 북한은 독일식의 흡수통일에 충격을 받고 북한체제의 보장을 위해 지역정부에 외교권, 군사권, 내치권을 부여하는 느슨한 형태의 연방제를 제시하였다. 이것은 형식적으로는 1국가를 유지하되 실제적으로 2국가를 인정하는 것과 같은 결과를 의미한다. 북한이 1980년대 말 이후 사회주의권의 붕괴와 국력열세로 인해 북한주도에 의한 대남통일전략보다는 체제공존에 우선 순위를 두었다고 할 수 있다. 북한은 남북 정상회담의 공동선언을 통해 느슨한 형태의 고려연방제를 「낮은 단계의 연방제」로 표현한 것으로 보인다.

이렇게 보면, 남한의 남북연합방안과 북한의 낮은 단계의 연방제는 통일을 지향하는 중간단계로서 남북한의 공존과 협력을 제도화하려했다는 점에서 접합점을 찾을 수 있는 면이 있다.

통일 논의를 피하면서 교류협력을 추진코자 하는 남한과 남북관계 개선과 경협을 바라지만 통일을 말하지 않을 수 없는 북한을 동시에 만족시켜줄 수 있는 방법은 남과 북 정상이 전략적으로 합의 제2항에 모호성을 남겨두는 것이었다. '연합제와 낮은 단계의 연방제' 간의 공통점이 '통일'로 이어지기는 어렵다는 판단을 하고 있었으면서도 그것이 남과 북의 실익인 대(大)화해에 장애로 작용하지 않도록 모호하게 처리했다는 것이다. 아울러 남과 북은 '전략적 모호성' 전략을 활용함으로써 각각의 청중들을 대상으로 정책적 운신의 폭을 넓게 확보했으며 미래의 발전에 유연하게 대처할 수 있게 된 것이다.

지금까지 남북한에서는 양 체제가 공존이라는 과도기를 거쳐서 단일민족공동체로 나아가는 길로서 연방제(북한)와 국가연합(남한)의 두 방식이 논의되어 왔다. 물론 이 두 방안은 이론적으로 주권 소유주체 등을 둘러싸고 상당한 차이가 있지만, 실제로는 사용하는 주체들에 따라 거의 차별성을 보이지 않을 정도로 구별되지 않는 측면도 있다. 특히 그동안 남북관계에서는 양측의 제안경쟁 속에서 순수 이론적인 내용보다는 제안주체의 성격과 연동되어 두 방안의 차이가 분석되어 왔다.

그러나 이론적인 측면에서 볼 때 연방과 연합은 명백히 대칭되는 모형이라고 할 수 있다. 연방은 민족공동체를 향한 강한 구심력의 형성을 지향하는 것이고, 연합은 상대적으로 이 구심력의 조절통제에 더 주안점이 두어진 방안이라고 할 수 있다. 그런데 여기서 문제가 되는 것은 북한이 주장하고 있는 연방제이다.

연방제는 두 개의 적대적 경험을 지닌 상이한 체제의 공존을 전제로 하고 있다. 그러나 생산력과 민주적인 삶에서 비교우위가 명확하게 드러나는 현대세계에서 그것이 불가능하다는 데 문제가 있다. 현재 상황에서는 두 개의 서로 다른 제도의 공존을 표방한 연방제가 오히려 일방체제를 붕괴시킴으로써 흡수통일을 촉진할 수 있다는 역설이 현실화될 가능성이 높다. 다시 말해서 연합에 비해서 양 체제 간의 통합강도가 훨씬 강한 연방제가 체제통합의 실질적인 첫걸음으로 멈추는 것이 아니라 흡수통일 양상의 체제통합으로 귀결될 가능성이 높은 것이다.

하나의 민족이라는 절대 테제 밑에서 만들어진 연방이라면 당연히 양 체제의 상호비교 속에서 빠른 속도로 단일사회 구성체를 갖는 단일민족국가로 전환될 가능성은 더욱 높다. 특히 민족적 구심력이 강한 우리 민족의 특성으로 볼 때, 곧 이 체제를 붕괴시킬 단일민족 공동체 형성을 향한 구심화작용이 일어날 가능성은 매우 높은 것이다. 이 경우 통합을 향한 구심력의 핵은 생산력이 될 것이다. 그렇다면 예상되는 결과는 분명하다. 즉, 현 단계에서 연방제는 그 의도와 상관없이 북한의 남한으로의 흡수통일 가능성을 내재하고 있는 것이다.

그런데 여기서 역설적인 것은 남한 측에서는 아직까지도 연방제를 북한의 공산화전략으로 간주하면서, 이 방안이 실현될 경우 남한이 북한에 의해 공산화될 가능성이 있다고 보는 시각이 유력하게 남아 있다는 사실이다. 사실 변화된 정세조건하에서는 북한이 연방제를 더 두려워해야 할 국면으로 진입하고 있음에도 아직까지도 이를 주장하고 있다. 반면에 남한은 이른바 '적화야욕'과 연결시켜서 무조건적인 거부반응을 보이고 있다. 이는 대단한 역설이라고 할 수 있다. 이러한 역설은 기본적으로 남북한 모두 변화한 통일 환경을 제대로 판독하지 못하고 있으며, 냉전시기의 관성이 남북관례를 지배하고 있기 때문에 가능한 것으로 보인다.

남한이 과도체제(중간단계)로 내놓은 남북연합과 북한의 낮은 단계의 연방제는 목적지향이 다르기 때문에 본질상으로는 공통성을 발견하기 어렵다. 서로 다른 길을 가는 데 있어 중간 기착 지점에서 만난다고 하여 같은 길을 간다라고 말할 수는 없는 것이다. 따라서 같은 길을 함께 가기 위해서는 어느 한쪽이 자기의 목적지를 바꾸거나 양측이 제3의 길을 가기로 합의할 때만 가능한 것이다. 그러나 현 시점에서 남북한이 각각 지향하고 있는 이념과 체제를 포기할 의향은 전혀 없는 것으로 보인다.

이처럼 남북통일 방안은 외형상 다소 수렴하는 것으로 비쳐질 수도 있으나 북한이 남한체제를 부정하는 전제조건들을 철회하고 명실상부한 중간단계를 인정하지 않는 두 개의 통일방안은 평행선을 달릴 수밖에 없다.

한편 북한은 1998년 1월 1일 신년사에서 "우리는 앞으로 정세가 어떻게 변하고 환경이 어떻게 달라지던 경애하는 김정일 동지께서 가르쳐 주신대로 조국통일 3대 헌장(조국통일 3대 원칙, 전 민족 대단결 10대 강령, 고려민주연방공화국 창립방안)을 튼튼히 틀어쥐고 나가야 한다."[40]고 주장한 것으로 보아 연방제가 불변할 것임을 분명히 했다.

남북공동선언에 대해 북한은 특히 력사적인 북남공동선언을 "나라의 통일문제를 외세의 간섭이 없이 조선민족의 주체적 힘에 의하여 해결하려는 7천만 겨레의 지향과 의지가 반영된 '력사적인 사

---

40) 『로동신문』, 1998. 1. 1.

변'으로 높이 평가한다고 하면서, 재북평화통일촉진협의회 상무위원, <조국통일상> 수상자 최태규는 북남공동선언이 채택된 것은 민족 분렬사상 처음 있는 일로서 민족의 단합된 힘으로 통일을 이룩하고 부강조국을 건설하려는 겨레의 념원과 의지를 반영한 력사적인 사변이며 조선민족의 대경사이며 행운"이라고 말하였다.[41]

또한 2001년 1월 1일 '로동신문, 조선인민군, 청년전위 공동사설'에서 "현 시기 조국통일을 이룩하는데서 나서는 중대하고도 원칙적인 문제는 6·15 북남공동선언을 철저히 리행하는 것이다. 6·15 북남공동선언은 조국통일 3대 원칙에 기초하고 있는 자주, 평화통일, 민족대단결선언이며 21세기 조국통일의 리정표이다. 북과 남은 력사적인 북남공동선언의 정신대로 조국통일을 우리 민족끼리 힘을 합쳐 자주적으로, 평화적으로, 민족대단결로 이룩해 나가야 한다."[42]고 함으로써 '낮은 단계의 연방제 안'에 의한 통일을 거듭 주장하고 있다.

2001년 5월 28일 「6·15 북남공동선언의 기치 밑에 우리 민족끼리 통일의 문을 열자」라는 제하의 양형섭의 보고에서 "우리는 이제 머지않아 북과 남, 해외의 온 겨레와 전 세계를 격동시킨 력사적인 평양상봉과 6·15 북남공동선언발표 1돐을 맞이하게 됩니다. 이 뜻 깊은 날을 앞두고 우리는 오늘 북남공동선언의 기치를 높이 들고 전진해 온 지난 1년간을 돌이켜 보면서 우리 민족끼리 힘을 합쳐 통일의 문을 열어 나가기 위한 당면대책을 토의하는 공화국 정당, 단체 합동회의를 가지게 됩니다. 감회도 새로운 지난해 6월 위대한 김

---

41) 『조선중앙통신』, 2000. 6. 16.
42) 『조선중앙통신』, 2001. 1. 1.

정일 장군님께서 나라가 갈라져 55년 만에 처음으로 뜻깊은 북남수뇌상봉을 마련하시고 6·15 북남공동선언을 탄생시키신 것은 민족사에 특기할 력사적 사변이었습니다."[43]라고 의미를 부여하면서 남북 정상회담 개최 및 남북공동선언 채택 1주년에 즈음한 공동통일 행사로서 민족통일대토론회를 금강산에서 개최하자고 제의하였다.

그리고 2002년 1월 1일 '로동신문, 조선인민군, 청년전위 공동사설'에서 "6·15 북남공동선언은 오늘도 래일도 조국통일의 리정표이다. 강렬한 통일열망을 안고 투쟁하여 온 지난해의 교훈은 북남공동선언 리행에 민족자주통일의 운명이 달려 있다는 것을 보여주고 있다. 민족자주통일의 지름길은 6·15 북남공동선언의 기본정신을 존중하고 옳게 구현해 나가는데 있다."[44]고 주장한 것으로 보아 북한은 앞으로도 계속하여 '낮은 단계의 연방제 안'을 고수할 것임을 밝히고 있다.

북한 평양방송은 2002년 5월 21일 "북과 남에 서로 다른 사상과 제도가 존재하는 현실에서 평화통일은 연방제 통일밖에 없다."고 전제한 뒤, "6·15 공동선언 2항에서 '북측의 낮은 단계 연방제 안과 남측의 연합제 안의 공통성을 살려 이 방향에서 통일을 지향시켜 나가기로 한다.'고 명시한 것은 북과 남의 공존에 기초한 연방제 통일을 합의한 내용"이라고 말했다. 방송은 이어 "공동선언은 자주·평화·민족대단결의 '조국통일 3대 원칙'(7·4 남북공동성명)에 기초하고 있으며, 민족끼리 피를 흘리지 않고 통일할 수 있는 합리적 방도를 명시한 평화통일선언"이라면서 "통일은 결국 북남공동선언을

---

43) 『조선중앙통신』, 2001. 5. 28.
44) 『조선중앙통신』, 2002. 1. 1.

어떻게 이행하는가에 달려 있다."고 주장하여[45] 연방제 통일방안의 정당성을 강조하고 나섰다.

결론적으로 남북한의 통일론을 검토해 본 결과 통일의 당위론이나 통일의 기본원칙(자주, 평화, 민족대단결), 그리고 당분간 제도의 통일이 불가능하기 때문에 우선 민족의 통일을 추구해야 한다는 점에 있어서는 별다른 차이 없이 공감대가 형성되고 있다. 또한 상호 타협과 양보 여하에 따라서는 최종 통일로 가는 중간과정(남한의 남북연합과 북한 연방제의 국가 연합적 성격을 갖는 낮은 단계의 연방제)까지는 남북한이 합의할 수 있는 여지가 있다. 그럼에도 불구하고 남북한 모두 상대방을 보는 자세는 공존과 신뢰보다는 갈등과 불신이 지배적이다. 현실이 이렇게 밖에 될 수 없는 근본원인은 남북한이 큰 어려움 없이 서로 합의할 수 있는 통일정책의 최소목표(minimum goal), 즉 서로 체제의 생존과 남북한의 공존공영 및 평화체제 구축을 보장하는 것보다는 실현이 불가능해 보이는 최대목표(maximum goal), 즉 자국의 이념과 체제로 상대방을 흡수하는 것에만 집착하고 있기 때문이다. 사실상 남북한은 분단 이후 지금까지 표면적인 수사와는 달리 각자 자신이 가지고 있는 유리한 점과 상대방의 불리한 점을 최대한 이용하는 통일정책과 전략을 추진해 왔고 그 결과로 인하여 통일의 초보단계라 할 수 있는 화해와 교류, 협력도 제대로 이루어지지 않고 있다.

따라서 지금부터는 남북한 모두 서로 타협과 합의를 통해서 창출해 낼 수 있는 영역, 즉 기존의 최소 목표를 통일의 최대 목표로 전

---

45) 조선일보, 『NK chosun』
http://nk.chosun.com/news/NewsPrint.html?res_id=18618(검색일: 2002. 5. 21.)

환하는 새로운 전향적인 통일론을 전개해야 할 것이다. 이 과정에서 1민족 1국가 1체제를 지향하는 통일은 남북 상호 간의 장기간에 걸친 교류, 협력과 평화공존, 나아가 경제공동체 형성을 중심으로 한 국가연합을 형성한 이후 그것이 발전적 형태로 제기될 수 있는 이상의 목표이지 당위나 필연은 아닌 것이다. 어쩌면 이러한 새로운 통일방안은 세계화의 압력이 거세어지고 있는 시대에 남과 북이 '생존'할 수 있는 유일한 방안일지도 모른다.

물론 경제공동체를 통한 국가연합의 실현이 완전한 형태의 통일이 될 수는 없다. 단일 국민국가 형태의 통일을 이룩하기 전까지는 '통일'은 남북한 사회 모두에서 여전히 정치적 불씨로 남게 될 것이다. 특히 국가연합의 형성에 성공한 이후에는 통일은 가장 중요한 정치적 쟁점으로 부활하게 될 것이다. 그렇다고 통일의 정당성과 명분 그리고 쟁점의 부활 위험성 방지를 위해 단일 국민국가 형성을 계속 고집하는 경우에는 통합의 전초 단계로도 제대로 진입할 수 없다. 따라서 경제공동체 나아가 국가연합의 형성도 이 시점에서는 훌륭한 통일이라고 규정할 수 있을 것이다.

부록: 남북관계 주요 합의 문건
7·4 남북공동성명

1972. 7. 4.

최근 평양과 서울에서 남북관계를 개선하며 갈라진 조국을 통일하는 문제를 협의하기 위한 회담이 있었다.

서울의 이후락 중앙정보부장이 1972년 5월 2일부터 5월 5일까지 평양을 방문하여 평양의 김영주 조직지도부장과 회담을 진행하였으며, 김영주 부장을 대신한 박성철 제2부수상이 1972년 5월 29일부터 6월 1일까지 서울을 방문하여 이후락 부장과 회담을 진행하였다.

이 회담들에서 쌍방은 조국의 평화적 통일을 하루빨리 가져와야 한다는 공통된 염원을 안고 허심탄회하게 의견을 교환하였으며 서로의 이해를 증진시키는데서 큰 성과를 거두었다.

이 과정에서 쌍방은 오랫동안 서로 만나보지 못한 결과로 생긴 남북사이의 오해와 불신을 풀고 긴장의 고조를 완화시키며 나아가서 조국통일을 촉진시키기 위하여 다음과 같은 문제들에 완전한 견해의 일치를 보았다.

1. 쌍방은 다음과 같은 조국통일 원칙들에 합의를 보았다.

첫째, 통일은 외세에 의존하거나 외세의 간섭을 받음이 없이 자주적으로 해결하여야 한다.

둘째, 통일은 서로 상대방을 반대하는 무력행사에 의거하지 않고 평화적 방법으로 실현하여야 한다.

셋째, 사상과 이념·제도의 차이를 초월하여 우선 하나의 민족으로서 민족적 대단결을 도모하여야 한다.

2. 쌍방은 남북사이의 긴장상태를 완화하고 신뢰의 분위기를 조성하기 위하여 서로 상대방을 중상 비방하지 않으며 크고 작은 것을 막론하고 무장도발을 하지 않으며 불의의 군사적 충돌사건을 방지하기 위한 적극적인 조치를 취하기로 합의하였다.

3. 쌍방은 끊어졌던 민족적 연계를 회복하며 서로의 이해를 증진시키고 자주적 평화통일을 촉진시키기 위하여 남북 사이에 다방면적인 제반교류를 실시하기로 합의하였다.

4. 쌍방은 지금 온 민족의 거대한 기대 속에 진행되고 있는 남북적십자회담이 하루빨리 성사되도록 적극 협조하는데 합의하였다.

5. 쌍방은 돌발적 군사사고를 방지하고 남북 사이에 제기되는 문제들을 직접, 신속 정확히 처리하기 위하여 서울과 평양 사이에 상설 직통전화를 놓기로 합의하였다.

6. 쌍방은 이러한 합의사항을 추진시킴과 함께 남북사이의 제반문제를 개선 해결하며 또 합의된 조국통일 원칙에 기초하여 나라의 통일문제를 해결할 목적으로 이후락 부장과 김영주 부장을 공동위원장으로 하는 남북조절위원회를 구성·운영하기로 합의하였다.

7. 쌍방은 이상의 합의사항이 조국통일을 일일천추로 갈망하는 온 겨레의 한결같은 염원에 부합된다고 확신하면서 이 합의사항을 성실히 이행할 것을 온 민족 앞에 엄숙히 약속한다.

서로 상부의 뜻을 받들어

이 후 락   김 영 주
1972년 7월 4일

남북 사이의 화해와 불가침 및 교류·협력에 관한 합의서

(1992년 2월 19일 발효)

남과 북은 분단 조국의 평화적 통일을 염원하는 온 겨레의 뜻에 따라, 7·4 남북공동성명에서 천명된 조국통일 3대 원칙을 재확인하고, 정치군사적 대결상태를 해소하여 민족적 화해를 이룩하고, 무력에 의한 침략과 충돌을 막고 긴장 완화와 평화를 보장하며, 다각적인 교류·협력을 실현하여 민족공동의 이익과 번영을 도모하며, 쌍방 사이의 관계가 나라와 나라 사이의 관계가 아닌 통일을 지향하는 과정에서 잠정적으로 형성되는 특수 관계라는 것을 인정하고, 평화 통일을 성취하기 위한 공동의 노력을 경주할 것을 다짐하면서, 다음과 같이 합의하였다.

제1장 남북 화해

제1조 남과 북은 서로 상대방의 체제를 인정하고 존중한다.

제2조 남과 북은 상대방의 내부문제에 간섭하지 아니한다.

제3조 남과 북은 상대방에 대한 비방·중상을 하지 아니한다.

제4조 남과 북은 상대방을 파괴·전복하려는 일체 행위를 하지 아니한다.

제5조 남과 북은 현 정전상태를 남북 사이의 공고한 평화상태로 전환시키기 위하여 공동으로 노력하며 이러한 평화상태가 이룩될 때까지 현 군사정전협정을 준수한다.

제6조 남과 북은 국제무대에서 대결과 경쟁을 중지하고 서로 협력하며 민족의 존엄과 이익을 위하여 공동으로 노력한다.

제7조 남과 북은 서로의 긴밀한 연락과 협의를 위하여 이 합의서 발효 후 3개월 안에 판문점에 남북연락사무소를 설치·운영한다.

제8조 남과 북은 이 합의서 발효 후 1개월 안에 본회담 테두리 안에서 남북정치분과위원회를 구성하여 남북화해에 관한 합의의 이행과 준수를 위한 구체적 대책을 협의한다.

제2장 남북 불가침

제9조 남과 북은 상대방에 대하여 무력을 사용하지 않으며 상대방을 무력으로 침략하지 아니한다.

제10조 남과 북은 의견대립과 분쟁문제들을 대화와 협상을 통하여 평화적으로 해결한다.

제11조 남과 북의 불가침 경계선과 구역은 1953년 7월 27일자 군사정전에 관한 협정에 규정된 군사분계선과 지금까지 쌍방이 관할

하여 온 구역으로 한다.

제12조 남과 북은 불가침의 이행과 보장을 위하여 이 합의서 발효 후 3개월 안에 남북군사공동위원회를 구성·운영한다. 남북군사공동위원회에서는 대규모 부대이동과 군사연습의 통보 및 통제문제, 비무장지대의 평화적 이용문제, 군 인사교류 및 정보교환 문제, 대량살상무기와 공격능력의 제거를 비롯한 단계적 군축실현 문제, 검증문제 등 군사적 신뢰조성과 군축을 실현하기 위한 문제를 협의·추진한다.

제13조 남과 북은 우발적인 무력충돌과 그 확대를 방지하기 위하여 쌍방 군사당국자 사이에 직통전화를 설치·운영한다.

제14조 남과 북은 이 합의서 발효 후 1개월 안에 본회담 테두리 안에서 남북군사분과위원회를 구성하여 불가침에 관한 합의의 이행과 준수 및 군사적 대결상태를 해소하기 위한 구체적 대책을 협의한다.

제3장 남북 교류·협력

제15조 남과 북은 민족경제의 통일적이며 균형적인 발전과 민족 전체의 복리향상을 도모하기 위하여 자원의 공동개발, 민족내부교류로서의 물자교류, 합작투자 등 경제교류와 협력을 실시한다.

제16조 남과 북은 과학·기술, 교육, 문학·예술, 보건, 체육, 환

경과 신문, 라디오, 텔레비전 및 출판물을 비롯한 출판·보도 등 여러 분야에서 교류와 협력을 실시한다.

제17조 남과 북은 민족구성원들의 자유로운 왕래와 접촉을 실현한다.

제18조 남과 북은 흩어진 가족·친척들의 자유로운 서신거래와 왕래와 상봉 및 방문을 실시하고 자유의사에 의한 재결합을 실현하며, 기타 인도적으로 해결할 문제에 대한 대책을 강구한다.

제19조 남과 북은 끊어진 철도와 도로를 연결하고 해로, 항로를 개설한다.

제20조 남과 북은 우편과 전기통신교류에 필요한 시설을 설치·연결하며, 우편·전기통신 교류의 비밀을 보장한다.

제21조 남과 북은 국제무대에서 경제와 문화 등 여러 분야에서 서로 협력하며 대외에 공동으로 진출한다.

제22조 남과 북은 경제와 문화 등 각 분야의 교류와 협력을 실현하기 위한 합의의 이행을 위하여 이 합의서 발효 후 3개월 안에 남북경제교류·협력공동위원회를 비롯한 부문별 공동위원회를 구성·운영한다.

제23조 남과 북은 이 합의서 발효 후 1개월 안에 본회담 테두리 안에서 남북교류·협력분과위원회를 구성하여 남북교류·협력에 관한 합의의 이행과 준수를 위한 구체적 대책을 협의한다.

제4장 수정 및 발표

제24조 이 합의서는 쌍방의 합의에 의하여 수정 보충할 수 있다.

제25조 이 합의서는 남과 북이 각기 발효에 필요한 절차를 거쳐 그 문본을 서로 교환한 날부터 효력을 발생한다.

1991년 12월 13일

남북고위급회담 남측대표단 수석대표
대한민국 국무총리 정원식

북남고위급회담 북측대표단 단장
조선민주주의인민공화국 정무원 총리 연형묵

남북공동선언(전문)

조국의 평화적 통일을 염원하는 온 겨레의 숭고한 뜻에 따라 대한민국 김대중 대통령과 조선민주주의인민공화국 김정일 국방위원장은 2000년 6월 13일부터 6월 15일까지 평양에서 역사적인 상봉을 하였으며 정상회담을 가졌다.

남북정상들은 분단 역사상 처음으로 열린 이번 상봉과 회담이 서로 이해를 증진시키고 남북관계를 발전시키며 평화통일을 실현하는 데 중대한 의의를 가진다고 평가하고 다음과 같이 선언한다.

1. 남과 북은 나라의 통일문제를 그 주인인 우리 민족끼리 서로 힘을 합쳐 자주적으로 해결해 나가기로 하였다.

2. 남과 북은 나라의 통일을 위한 남측의 연합제 안과 북측의 낮은 단계의 연방제 안이 서로 공통성이 있다고 인정하고 앞으로 이 방향에서 통일을 지향시켜 나가기로 하였다.

3. 남과 북은 올해 8.15에 즈음하여 흩어진 가족, 친척 방문단을 교환하며, 비전향 장기수 문제를 해결하는 등 인도적 문제를 조속히 풀어 나가기로 하였다.

4. 남과 북은 경제협력을 통하여 민족경제를 균형적으로 발전시키

고, 사회, 문화, 체육, 보건, 환경 등 제반분야의 협력과 교류를 활성화하여 서로의 신뢰를 다져 나가기로 하였다.

5. 남과 북은 이상과 같은 합의사항을 조속히 실천에 옮기기 위하여 빠른 시일 안에 당국 사이의 대화를 개최하기로 하였다.

김대중 대통령은 김정일 국방위원장이 서울을 방문하도록 정중히 초청하였으며, 김정일 국방위원장은 앞으로 적절한 시기에 서울을 방문하기로 하였다.

2000년 6월 15일

대　　　한　　　민　　　국	조 선 민 주 주 의 인 민 공 화 국
대　　　통　　　령	국　　　방　　　위　　　원　　　장
김　　　대　　　중	김　　　정　　　일

남북관계 발전과 평화번영을 위한 선언(2007 남북정상 선언)

대한민국 노무현 대통령과 조선민주주의인민공화국 김정일 국방위원장 사이의 합의에 따라 노무현 대통령이 2007년 10월 2일부터 4일까지 평양을 방문하였다.

방문기간 중 역사적인 상봉과 회담들이 있었다.

상봉과 회담에서는 6.15 공동선언의 정신을 재확인하고 남북관계 발전과 한반도 평화, 민족공동의 번영과 통일을 실현하는데 따른 제반 문제들을 허심탄회하게 협의하였다.

쌍방은 우리민족끼리 뜻과 힘을 합치면 민족번영의 시대, 자주통일의 새 시대를 열어 나갈 수 있다는 확신을 표명하면서 6.15 공동선언에 기초하여 남북관계를 확대·발전시켜 나가기 위하여 다음과 같이 선언한다.

1. 남과 북은 6.15 공동선언을 고수하고 적극 구현해 나간다.

남과 북은 우리민족끼리 정신에 따라 통일문제를 자주적으로 해결해 나가며 민족의 존엄과 이익을 중시하고 모든 것을 이에 지향시켜 나가기로 하였다.

남과 북은 6.15 공동선언을 변함없이 이행해 나가려는 의지를 반영하여 6월 15일을 기념하는 방안을 강구하기로 하였다.

2. 남과 북은 사상과 제도의 차이를 초월하여 남북관계를 상호존중과 신뢰 관계로 확고히 전환시켜 나가기로 하였다.

남과 북은 내부문제에 간섭하지 않으며 남북관계 문제들을 화해와 협력, 통일에 부합되게 해결해 나가기로 하였다.

남과 북은 남북관계를 통일 지향적으로 발전시켜 나가기 위하여 각기 법률적·제도적 장치들을 정비해 나가기로 하였다.

남과 북은 남북관계 확대와 발전을 위한 문제들을 민족의 염원에 맞게 해결하기 위해 양측 의회 등 각 분야의 대화와 접촉을 적극 추진해 나가기로 하였다.

3. 남과 북은 군사적 적대관계를 종식시키고 한반도에서 긴장완화와 평화를 보장하기 위해 긴밀히 협력하기로 하였다.

남과 북은 서로 적대시하지 않고 군사적 긴장을 완화하며 분쟁문제들을 대화와 협상을 통하여 해결하기로 하였다.

남과 북은 한반도에서 어떤 전쟁도 반대하며 불가침의무를 확고히 준수하기로 하였다.

남과 북은 서해에서의 우발적 충돌방지를 위해 공동어로수역을 지정하고 이 수역을 평화수역으로 만들기 위한 방안과 각종 협력 사업에 대한 군사적 보장조치 문제 등 군사적 신뢰구축조치를 협의하기 위하여 남측 국방부 장관과 북측 인민무력부 부장 간 회담을 금년 11월 중에 평양에서 개최하기로 하였다.

4. 남과 북은 현 정전체제를 종식시키고 항구적인 평화체제를 구축해 나가야 한다는데 인식을 같이하고 직접 관련된 3자 또는 4자 정상들이 한반도지역에서 만나 종전을 선언하는 문제를 추진하기 위해 협력해 나가기로 하였다.

남과 북은 한반도 핵문제 해결을 위해 6자회담 9.19 공동성명과 2.13 합의가 순조롭게 이행되도록 공동으로 노력하기로 하였다.

5. 남과 북은 민족경제의 균형적 발전과 공동의 번영을 위해 경제

협력 사업을 공리공영과 유무상통의 원칙에서 적극 활성화하고 지속적으로 확대 발전시켜 나가기로 하였다.

남과 북은 경제협력을 위한 투자를 장려하고 기반시설 확충과 자원개발을 적극 추진하며 민족내부협력사업의 특수성에 맞게 각종 우대조건과 특혜를 우선적으로 부여하기로 하였다.

남과 북은 해주지역과 주변해역을 포괄하는 '서해평화협력특별지대'를 설치하고 공동어로구역과 평화수역 설정, 경제특구건설과 해주항 활용, 민간선박의 해주직항로 통과, 한강하구 공동이용 등을 적극 추진해 나가기로 하였다.

남과 북은 개성공업지구 1단계 건설을 빠른 시일 안에 완공하고 2단계 개발에 착수하며 문산-봉동 간 철도화물수송을 시작하고, 통행·통신·통관 문제를 비롯한 제반 제도적 보장조치들을 조속히 완비해 나가기로 하였다.

남과 북은 개성-신의주 철도와 개성-평양 고속도로를 공동으로 이용하기 위해 개보수 문제를 협의·추진해 가기로 하였다.

남과 북은 안변과 남포에 조선협력단지를 건설하며 농업, 보건의료, 환경보호 등 여러 분야에서의 협력 사업을 진행해 나가기로 하였다.

남과 북은 남북 경제협력사업의 원활한 추진을 위해 현재의 '남북경제협력추진위원회'를 부총리급 '남북경제협력공동위원회'로 격상하기로 하였다.

6. 남과 북은 민족의 유구한 역사와 우수한 문화를 빛내기 위해 역사, 언어, 교육, 과학기술, 문화예술, 체육 등 사회문화 분야의 교류와 협력을 발전시켜 나가기로 하였다.

남과 북은 백두산관광을 실시하며 이를 위해 백두산-서울 직항로를 개설하기로 하였다.

남과 북은 2008년 북경 올림픽경기대회에 남북응원단이 경의선 열차를 처음으로 이용하여 참가하기로 하였다.

7. 남과 북은 인도주의 협력 사업을 적극 추진해 나가기로 하였다.

남과 북은 흩어진 가족과 친척들의 상봉을 확대하며 영상 편지 교환사업을 추진하기로 하였다.

이를 위해 금강산면회소가 완공되는데 따라 쌍방 대표를 상주시키고 흩어진 가족과 친척의 상봉을 상시적으로 진행하기로 하였다.

남과 북은 자연재해를 비롯하여 재난이 발생하는 경우 동포애와 인도주의, 상부상조의 원칙에 따라 적극 협력해 나가기로 하였다.

8. 남과 북은 국제무대에서 민족의 이익과 해외 동포들의 권리와 이익을 위한 협력을 강화해 나가기로 하였다

남과 북은 이 선언의 이행을 위하여 남북총리회담을 개최하기로 하고, 제1차 회의를 금년 11월 중 서울에서 갖기로 하였다.

남과 북은 남북관계 발전을 위해 정상들이 수시로 만나 현안 문제들을 협의하기로 하였다.

2007년 10월 4일 평 양
대 한 민 국 대 통 령 노 무 현
조선민주주의인민공화국 국방위원장 김 정 일

한반도의 평화와 번영, 통일을 위한 판문점선언

대한민국 문재인 대통령과 조선민주주의인민공화국 김정은 국무위원장은 평화와 번영, 통일을 염원하는 온 겨레의 한결같은 지향을 담아 한반도에서 역사적인 전환이 일어나고 있는 뜻깊은 시기에 2018년 4월 27일 판문점 「평화의 집」에서 남북 정상회담을 진행하였다.

양 정상은 한반도에 더 이상 전쟁은 없을 것이며 새로운 평화의 시대가 열리었음을 8천만 우리 겨레와 전 세계에 엄숙히 천명하였다.

양 정상은 냉전의 산물인 오랜 분단과 대결을 하루 빨리 종식시키고 민족적 화해와 평화번영의 새로운 시대를 과감하게 열어나가며 남북관계를 보다 적극적으로 개선하고 발전시켜 나가야 한다는 확고한 의지를 담아 역사의 땅 판문점에서 다음과 같이 선언하였다.

1. 남과 북은 남북관계의 전면적이며 획기적인 개선과 발전을 이룩함으로써 끊어진 민족의 혈맥을 잇고 공동 번영과 자주통일의 미래를 앞당겨나갈 것이다.

남북관계를 개선하고 발전시키는 것은 온 겨레의 한결같은 소망이며 더 이상 미룰 수 없는 시대의 절박한 요구이다.

① 남과 북은 우리 민족의 운명은 우리 스스로 결정한다는 민족자주의 원칙을 확인하였으며 이미 채택된 남북 선언들과 모든 합의들을 철저히 이행함으로써 관계개선과 발전의 전환적 국면을 열어나가기로 하였다.

② 남과 북은 고위급회담을 비롯한 각 분야의 대화와 협상을 빠른 시일 안에 개최하여 정상회담에서 합의된 문제들을 실천하기 위한 적극적인 대책을 세워나가기로 하였다.

③ 남과 북은 당국 간 협의를 긴밀히 하고 민간교류와 협력을 원만히 보장하기 위하여 쌍방 당국자가 상주하는 남북공동연락사무소를 개성지역에 설치하기로 하였다.

④ 남과 북은 민족적 화해와 단합의 분위기를 고조시켜 나가기 위하여 각계각층의 다방면적인 협력과 교류, 왕래와 접촉을 활성화하기로 하였다.

안으로는 6.15를 비롯하여 남과 북에 다 같이 의의가 있는 날들을 계기로 당국과 국회, 정당, 지방자치단체, 민간단체 등 각계각층이 참가하는 민족공동행사를 적극 추진하여 화해와 협력의 분위기를 고조시키며, 밖으로는 2018년 아시아경기대회를 비롯한 국제경기들에 공동으로 진출하여 민족의 슬기와 재능, 단합된 모습을 전 세계에 과시하기로 하였다.

⑤ 남과 북은 민족 분단으로 발생된 인도적 문제를 시급히 해결하기 위하여 노력하며, 남북적십자회담을 개최하여 이산가족·친척 상봉을 비롯한 제반 문제들을 협의 해결해나가기로 하였다.

당면하여 오는 8.15를 계기로 이산가족·친척 상봉을 진행하기로 하였다.

⑥ 남과 북은 민족경제의 균형적 발전과 공동 번영을 이룩하기 위하여 10.4 선언에서 합의된 사업들을 적극 추진해나가며, 1차적으로 동해선 및 경의선 철도와 도로들을 연결하고 현대화하여 활용하기 위한 실천적 대책들을 취해 나가기로 하였다.

2. 남과 북은 한반도에서 첨예한 군사적 긴장상태를 완화하고 전쟁 위험을 실질적으로 해소하기 위하여 공동으로 노력해나갈 것이다.

한반도의 군사적 긴장상태를 완화하고 전쟁위험을 해소하는 것은 민족의 운명과 관련되는 매우 중대한 문제이며 우리 겨레의 평화롭고 안정된 삶을 보장하기 위한 관건적인 문제이다.

① 남과 북은 지상과 해상, 공중을 비롯한 모든 공간에서 군사적 긴장과 충돌의 근원으로 되는 상대방에 대한 일체의 적대행위를 전면 중지하기로 하였다.

당면하여 5월 1일부터 군사분계선 일대에서 확성기 방송과 전단 살포를 비롯한 모든 적대행위들을 중지하고 그 수단을 철폐하며, 앞으로 비무장지대를 실질적인 평화지대로 만들어 나가기로 하였다.

② 남과 북은 서해 북방한계선 일대를 평화수역으로 만들어 우발적인 군사적 충돌을 방지하고 안전한 어로활동을 보장하기 위한 실제적인 대책을 세워나가기로 하였다.

③ 남과 북은 상호 협력과 교류, 왕래와 접촉이 활성화되는 데 따른 여러 가지 군사적 보장대책을 취하기로 하였다.

남과 북은 쌍방 사이에 제기되는 군사적 문제를 지체 없이 협의 해결하기 위하여 국방부장관회담을 비롯한 군사당국자회담을 자주 개최하며 5월 중에 먼저 장성급 군사회담을 열기로 하였다.

3. 남과 북은 한반도의 항구적이며 공고한 평화체제 구축을 위하여 적극 협력해 나갈 것이다.

한반도에서 비정상적인 현재의 정전상태를 종식시키고 확고한 평화체제를 수립하는 것은 더 이상 미룰 수 없는 역사적 과제이다.

① 남과 북은 그 어떤 형태의 무력도 서로 사용하지 않을 데 대한 불가침 합의를 재확인하고 엄격히 준수해 나가기로 하였다.

② 남과 북은 군사적 긴장이 해소되고 서로의 군사적 신뢰가 실질적으로 구축되는 데 따라 단계적으로 군축을 실현해 나가기로 하였다.

③ 남과 북은 정전협정체결 65년이 되는 올해에 종전을 선언하고 정전협정을 평화협정으로 전환하며 항구적이고 공고한 평화체제 구축을 위한 남·북·미 3자 또는 남·북·미·중 4자회담 개최를 적극 추진해 나가기로 하였다.

④ 남과 북은 완전한 비핵화를 통해 핵 없는 한반도를 실현한다는 공동의 목표를 확인하였다.

남과 북은 북측이 취하고 있는 주동적인 조치들이 한반도 비핵화를 위해 대단히 의의 있고 중대한 조치라는데 인식을 같이하고 앞으로 각기 자기의 책임과 역할을 다하기로 하였다.

남과 북은 한반도 비핵화를 위한 국제사회의 지지와 협력을 위해 적극 노력해나가기로 하였다.

양 정상은 정기적인 회담과 직통전화를 통하여 민족의 중대사를 수시로 진지하게 논의하고 신뢰를 굳건히 하며, 남북관계의 지속적인 발전과 한반도의 평화와 번영, 통일을 향한 좋은 흐름을 더욱 확대해 나가기 위하여 함께 노력하기로 하였다.

당면하여 **문재인** 대통령은 올해 가을 평양을 방문하기로 하였다.

2018년 4월 27일

판 문 점

대 한 민 국   조선민주주의인민공화국

대 통 령   국무위원회 위원장

문 재 인   **김 정 은**

북한 핵문제 주요일지

1956. 03 북한-소련 간 '원자력의 평화적 이용에 관한 협정' 체결

1963. 06 북한, 소련으로부터 실험용 원자로 IRT-2000 도입

1974. 09 북한의 IAEA 가입

1985. 12 북한, 핵확산금지조약(NPT) 가입

1989. 09 불란서 상업위성 'SPOT 2호', 영변 핵시설 사진공개

1993. 03. 12. 북한, NPT 탈퇴성명 발표

1993. 05. 11. 유엔 안보리 대북제재결의(825호)

1994. 09. 23.~10. 17. 미-북한 제3단계 제3차 회담(제네바)

1994. 10. 17. 미-북한 제네바합의 문안타결

1994. 10. 21. 미-북한 제네바합의(Agreed Framework) 서명

1998. 08. 31. 대포동 1호(광명성 1호 위성탑재) 발사(실패)

2002. 10 고농축 우라늄(HEU) 프로그램 보유 시인

2002. 12 영변 핵시설 재가동 선언

2003. 01 핵확산금지조약(NPT) 탈퇴 선언

2003. 10 북한 외무성, 연료봉 재처리 완료 발표

2005. 02 북한 외무성 핵보유 선언

2005. 06 김정일, 정동영 특사에 "비핵화는 김일성 유훈" 발언

2005. 09. 19. 6자회담 전체회의서 '북의 현존 핵계획 포기' 등
9.19 공동성명

2006. 07. 05. 대포동 2호, 스커드 등 미사일 동해상에 발사(실패)

2006. 07. 15. 유엔 안보리 대북제재결의(1695호)

2006. 10. 03. 북한 외무성 "안전성 철저히 담보된 핵시험 하게
된다" 발표

2006. 10. 09. 북한 핵실험 발표

2006. 10. 15. 유엔 안보리 대북제재결의(1718호)

2006. 10. 31. 북·미·중 6자회담 재개 합의

2007. 02. 13. 9.19 공동성명 이행을 위한 초기 이행조치 합의
(6자회담 타결)

2007. 03. 05.~06. 북·미 뉴욕 회담

2007. 03. 19.~22. 제6차 6자회담은 BDA 북한자금 송금지연 문
제로 휴회선언

2007. 06. 14. 마카오 BDA 北자금 송금 완료

2007. 06. 21.~22. 힐 차관보 북한방문

2007. 06. 26.~30. 국제원자력기구(IAEA) 사찰 실무대표단 북한
방문

2007. 07. 15.~31. 국제원자력기구(IAEA) 조사관 영변핵시설 폐

쇄 검증절차 돌입 (IAEA 북핵 1차 감시 검증단 활동 종료)

2007. 07. 18.~20. 6자회담 수석대표 회담

2007. 08. 01.~09. 15. IAEA 북핵 2차 감시 검증단 활동

2007. 08. 16.~17. 6자회담 비핵화 실무회의

2007. 09. 01.~02. 제네바 북미회담 합의

2007. 09. 27.~30. 6자 '비핵화 2단계 합의문' 채택

2007. 10. 03. 『9·19 공동성명 이행을 위한 제2단계 조치』 합의

2007. 12. 31. 불능화·신고 기한 내 완료 실패

2008. 05. 08. 북한, 미국에 핵 신고 검증을 위한 기초 자료 제공

2008. 06. 26. 북핵 신고서 제출(플루토늄 양 등을 적시한 핵 신고

서를 북핵 6자 회담 의장국인 중국에 제출) 2단계인 핵 신

고 및 불능화 단계로 3단계인 핵 폐기 단계에 진입

2008. 06. 27. 북한, 영변 핵시설 냉각탑 폭파

2008. 07. 10.~12. 북핵 6자회담 수석대표회담

핵 불능화 작업 및 대북 에너지 지원 완료키로 합의

2008. 08. 11. 미, 북한 테러지원국 해제 연기

14. 북, 핵시설 불능화 조치 중단 방침 미국에 통보

26. 북, 핵시설 원상복구 선언

2008. 09. 02. 북, 영변의 미국 측 요원들에게 '핵시설 복구 작업
개시' 방침 통보

09. 북, 정권 수립 60주년 기념일 행사에 김정일 국방위원
장 불참

19. 북 외무성, '핵불능화 복구조치 착수' 공식 확인

24. 북, 국제원자력기구(IAEA)에 일주일 안에 영변 핵시설
재가동 통보

2008. 10. 11. 미, 북한 테러지원국 공식 해제

2009. 04. 05. 북, 은하2호 발사(광명성2호) cf. 2 · 3단계 미분리,
궤도진입실패

2009. 05. 25. 북, 2차 핵실험 강행

2009. 06. 12. 유엔 안보리 대북제재결의(1874호)

2009. 07. 04. 북, 미사일 7기 발사 ※ 2009년 17기 발사

2009. 10. 12. 북, 미사일 5기 발사 ※ 2009년 22기 발사

2009. 11. 10. 서해교전(대청해전)

2010. 03. 26. 천안함 침몰사건

2010. 11. 23. 연평도 포격사건

2011. 07. 22. 인도네시아 발리(ARF) 위성락-리용호 북핵 6자회담
논의

2011. 12. 17. 김정일 사망

2012. 02. 29. 2.29 북미합의

2012. 04. 13. 북, 은하3호 발사(광명성3호) cf. 1단 분리실패(실패
공식인정)

2012. 12. 12. 북, 은하3호 발사(광명성3호) 성공, 위성작동 여부
미확인

2013. 01. 23. 유엔 안보리 대북제재결의(2087호)

2013. 02. 12. 북, 3차 핵실험 강행

2016. 01. 06. 북, 4차 핵실험 강행

2016. 02. 10. 박근혜 정부, 개성공단 가동 전면 중단

2016. 09. 09. 북, 5차 핵실험 강행

2017. 07. 03. ICBM급 화성14형 발사

2017. 09. 03. 북, 6차 핵실험 강행

2017. 11. 29. ICBM급 화성15형 발사

2018. 04. 27. 한반도의 평화와 번영, 통일을 위한 판문점 선언

**※ 남과 북은 완전한 비핵화를 통해 핵 없는 한반도를 실현한다는
공동의 목표를 확인**

참고문헌

강성윤, "6 · 15 남북공동선언 제2항의 함의", 『북한연구학회보』 제8권 제2호 (2004).

국토통일원, 『통일백서』(1992).

김병연, "남북경제협력에서 기능주의와 실용주의", 『통일, 평화 그리고 실용 주의』(서울대학교 통일연구소 학술회의 논문집, 2008).

노중선, 『남북한 통일정책과 통일운동 50년』(서울: 사계절출판사, 1996).

박명림, "국민합의 대북 · 통일 인식과 정책의 모색", 『6 · 15 남북 정상회담 14주년 기념 학술회의 자료집』(김대중 평화센터, 2014).

박상익, 『북한의 '낮은 단계의 연방제'』(서울: 동국대학교, 2002) 석사학위논 문.

박상익, "이명박 정부의 대북정책과 남북관계", 『평화학연구』 제10권 3호(세 계평화통일학회, 2009).

박상익, "이명박 정부의 대북정책 추진국면과 과제", 『평화학연구』 제11권 4 호(한국평화연구학회, 2010).

박상익, "통일에 대한 인식전환과 통일교육패러다임의 시프트", 『한국동북아 논총』 제16집 제2호(2011).

박상익, "이명박 정부의 대북정책 평가와 새 정부의 대북정책 방향", 『군사발 전연구』 제6권 제1호(조선대학교 군사학연구소, 2012).

박상익, "김정은 체제 출범이후의 과제와 전망", 『북한학보』 2012년 37집 1호 (2012).

박상익, "박근혜 정부 '한반도 신뢰 프로세스'의 쟁점", 『군사발전연구』 제7 권 제1호(조선대학교 군사학연구소, 2013).

박상익, "박근혜 정부의 대북정책 1년 평가와 과제", 『한국동북아논총』 제19 집 제1호(한국동북아학회, 2014).

박상익, "'통일대박담론'의 구상과 한계", 『군사발전연구』 제8권 제1호(조선 대학교 군사학연구소, 2014).

박상익, "'김대중의 3단계 통일론'과 통일준비 과제", 『군사발전연구』 제8권 제2호(조선대학교 군사학연구소, 2014).

양영식, 『통일정책론』(서울: 박영사, 1997).

통일부, 『참여정부의 평화번영정책』(2003. 3.).

통일부, 『한반도 신뢰 프로세스』(서울: 통일부, 2013).

통일부 홈페이지, www.unikorea.go.kr.

통일연구원, 『이명박 정부 대북정책은 이렇습니다』(통일연구원, 2008),

평화연구원, 『현안진단 제186호』(2018. 4. 24.).

허문영·오일환·정지웅, 『평화번영정책 추진성과와 향후과제』(서울: 통일연
　　　구원, 2007).

『IFES현안진단-NO74』 "한반도 평화의 새로운 출발에 즈음하여",
　　　http://ifes.kyungnam.ac.kr.

『매일경제』, 2014. 11. 5.

『조선일보』, 『NK chosun』

【북한문헌】

『김일성 저작집』 제14권(평양: 조선로동당출판사, 1968).

『김일성 저작집』 제35권(평양: 조선로동당출판사, 1987).

장석, 『김정일 장군 조국통일론 연구』(평양: 평양출판사, 2002).

『로동신문』, 1998. 1. 1.

『로동신문』, 2000. 10. 7.

『로동신문』, 2000. 10. 9.

『로동신문』, 2003. 12. 28.

『조선중앙통신』, 2000. 6. 16.

『조선중앙통신』, 2001. 1. 1.

『조선중앙통신』, 2001. 5. 28.

『조선중앙통신』, 2002. 1. 1.

박상익

충남 서천 출생
동국대학교 대학원 북한학과 박사과정 졸업(정치학 박사)
경인교대, 동국대, 단국대 등 강사
19-20기 통일부 통일교육위원
전 고양시 평화인권도시팀장
현 고양시 일산서구청 세무과장(지방행정사무관)

주요논저
『북한의 관료문화』(경기 파주: 한국학술정보, 2008).
공저: 『김정일과 북한의 정치』(서울: 도서출판 선인, 2010).
"이명박 정부의 대북정책 추진국면과 과제", 『평화학연구』제11권 4호, 한국평화연구학회, 2010.
"통일에 대한 인식전환과 통일교육패러다임의 시프트", 『한국동북아논총』제16집 제2호, 한국동북아학회, 2011.
"김정은 체제 출범이후의 과제와 전망", 『북한학보』상반기호(2012), 북한연구소, 2012.
"박근혜 정부 '한반도 신뢰프로세스'의 쟁점", 『군사발전연구』제7권 제1호(2013), 조선대학교 군사학연구소, 2013.
"박근혜 정부의 대북정책 1년 평가와 과제", 『한국동북아논총』제19집 제1호, 한국동북아학회, 2014.
"'통일대박담론'의 구상과 한계", 『군사발전연구』제8권 제1호(2014), 조선대학교 군사학연구소, 2014.
"'김대중의 3단계 통일론'과 통일준비 과제", 『군사발전연구』제8권 제2호(2014), 조선대학교 군사학연구소, 2014.
"북-미의 핵협상과 상호 대응전략", 『군사발전연구』제9권 제2호(2015), 조선대학교 군사학연구소, 2015 외 다수.

(4.27 판문점선언 기념)
알기 쉬운
남북관계 읽기

초판인쇄 2018년 6월 29일
초판발행 2018년 6월 29일

지은이 박상익
펴낸이 채종준
펴낸곳 한국학술정보㈜
주소 경기도 파주시 회동길 230(문발동)
전화 031) 908-3181(대표)
팩스 031) 908-3189
홈페이지 http://ebook.kstudy.com
전자우편 출판사업부 publish@kstudy.com
등록 제일산-115호(2000. 6. 19)

ISBN 978-89-268-8461-4 93340